ASSOCIATION NATIONALE FRANÇAISE

POUR LA

PROTECTION LÉGALE DES TRAVAILLEURS

Le Minimum de Salaire

dans l'Industrie à domicile

RAPPORTEURS :

MM. B. RAYNAUD, Professeur à la Faculté de Droit d'Aix-en-Provence ;
Le Comte A. DE MUN, Député ;
L'Abbé MÉNY, Docteur en droit.

Compte rendu des Discussions. — Vœux adoptés.

PARIS

LIBRAIRIE FÉLIX ALCAN
MAISONS FÉLIX ALCAN & GUILLAUMIN réunies
BOULEVARD SAINT-GERMAIN, 108

MARCEL RIVIÈRE et Cⁱᵉ
LIBRAIRIE des SCIENCES POLITIQUES & SOCIALES
RUE JACOB, 31

1912

COMITÉ DIRECTEUR DE L'ASSOCIATION

Paul CAUWÈS, doyen de la Faculté de Droit de l'Université de Paris, président honoraire de l'Association.

A. MILLERAND, député, ancien ministre, président.

Ed. BRIAT, secrétaire général de la Chambre consultative des Associations ouvrières de production, membre du Conseil supérieur du travail et de la Commission supérieure du travail dans l'industrie, vice-président.

A. LIÉBAUT, ingénieur, membre du Comité consultatif des arts et manufactures et de la Commission supérieure du travail dans l'industrie, vice-président.

Raoul JAY, professeur à la Faculté de Droit de l'Université de Paris, membre du Conseil supérieur du travail, secrétaire général.

Léon de SEILHAC, publiciste, délégué permanent du service industriel et ouvrier du *Musée social*, trésorier.

Georges ALFASSA, ingénieur civil, E. C. P.

Louis BARTHOU, député, ancien ministre.

Adéodat BOISSARD, professeur à la Faculté libre de Droit de Paris.

François FAGNOT, enquêteur à l'*Office du travail*.

Arthur FONTAINE, directeur du Travail au Ministère du Travail et de la Prévoyance sociale.

Arthur GROUSSIER, député.

Auguste KEUFER, délégué permanent de la Fédération française du Livre.

Abbé LEMIRE, député.

André LICHTENBERGER, directeur-adjoint du *Musée social*.

Henri LORIN, ancien élève de l'Ecole Polytechnique.

Etienne MARTIN-SAINT-LÉON, bibliothécaire du *Musée social*.

Comte A. de MUN, député.

G. PERREAU, ancien député, professeur à la Faculté de Droit de l'Université de Paris.

Eug. PETIT, docteur en Droit, ancien chef du cabinet du ministre du Commerce.

Paul PIC, professeur à la Faculté de Droit de l'Université de Lyon.

Ivan STROHL, industriel.

Edouard VAILLANT, député.

Richard WADDINGTON, sénateur.

SIÈGE SOCIAL : **5, rue Las-Cases, PARIS**

ASSOCIATION NATIONALE FRANÇAISE
POUR LA
PROTECTION LÉGALE DES TRAVAILLEURS

Le Minimum de Salaire
dans l'Industrie à domicile

RAPPORTEURS :

MM. B. RAYNAUD, Professeur à la Faculté de Droit d'Aix-en-Provence ;

Le Comte A. DE MUN, Député ;

L'Abbé MÉNY, Docteur en droit.

Compte rendu des Discussions. — Vœux adoptés.

PARIS

FÉLIX ALCAN, ÉDITEUR | Marcel RIVIÈRE et Cie
LIBRAIRIES FÉLIX ALCAN & GUILLAUMIN réunies | LIBRAIRIE des SCIENCES POLITIQUES & SOCIALES
BOULEVARD SAINT-GERMAIN, 108 | RUE JACOB, 31

1912

LE MINIMUM DE SALAIRE

dans l'Industrie à domicile

Assemblée générale du 7 décembre 1911

PRÉSIDENCE DE M. MILLERAND

RAPPORT DE M. BARTHÉLEMY RAYNAUD

LA LÉGISLATION AUSTRALASIENNE ET ANGLAISE RELATIVE AUX COMITÉS DE SALAIRES

En inscrivant à l'ordre du jour de ses travaux la question du minimum des salaires, l'Association pour la protection légale des travailleurs, fidèle à ses traditions et à son passé, a voulu, semble-t-il, tout à la fois poser une fois de plus devant l'opinion le redoutable problème du travail à domicile et préparer sinon sa solution totale par la loi, au moins faciliter la tâche du législateur de demain.

Après de longs efforts et de patientes études, la question du travail à domicile a fait ces dernières années un grand pas : le législateur est intervenu d'autorité pour la résoudre. Comme chacun sait, le législateur australasien depuis une quinzaine d'années environ, plus récemment le législateur anglais, par la loi du 20 octobre 1909, ont essayé de résoudre le problème par la création des comités de salaires, chargés de fixer les minima de salaires applicables aux travailleurs. Que vaut cette tentative et qu'a-t-elle donné comme résultats ? Peut-on demander à cette double législation, sinon des modèles — les reproductions identiques de lois étrangères étant toujours impossibles à cause de la diversité des milieux et des conditions — au moins des enseignements et des inspirations pour la solution de la question en France ?

Telle est assurément la première question qui se pose ; telle est précisément celle qu'est chargé d'étudier votre rapporteur d'aujourd'hui.

Des études personnelles en cours sur ce grave sujet du minimum de salaire en même temps que la passion pour le sujet du contrat collectif dont nous rencontrons ici une application nouvelle et ingénieuse lui ont sans doute valu la mission d'exposer la question devant vous. C'est là un honneur dont il apprécie, croyez-le bien, toute la charge et tout le prix.

C'est donc de ce point de vue français, en observateurs impartiaux autant qu'il est possible et en spectateurs passionnément intéressés, que nous abordons le sujet : Qu'y a t-il à retenir de la double expérience législative indiquée ? Tel est le problème central qui dominera tout ce rapport.

Pour le mieux voir, je me propose d'examiner aussi rapidement, mais aussi complètement que possible les trois points suivants :

1° Dans quelles conditions le législateur, dans les deux pays indiqués, a-t-il été amené à intervenir ?

Ce sera l'examen des *Antécédents de la loi.*

2° Quels sont les principaux textes — les textes

essentiels de cette législation nouvelle et encore toute récente ?

Ce sera l'étude des *dispositions législatives*.

3° Quels résultats, enfin, a donné à l'heure actuelle cette législation si originale ? Ce sera l'étude des *résultats de la loi*.

J'indique, dès maintenant, que deux difficultés d'ordre différent, mais égales, rendent particulièrement difficile cette étude : pour l'Australasie, l'espace ou l'éloignement compliquent la tâche de celui qui veut se rendre compte de l'action des lois — pour l'Angleterre, le temps — l'expérience anglaise commence à peine — empêche d'avoir aujourd'hui des résultats définitifs. Nous essaierons, cependant, malgré cette double difficulté, d'apprécier les législations en vigueur.

Je conclurai en précisant autant que possible, pour notre problème français, les enseignements à tirer des lois et de leur application.

I. — LES ANTÉCÉDENTS DE LA LOI

Un trait commun rapproche au point de vue de leur apparition les deux législations que nous devons étudier : toutes deux prétendent remédier aux maux du Sweating system et n'arrivent à consacrer la création des comités de salaires qu'en dernière analyse et comme remède ultime, après que tous les autres palliatifs ou correctifs au Sweating ont été sans succès essayés et tentés. C'est une *législation in extremis*, pourrait-on dire. Un second caractère doit être également souligné : soucieux des très grandes difficultés que rencontre la nouvelle législation, celle-ci n'apparaît au début que comme temporaire et provisoire ; c'est une expérience qui est tentée, mais, avec une prudence digne d'éloge, le législateur se met résolument à l'école des faits et, soit par la souplesse du mécanisme créé, soit par des retouches fréquentes au texte primitif, laisse en somme et malgré les apparences l'action individuelle et l'action professionnelle dominer la contrainte légale. C'est en second lieu une *législation expérimentale*. Il faut établir ce double caractère des législations à étudier.

En Australasie, les antécédents de la loi et son histoire (1) sont nettement une preuve — et ceci est vrai pour les diverses colonies — du caractère de remède *in extremis* de cette législation.

Dans l'état de Victoria, une bonne partie de la législation de fabrique de 1893 à 1896 marque un effort impuissant d'ailleurs pour combattre les maux du Sweating : la loi de 1885 (2), notamment, prescrit l'obligation pour le patron de tenir une liste des ouvriers travaillant pour lui à domicile. Une autre loi de 1893 (3) décide que les prix payés pour le travail à domicile devaient désormais être communiqués à l'inspecteur en chef des fabriques. Les travaux préparatoires de la loi de 1896 (4) montrent également que le projet Peacock (5) voulait originairement subordonner le travail à domicile à une autorisation donnée par l'inspecteur en chef : on substitua par la suite à cette formalité de l'autorisation celle de l'enregistrement. Ce

---

(1) C. AVES. *Report on the wages boards and industrial conciliation, and arbitration act of Australia and New Zealand.* London, 1908.
Bulletin de l'Office international du travail, 1907 et suivantes.
(2) 49. Vict., n° 862. The Factories and Shops Act. 1885.
(3) 57. Vict., n° 1333. The Factories and Shops Act. 1893.
(4) *Bulletin de l'Office international du travail*, 1907. p. VII.
(5) Sir A. Peacock, chef du secrétariat et ministre de l'Instruction publique qui, dans le cabinet Truner, est l'auteur du projet qui devint la loi du 28 juillet 1896.

n'est donc qu'à défaut d'autre mode efficace qu'on arriva en 1896 aux comités de salaires (special Boards) dans les quatre industries les plus exposées au Sweating : vêtements et effets d'habillement, meubles, boulangerie (1).

L'opinion publique — éclairée par de remarquables rapports parlementaire et extraparlementaire — poussa sans cesse dans le sens d'une lutte efficace contre le Sweating system. Il est curieux de noter, d'ailleurs, dans l'un des deux rapports de 1884 où fut pour la première fois émise l'idée de conseils ou comités de salaires sous la forme de conseil central et de cours locales de conciliation l'aveu très net des membres de la commission qui déclarent s'inspirer comme précédents des conseils de prud'hommes français (2). C'est donc, déformée sans doute et assurément mal comprise, une institution d'origine française qui nous revient de l'étranger : une fois de plus peut-être, comme pour les jeux et les sports, en croyant accueillir une nouveauté, c'est notre bien français que nous reprendrons ; mais il est bien plus beau puisqu'il nous arrive de l'étranger !

L'*Australie du Sud* nous apporte le même enseignement sur l'origine de sa législation : la première loi qui parle des comités de salaires les institue sans leur donner de pouvoirs et poursuit la lutte contre le *Sweating* par l'enregistrement des travailleurs en dehors de l'usine et l'obligation de tenir une liste des travaux qui leur sont donnés (3). Les dispositions de cette loi relatives aux comités restèrent lettre morte jusqu'en 1904. Ce n'est que plus tard et devant l'insuccès des autres mesures proposées

---

(1) Clothing and Wearing (including boots and shoes); furniture ; baking.
(2) AVES, rapport cité, p. 12.
(3) AVES, rapport cité, p. 77.

qu'on donna force légale en 1907, aux déterminations des comités de salaires. Ici encore, ceux-ci n'apparaissent qu'à la dernière extrémité.

La même histoire se reproduit à peu de chose près pour l'état de *Queensland* : en 1906 le projet des comités de salaires apparaît devant les maux croissants du Sweating (1) : on le repousse jusqu'à la loi du 15 avril 1908 (2), époque à laquelle les exemples voisins font céder les résistances.

La situation est plus complexe en *Nouvelle-Galles du Sud*, où se combinent les deux courants législatifs, celui des comités de salaires et celui de la cour d'arbitrage. Cependant, ici encore, les comités de salaires fixant des minima apparaissent comme remplaçant en 1908, par la loi du 24 avril (3), le système de la cour d'arbitrage.

Les différentes législations australasiennes sont donc bien une solution extrême du problème, à laquelle il semble qu'on n'ait eu recours qu'après avoir épuisé tous les autres moyens.

La loi anglaise du 20 octobre 1909 paraît bien aussi l'adaptation d'une idée ancienne, celle des comités de salaires, à une situation désespérée du travail à domicile.

L'idée des comités de salaires a, en effet, un long passé théorique chez nos voisins, en même temps qu'une brillante histoire pratique.

St. Mill (4) en démontrait l'inefficacité et l'inutilité. Plus tard, Sidney Webb (5), dans son histoire du Trade

---

(1) Cf. Rapport AVES, p. 82.
(2) *Bulletin de l'Office international du travail*. t. VII, 1908, page 180.
(3) *Bulletin de l'Office international du travail*, 1909, p. 328.
(4) *Principes d'économie politique*. Chap. intitulé : Moyens de combattre les bas salaires.
(5) *Histoire du Trade unionisme*. Traduction française, 1897, p. 136. — Paris, Giard et Brière.

Unionisme, en construisait déjà la théorie économique. Sir Charles Dilke, après avoir soutenu en 1877 une controverse à ce sujet avec M. Deakin, le futur premier ministre australien, et défendu son idée au Congrès de Bruxelles (1891), la présentait en 1895 comme amendement à une loi sur les fabriques. En 1898, il en faisait l'objet d'une proposition spéciale, toujours renouvelée depuis à chaque session. On n'a pas oublié comment les excès du Sweating soulignés par l'opinion publique et divulgués par la « National Anti Sweating League » amenèrent enfin la réalisation de cette vieille idée. Encore fallut-il plus de deux ans depuis le projet Henderson (Sweated Industries Bill) aux Communes jusqu'au vote définitif de la loi : la discussion parlementaire anglaise avec ses différentes étapes permet de suivre les progrès de l'opinion ; on en arrive, à la lumière des faits, à prendre de plus en plus confiance, en présence de l'inefficacité de tous les autres, dans ce dernier remède proposé.

La législation des comités de salaires est bien une législation *in extremis*. Elle est aussi, elle est surtout une *législation expérimentale* et c'est sur ce second caractère qu'il nous faut maintenant insister.

La première loi qui établit les comités de salaires à Victoria, celle du 23 juillet 1896 (1), fut seulement votée pour une période de 4 ans (2) : pendant son application, deux lois, l'une du 24 décembre 1896 (3) et l'autre du 27 septembre 1897, (4) s'inspirant des premiers résultats de l'expérience, modifiaient dans un cas donné la composi-

---

(1) 60. Vict., n° 1445. The Factories and Shops Act. 1896.

(2) Plus exactement jusqu'à la fin de la première session Parlementaire suivant le 1er janvier 1900.

(3) The Factory and Shops Amendement Act. 1896, 60 Vict., n° 1476.

(4) The Factory and Shops Act. 1897, 61 Vict., n° 1518.

tion d'un comité ou donnaient au gouverneur le droit de suspendre les décisions d'un Comité de salaires. La loi du 20 février 1900 prorogea de deux ans (1) la loi précédente de 1896, tout en modifiant la législation existante sur de nombreux points de détail. Survint alors — et c'est la preuve manifeste du caractère expérimental de notre législation — ce que les Anglais appellent la rupture de la législation. Divers projets étaient à l'étude en juillet 1902 et n'avaient pas abouti. A ce moment, le Parlement de Victoria fut dissous soudainement le 10 septembre 1902 ; avec la session parlementaire, prenait fin la validité de la législation existante : pendant près de trois mois, il n'y avait, dans l'Etat de Victoria, aucune législation sur les fabriques et magasins en vigueur (2). Toutes les déterminations des comités de salaires cessèrent du même coup d'avoir force légale.

La situation fut régularisée par une loi du 5 décembre 1902 (3), remettant en vigueur les anciennes lois et règlements d'administration publique ; mais pour un an seulement, jusqu'au 31 octobre 1903.

En 1903, nouvelle prorogation par la loi du 30 octobre 1903 (4) avec nouvelles modifications au fond jusqu'au 31 décembre 1905.

Enfin, la loi du 6 octobre 1905 (5) est venue consolider et rendre applicable d'une manière durable la législation existante sans en rien la modifier : ainsi, après neuf ans

---

(1) Jusqu'à la fin de la session alors en cours et ensuite jusqu'à la fin de la session postérieure au 1er mai 1902.

(2) Factory Report. 1902, p. 3.

(3) 2 Edward VII, n° 1804. The Factories and Shops *Continuance* Act. 1902.

(4) 3 Edward VII, n° 1857. The Factories and Shops Act. 1902.

(5) 5 Edward VII, n° 1975. The Factories and Shops Act. 1905.

d'expérience et neuf lois successives, le système des bureaux de salaires était définitivement adopté.

Encore faut-il ajouter que, depuis, la même méthode a été suivie : la législation est définitive, mais on ne se prive pas de l'amender. Trois lois successives, l'une de détail du 12 décembre 1905, l'autre beaucoup plus importante, du 23 décembre 1907, la troisième, enfin, du 2 mars 1909, étendant à de nouvelles professions les comités de salaires, sont des preuves péremptoires que, malgré les apparences actuelles et la loi dite de consolidation, la législation de Victoria reste, aujourd'hui encore, expérimentale.

Dans les autres états australiens, la législation, pour être moins abondante, n'en est pas moins formée, comme à Victoria, par des apports successifs. L'Australie du Sud a eu elle aussi sa loi de consolidation en date du 21 décembre 1907 et ce n'est que devant le succès partiel des comités de salaires qu'on s'est décidé à les étendre à de nombreuses professions.

Il y a plus : dans toutes ces législations, le mode de création de nouveaux comités de salaires, tantôt l'avis d'une des deux Chambres, tantôt l'avis de toutes les deux, parfois la seule autorité du gouverneur permet une souplesse assez grande pour adapter le mécanisme aux nécessités pratiques.

Enfin, il n'est pas jusqu'à la loi de la Commonwealth australienne, la loi de 1904, qui, sans accepter le système des comités de salaires, ne donne à la Cour fédérale d'arbitrage le droit de fixer des minima de salaires, mais elle n'ajoute aucun éclaircissement pour l'interprétation de ce texte (1). Ce silence même de la loi est une

____

(1) Cf. *Bulletin de l'Office international du travail*, t. IV, 1905, p. LXI et 121.

Avés, rapport cité, p. 118.

des preuves de l'idée qui règne là-bas : il en est peut-être même l'abus.

La loi anglaise révèle pareillement ce caractère si curieux et bien anglo-saxon du législateur soumis aux faits et à la leçon de l'expérience.

Elle ne s'applique, on le sait, *provisoirement* qu'à quatre industries :

1° *Confection de vêtements tout faits et sur mesure*, en gros et toutes autres branches du vêtement dans lesquelles le ministre du Commerce estime que le système .de confection est en général semblable au système le plus usité dans le gros ;

2° *Fabrication de boîtes ou parties de boîtes* manufacturées en tout ou en partie, avec du bois, des cartons, des copeaux ou matières similaires ;

3° *Finissage de la dentelle et des filets à la mécanique ;* travaux de raccommodage et de repassage dans le finis-sage des rideaux à la dentelle ;

4° *Fabrication des chaînes martelées et rivées à la main ou au marteau à pédale* (1).

Quant aux autres industries, la loi pourra leur être, dans l'avenir, déclarée applicable par voie d'ordonnances provisoires (provisional orders).

La tarification des salaires se fait, nous le verrons, lentement et en quelque sorte par étapes.

L'étude des travaux parlementaires anglais montre jusqu'à l'évidence cette préoccupation de se soumettre aux faits. On sait que le projet de M. Henderson (Sweated Industries Bill) était beaucoup plus radical que le projet

---

(1) C'est le texte même de la cédule annexée à la loi emprunté au *Bulletin de l'Office international du travail,* 1910, p. 86 : il montre avec quelle minutie le législateur a délimité le champ actuel de l'expérience.

du gouvernement transformé aujourd'hui en loi : d'après ce projet, les fixations de salaire minima devaient être faites immédiatement et du premier coup et non pas après six mois et sur proposition, comme elles le sont aujourd'hui. De même, à maintes reprises le gouvernement dut calmer l'impatience des adversaires du Sweating trop pressés et trop désireux d'aboutir, qui voulaient dès maintenant élargir le champ d'application de la loi.

Enfin, la très grande latitude laissée au Board of Trade dans la constitution des comités qui peuvent être formés soit à l'élection, soit à la nomination du gouvernement, soit en mélangeant les deux systèmes, est encore la preuve d'un sérieux effort pour respecter les diversités spécifiques des industries et profiter des leçons de l'expérience. Le Board of Trade, d'ailleurs, est complètement entré dans ces vues du législateur et les divers règlements qu'il vient de publier réservent des interprétations possibles et par là même des modifications, en même temps que la durée des pouvoirs des nouveaux comités, de salaires est strictement limitée.

Ainsi souplesse, désir de se laisser faire par la vie, mobilité, durée limitée, tels sont les principaux caractères que nous révèlent les antécédents de ces législations. Il semble qu'avec une louable prudence le législateur esquisse en pointillé le trait que la réalité de demain viendra tracer en plein : il est tout prêt d'ailleurs à rectifier son premier jet et l'œuvre ne sera jamais pour lui définitive, subordonnée qu'elle demeure aux perpétuelles transformations des faits et aux innombrables contingences de la pratique.

On pourrait résumer ce caractère si original de nos deux législations en disant que, si ce sont des lois, elles le sont aussi peu et aussi discrètement qu'il est possible.

Ces antécédents de nos lois n'étaient pas inutiles à

rappeler pour les replacer dans leur cadre, les mettre sous leur vrai jour.

Notre législateur français, parfois trop convaincu de sa souveraineté et de sa toute-puissance, saura, nous l'espérons, puiser dans cette double expérience des leçons de modestie, de prudence, voire même de timidité, qui seront pour lui un précieux gage de succès dans l'œuvre délicate qu'il songe à aborder.

II. — LES DISPOSITIONS DE LA LOI

La législation australasienne a manifestement inspiré la législation anglaise : celle-ci est d'ailleurs beaucoup plus intéressante pour nous ; aussi suffira-t-il d'indiquer sommairement les grandes lignes de la législation australasienne pour insister avec plus de détails sur la législation anglaise.

A. — Législation australasienne (1)

J'insisterai seulement sur les traits les plus saillants de la législation de Victoria : deux points de vue guideront ici nos développements :

a) Il faudra souligner quelques points particulièrement délicats de ces législations australasiennes ;

b) Puis dégager les enseignements intéressants de l'évolution législative accomplie.

La loi du 28 juillet 1896, confirmée d'ailleurs sur ces points par la loi confirmative du 6 octobre 1905, établissait, dans les industries précitées, des comités de

____

(1) On trouvera à la fin du présent volume le texte des principales lois australasiennes.

salaires, composés de dix membres (5 patrons et 5 ouvriers), plus un président pris hors du comité.

Le mode de formation de ces comités était le suivant : en principe (art. 77 de là loi du 6 oct. 1903), ces membres sont nommés par le gouverneur : ordinairement, avant cette nomination, le ministre peut, par voie de notification dans la *Government Gazette (Journal officiel)*, désigner des personnes comme représentants des patrons et comme représentants des ouvriers, ayant qualité pour être nommés membres du Comité. Si, dans le délai de 21 jours, aucune objection n'est faite par un cinquième au moins des employeurs ou des employés, la désignation est transformée en nomination.

Le plus souvent, ces désignations sont faites avec tant de soin que les objections sont rares (1).

Cependant, si, au contraire, une objection valable a été soulevée, les membres sont élus, de quelque côté qu'ait été prise l'initiative de la protestation. Les règles de l'élection sont prévues pour cela dans les règlements; en voici le résumé :

La liste des électeurs pour les employeurs est dressée par l'inspecteur en chef d'après la liste des patrons enregistrés (2) ; celle des électeurs pour les employés est également dressée par l'administration et basée sur les rapports des employeurs. Ceux-ci doivent, sur des modèles de rapports distribués par l'administration, déclarer tous leurs employés des deux sexes âgés de 18 ans et au-dessus.

Les bulletins de vote sont envoyés par la poste et peuvent être retournés par la même voie ou placés dans

----

(1) Rapport AVES, p. 17, note 2.
(2) A Victoria, l'obligation de l'enregistrement est imposée par la loi sous peine d'amende (art. 23 de la loi de 1903).

une urne dans les bureaux de l'inspecteur en chef des fabriques.

Le président du comité est nommé par le gouverneur et choisi en dehors du comité, sur la présentation des membres de ce comité.

Les comités des salaires procèdent alors à l'élaboration des tarifs minima de salaires. La loi de Victoria 1903 (art. 87, 88 et 89) leur donne le droit de fixer à leur gré soit des prix ou tarifs des salaires aux pièces, soit (1) des prix ou tarifs des salaires au temps, soit à la fois aux pièces et au temps (2).

Là est, en effet, le délicat problème de taxation : encore faut-il remarquer que le législateur de Victoria donne l'antériorité et la préférence comme base d'évaluation au salaire au temps :

Art. 89. — « Si, en vertu de la présente loi, une décision du comité spécial fixe pour un travail à la fois des prix ou tarifs de salaires aux pièces et des prix ou tarifs de salaires au temps, les prix des tarifs de salaires aux pièces devront toujours avoir pour base les prix ou tarifs des salaires au temps (3).

---

(1) L'article 83 indiquait comme règle aux comités pour la détermination des minima dans les deux cas : *« les prix et tarifs de salaires moyens qui ont été effectivement payés par des patrons honorablement connus* (reputable employer) *à des ouvriers de capacité moyenne* ». Si ces prix et tarifs moyens sont jugés insuffisants par le comité, il est dessaisi et c'est la Cour d'appel en matière industrielle qui statue en toute liberté. Cet article a été abrogé par l'article 11 de la loi du 23 décembre 1907.

(2) Toutefois, dans l'industrie de la préparation ou fabrication totale ou partielle de vêtements, ou effets d'habillement hors de l'usine ou de l'atelier, il ne pourra être fixé que des salaires aux pièces (art. 87).

(3) Malgré cela, le même article stipule expressément que la décision des comités de salaires ne sera pas attaquable si le tarif (aux pièces) donne un gain supérieur ou inférieur au premier (au temps).

Ce choix se comprend si l'on songe que les comités ont encore le droit (art. 90) de fixer le maximum d'heures hebdomadaires de travail auxquelles correspondent les salaires au temps ainsi déterminés.

Enfin, les déterminations de salaires entrent en vigueur à la date fixée par le comité et au plus tôt trente jours après la date de la décision. Ils demeurent exécutoires *sous peine d'une amende* jusqu'à nouvelle décision.

Un double recours est ouvert contre eux :

D'abord, les déterminations sont susceptibles de modification ou de cassation par la Cour d'appel en matière industrielle (art. 100) ;

Ensuite, le gouverneur peut suspendre pour six mois les décisions du comité; et alors ou le comité cède et modifie sa décision, ou au contraire il la maintient sans modification : en ce second cas, l'arrêté suspensif du gouverneur est révoqué au plus tard dans les quatorze jours par un nouvel arrêté pris en conseil.

La sanction de ces arrêtés (art. 110) est une amende de 10 livres sterling pour la première infraction, de 5 à 25 pour la seconde, de 50 à 500 pour la troisième et les suivantes. La preuve (art. 98, 4°) de paiement de salaires conformes ou non conformes aux minima de la détermination du comité incombe dans tous les cas au défendeur : ce qui est d'une importance capitale.

J'en aurai fini avec l'étude des principales dispositions de la législation de Victoria en indiquant encore les résultats intéressants de l'expérience législative de cette colonie en ce qui concerne le mode de vote et les dispositions légales au sein de ces comités. La loi du 5 décembre 1902 (1), (art. 9) avait décidé que, dans certains

---

(1) *Bulletin de l'Office international du travail*, 1902, t. I, page 640.

comités (1), une majorité spéciale — 7 voix si les 10 représentants des ouvriers et des patrons étaient présents ; 4 voix dont 2 des patrons et 2 des ouvriers dans le cas où 6 représentants seulement sont présents — était nécessaire pour les décisions de ces comités.

Mais, en 1903, par la loi du 30 octobre (2), on renonça à ce système d'une majorité spéciale et l'on revint à l'ancienne pratique de la majorité absolue, avec droit du président de départager les votants au cas d'égalité des voix dans les deux sens. On peut retenir de cet épisode législatif un effort pour assimiler autant que possible le contrat collectif légal au contrat collectif volontaire et y voir un hommage indirect, mais certain à la prépondérance des mœurs sur la contrainte législative.

Voici maintenant dans un tableau comparatif un aperçu de la législation des autres Etats d'Australie (*Voir tableau ci-contre*).

On remarquera que la Nouvelle-Zélande, qui ne figure pas dans ce tableau, a indirectement un système de salaire minimum obligatoire, puisque, dans ce pays, la cour d'arbitrage a le droit de fixer le taux des salaires et de déclarer les sentences applicables à toute une industrie ou à toute une catégorie, atteignant ainsi des patrons ou des ouvriers qui n'ont pas été partie au conflit.

D'après ce tableau, on constate que les législations de Queensland, de l'Australie du Sud et de Nouvelle-Galles du Sud reproduisent, à quelques détails près, la législation modèle de Victoria, que ces Etats ont entendu adopter et imiter.

---

(1) Fabrication de boissons gazeuses, d'engrais artificiels, dinandiers, fondeurs de fer, ouvriers en cuir et poseurs de fourneaux.

(2) *Bulletin de l'Office international du travail*, 1904, t. III, page 384.

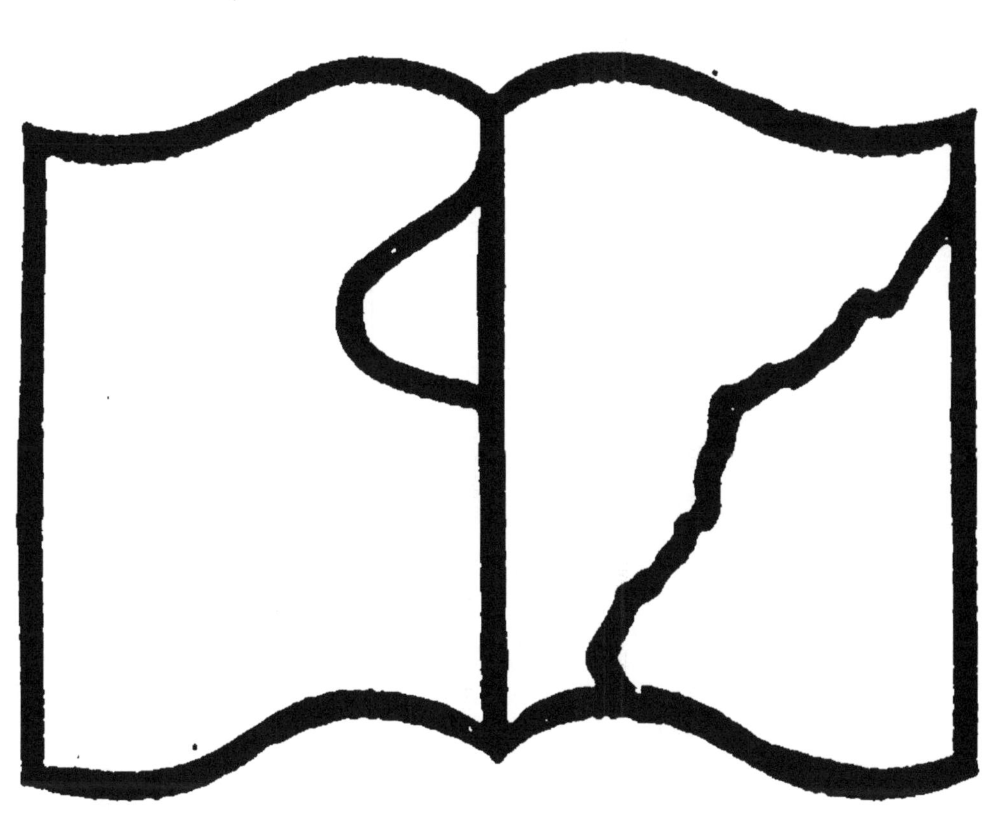

Texte détérioré — reliure défectueuse
NF Z 43-120-11

TABLEAU DE LA LÉGISLATION AUSTRALASIENNE (Législation actuelle)

	VICTORIA	NOUVELLE-GALLES DU SUD	AUSTRALIE DU SUD	QUEENSLAND
Textes en vigueur.	Loi du 6 octobre 1905. (The Factories and Shops Act. 1905.)	Loi du 21 avril 1908. (Industrial Disputes Act).	Loi du 21 décembre 1907 An act to consolidate and amend the Law relating to Factories and for other purposes.	Loi du 15 avril 1908. An Act. to make provision for Wages Boards.
Industries originairement visées dans la loi.	Vêtements. Effets d'habillements. Meubls. Boulangerie. Chaussures. Chemiserie.	60 professions énumérées dans la cédule A, annexée à la loi.	Vêtements. Lingerie. Chaussures. Meubles. Boulangerie.	Toutes Industries.
Modes d'extension de la loi . . .	Résolution des deux Chambres.	Proposition de la Cour d'arbitrage dans les limites des industries visées par la cédule.	Vote spécial du Parlement.	Décision du Gouverneur sur demande des employeurs ou des employés.
Nom officiel des Comités	Special Boards.	Board.	Wages Board.	Wages' Board.
Composition des Comités	Nomination par le Gouverneur, sauf protestation du 1/5 des patrons ou du 1/5 des ouvriers.	Nomination par le Gouverneur sur présentation, par la Cour Industrielle, des personnes élues respectivement par les employeurs et employés.	Nomination par le Gouverneur, sur présentation du Ministre.	Élection. A défaut, nomination par le Gouverneur.
Nombre de membres de chaque Comité.	2 à 5 membres employeurs. 2 à 5 membres employés. Un président nommé par le Gouverneur en conseil, sur présentation des membres du Comité, pris *en dehors du Comité*.	1 à 5 membres employeurs. 1 à 5 membres employés. Un président, nommé par le Gouverneur, pris *dans le Comité*.	2 à 5 membres employeurs. 2 à 5 membres employés. Un président nommé par le Gouverneur, sur présentation des membres du Comité, pris *en dehors du Comité*.	1 à 5 membres employeurs. 1 à 5 membres employés. Un président nommé par le Gouverneur en conseil, sur présentation des membres du Comité, *en dehors de ce Comité*.
Attributions et pouvoirs de ces Comités.	Fixation du minimum légal des salaires. Tarifs au temps et aux pièces. Fixation de la proportion du nombre des apprentis et des volontaires par rapport, nombre total des ouvriers.	Fixation du minimum légal de salaires. Tarifs au temps et aux pièces. Fixation du nombre des apprentis et des volontaires par rapport au total des ouvriers. Autorisation de salaires inférieurs au minimum, pour les ouvriers âgés, infirmes ou très lents.	Fixation d'un minimum légal de salaires. Tarifs au temps et aux pièces. Fixation de la durée maxima des heures de travail par semaine. Fixation du nombre des volontaires par rapport au total des ouvriers.	Fixation du minimum légal de salaires. Tarifs au temps et aux pièces. Fixation du nombre des apprentis et des volontaires, par rapport au nombre total des ouvriers.
Contrôle des décisions du Comité	Cour d'appel. Droit pour le Gouverneur de suspendre les décisions des Comités.	Cour d'arbitrage industriel.	Cour d'appel en matière industrielle.	Droit pour le Gouverneur de suspendre les décisions des Comités.
Sanctions	1re infraction, amende 10 £. 2e — — 5 à 25 £. 3e — — 50 à 100 £.	Amende de 50 £ et emprisonnement de trois mois au plus.	1re infraction, amende de 2 £. Récidive, amende de 1 à 10 £.	1re infraction amende de 10 £. au maximum. 2e — — 5 à 25 £. 3e — et suivantes, 50 à 100 £.

B. — Législation anglaise (1)

L'étude de la loi du 20 octobre 1909 (2) sur les conseils d'industrie (Trade Boards Act) peut être faite en examinant successivement les cinq points suivants :

1° *Portée actuelle et extension future de la loi*;
2° *Constitution des comités de salaires*;
3° *Fonctionnement*;
4° *Sanctions*;
5° *Dispositions secondaires*.

I. — *Portée actuelle et extension future de la loi*

On a vu plus haut que quatre industries seulement, pour commencer, tombent sous le coup de la loi : l'industrie du vêtement tout fait et sur mesure, la fabrication des boîtes, l'industrie de la dentelle et des filets à la mécanique, la fabrication des chaînes.

Quant à l'extension future de la loi, l'article 1er, § 2, décide : « Le ministre du Commerce peut, par une ordonnance provisoire, rendre la présente loi applicable à toute industrie désignée non encore soumise à la loi, *s'il considère que le taux des salaires courants, dans une branche quelconque de ladite industrie, est exceptionnellement bas* en comparaison avec celui pratiqué dans d'autres professions et *s'il estime que*, vu la situation de cette industrie, *il convient de la soumettre* à la présente loi ». Cette ordonnance provisoire doit être approuvée par le Parlement, qui la confirme.

De même, le ministre du Commerce (art. 1er, § 3) peut

---

(1) On en trouvera le texte à la fin du présent volume.
(2) Le texte en a été publié *in extenso* dans le *Bulletin de l'Office international du travail*, 1910, t. IX, p. 25.

soustraire à l'application de la loi telle industrie qu'il lui convient : « Si, à un moment quelconque, le ministre du Commerce estime que, dans une quelconque des industries soumises à la présente loi, les conditions du travail se sont modifiées au point de rendre *inutile l'application de la présente loi, il peut*, par une ordonnance provisoire, *soustraire ladite industrie* à l'application de la loi. »

Enfin, c'est encore le ministre du Commerce (art. 2, § 1er) qui est le seul juge de l'opportunité de la création des comités de salaires.

Ainsi, et c'est le premier trait caractéristique de la législation anglaise, pouvoirs très larges donnés au ministre du Commerce sous le contrôle du Parlement pour déterminer la portée de l'application de la loi.

Celle-ci, d'ailleurs, s'applique à tous les travailleurs employés dans l'industrie considérée, soit en fabrique ou en atelier, soit à domicile (art. 4 de la loi).

II. — *Constitution des comités de salaires*

En ce qui concerne ce second point, le législateur anglais s'est contenté de poser quelques principes, s'en rapportant, pour le surplus, aux règlements pris par le ministre du Commerce pour l'élaboration des détails.

Voici, d'abord, les seules exigences légales posées dans l'article 11 :

1º Les conseils comprendront un *nombre égal* de représentants des patrons et de représentants des ouvriers ;

2º Les femmes peuvent, tout comme les hommes, faire partie des conseils d'industrie ;

3º Il pourra y avoir élection — ou présentation — ou élection pour partie et présentation pour partie ; il suffira que les ouvriers à domicile, « là où ils se rencontrent en proportion notable, soient représentés » ;

4o Le président de chaque bureau, choisi parmi les membres, est désigné par le ministre du Commerce, qui nomme également le secrétaire ;

5° Les délibérations d'un conseil ne peuvent être annulées parce qu'une vacance s'est produite dans son sein ou pour cause de vice dans la nomination, l'élection ou la présentation d'un membre ;

6° Le quorum nécessaire est la présence d'un tiers au moins des représentants (ouvriers ou patronaux) et d'un membre nommé ;

7° Sur tous les points non spécialement fixés par la loi ou par le règlement, les conseils sont souverains pour fixer leur mode de fonctionnement.

On voit par là encore comment la loi anglaise s'efforce, une fois les parties en présence, de leur laisser la plus grande souplesse et la plus grande initiative et d'arriver en quelque sorte, bien qu'il s'agisse ici d'un contrat collectif légal, à se rapprocher le plus possible du contrat collectif librement arrêté par les intéressés.

C'est donc dans les règlements du ministre du Commerce qu'il faut chercher maintenant le surplus d'indications en ce qui concerne la constitution des comités.

Ces règlements ont paru : ils sont aujourd'hui au nombre de quatre.

Le premier en date est celui du 25 novembre 1909 (1), pour l'industrie des chaînes martelées et rivées à la main ou au marteau à pédale.

Le second est celui du 27 avril 1910 (2), pour l'industrie des boîtes ou parties de boîtes en papier-carton, copeaux et matières similaires.

---

(1) Texte *Bulletin de l'Office international du travail*, t. IX, 1910, p. 137.

(2) Texte. *Ibid.*, t. IX, 1910, p. 383.

Le troisième est celui du 4 mai 1910 (1), pour le finissage des dentelles et filets confectionnés à la machine.

Le quatrième, enfin, est daté du 25 juillet 1910 (2), pour la confection des vêtements tout faits et en gros, pour les personnes du sexe masculin.

Analysons rapidement cette législation complémentaire, nous en verrons encore toute la souplesse.

Le nombre des membres des quatre comités jusqu'à présent réglementés est très variable : 15 à 17 dans l'industrie des chaînes, 19 à 23 dans celle de la dentelle, 35 à 41 dans l'industrie des boîtes en papier, 29 à 37 dans celle du vêtement tout fait et en gros pour hommes.

Le mode de composition de ces comités est également très variable : dans chacun d'eux on distingue trois éléments :

1º *L'élément officiel* (3), composé des membres nommés directement par le Board of Trade, le plus ordinairement au nombre de trois (4) ;

2º *L'élément patronal.* Selon la faculté indiquée, cette représentation patronale est soit intégralement nommée à l'élection (boîtes en papier, chaînes), soit choisie par le Board of Trade sur la présentation des intéressés (industrie dentellière), soit pour partie élue (10 membres) et pour partie désignée sur présentation (3 membres) par le Board of Trade (industrie du vêtement);

3º *L'élément ouvrier.* De la même manière on rencontre ici soit l'élection intégrale (chaînes) (5), soit la no-

---

(1) Texte. *Ibid.*, t. IX, 1910, p. 385.
(2) Texte. *Ibid.*, t. IX, 1910, p. 410.
(3) Cet élément officiel doit être inférieur à la moitié du nombre total des représentants patronaux et ouvriers (art. 13, dernier paragraphe de la loi de 1909).
(4) 3 à 5 cependant dans l'industrie du vêtement.
(5) 4 délégués sont élus par les hommes, 2 par les femmes.

mination sur présentation (boîtes en papier (1), industrie dentelière, vêtement).

Le président et le vice-président du comité sont nommés par le Board of Trade, ordinairement parmi tous les
membres du comité ; parfois ils doivent être obligatoirement choisis parmi les membres officiels (industrie des
chaînes).

Les comités sont formés pour trois ans.

Signalons enfin les règles pour le vote au sein du comité : ici encore grande souplesse dans les limites du
principe de l'égalité des deux représentations patronale
et ouvrière ; tantôt le conseil (chaînes) est souverain pour
prendre lui-même les dispositions à cet effet ; tantôt le
règlement (boîtes, industrie dentelière, vêtement) prévoit
les moyens exprès d'assurer cette égalité : ou bien la
partie en majorité décidera qu'un ou plusieurs membres
s'abstiendront, ou bien le président (ou à son défaut le
vice-président) peuvent renvoyer la question à une prochaine séance.

Dans l'industrie dentelière enfin, le règlement contient,
en outre, cette clause spéciale qui, tirée de la pratique
des comités de salaires dans l'industrie privée, est vrai-
semblablement appelée à devenir le droit commun des
futurs comités :

« Il reste entendu que dans toute question de minimun
de salaire, le président ou, en son absence, le vice-président, peut, s'il le juge convenable, et doit, à la demande
de la majorité absolue des représentants patrons ou ouvriers, faire voter les membres par catégorie ; en pareil

---

(1) On remarquera la liberté avec laquelle le système est
appliqué : dans l'industrie des boîtes en papier, il y a élection
intégrale pour l'élément patronal, nomination sur désignation
pour l'élément ouvrier.

cas, le vote de la majorité des membres présents de
l'une ou de l'autre catégorie prenant part au scrutin
constitue le vote de cette catégorie. Dans un vote de ce
genre, les membres nommés (par le ministre) ne
prennent pas part au scrutin; si le vote accuse une
divergence d'opinion, la question est tranchée par le
vote, à la majorité, des membres nommés par le ministre (1). »

En un mot, le Board of Trade est seulement la cheville
ouvrière, l'agent excitateur du contrat collectif, arrêté
par les parties, qui doit régir le métier. Telle est l'idée
générale qui résume et supporte toute la réglementation
relative à la composition des comités.

III. — *Fonctionnement des comités de salaires*

Chaque comité de salaires est nommé pour l'ensemble
de la profession dans tout le Royaume-Uni. Il peut, cependant, instituer des comités industriels de districts (district
trade committees) qui fonctionnent pour des circonscriptions déterminées (2). Ces comités locaux sont chargés
d'établir les tarifs minima (au temps ou aux pièces) pour
leurs circonscriptions. Ce sont eux qui, dans le mécanisme
anglais, proposeront et tiendront au courant le contrat
collectif légal pour leur région ; la loi exige expressément
que le comité central ne fixe jamais un tarif sans rapport

---

(1) Article 8 du règlement du 4 mai 1910.
Loc. cit. *Bulletin de l'Office international du travail*, 1910,
p. 386.

(2) Les comités locaux comprennent des membres du conseil
central et aussi des personnes étrangères, mais représentant des
patrons ou des ouvriers de l'industrie ; des règlements spéciaux
en fixeront le fonctionnement. Un règlement du 22 juillet 1910
(*Bulletin de l'Office international du travail*, 1910, p. 438) est venu
fixer ces règles très analogues à celles étudiées ci-dessus.

du comité local, soit pour l'établir, l'annuler ou le modifier. C'est l'organe d'étude et de proposition ; le conseil central reste celui de décision et c'est là un pouvoir qu'il ne peut déléguer (art. 12, § 3).

Un troisième rouage enfin est prévu par la loi anglaise : c'est le sous-comité permanent (substanding committee), qui est chargé, pourrait-on dire, du service des réclamations; « ils sont chargés, dit l'article 12, § 2, d'examiner les demandes de tarif minimum aux pièces spécial et les plaintes adressées au conseil en vertu de la présente loi, ainsi que le renvoi des demandes ou plaintes auxdits sous-comités. »

Ceci indiqué, étudions maintenant comment vont être établis les tarifs minima de salaires par les comités de salaires. Telle est, en effet, leur mission propre établie par l'article 4 (1).

« Les comités d'industrie doivent, conformément aux dispositions de la présente section, fixer, dans leurs industries, le taux minimum des salaires au temps (désigné dans la présente loi sous le nom de tarif minimum au temps) ; *ils peuvent, en outre, fixer le taux minimum général des salaires aux pièces dans leurs industries* (désigné dans la présente loi sous le nom de tarif minimum général aux pièces).Les taux de salaires (au temps ou aux pièces) peuvent être établis en vue d'être appliqués soit à l'industrie tout entière, soit à un procédé spécial de travail ou à

---

(1) Ce n'est d'ailleurs pas la seule : l'article 8 de la loi considère encore les comités de salaires comme office de renseignements ; ils sont compétents pour examiner toutes les questions industrielles qui leur seront soumises et adresser des rapports.

Nous négligeons ce côté de leur activité qui ne rentre pas dans l'objet de cette étude.

une catégorie spéciale d'ouvriers de l'industrie, soit à une circonscription particulière. »

Il y a lieu dans cette élaboration du tarif de distinguer, pour plus de clarté, 3 phases :

a) *La phase préparatoire* ;

b) *La phase mixte* ;

c) *La phase obligatoire.*

a) *La phase préparatoire* : c'est la période de formation et d'élaboration du tarif. Le comité fait connaître le taux qu'il se propose de fixer et examine toutes les objections qui peuvent lui être présentées dans un délai de trois mois.

Elle se termine par la publication : art. 4 § 3. Le conseil publie tout tarif minimum au temps ou tout tarif minimum général aux pièces établi par lui.

b) Avec la publication, *commence la phase mixte.* En ce moment la tarification, sans être obligatoire, peut être considérée comme la coutume ou l'usage du métier : il s'appliquera (art. 7):

a) *A défaut de stipulation écrite contraire* (1);

b) *Au cas où un patron informe le conseil par écrit qu'il accepte le tarif et s'y soumet* (2) ;

---

(1) ART. 7 *a*). — Dans tous les cas où le tarif minimum est applicable, le patron doit, *en l'absence d'une convention écrite stipulant le contraire*, payer aux personnes à son service un salaire au moins égal au tarif minimum ; en pareil cas, la personne employée peut se faire rembourser la différence par son patron.

(2) ART. 7 *b*). — Le patron peut informer par écrit le conseil d'industrie qui a fixé le tarif minimum qu'il accepte de se voir appliquer obligatoirement le tarif ; en pareil cas, il est tenu de payer aux personnes qu'il emploie un salaire au moins égal au tarif minimum et il est passible, en cas contraire, des amendes qui pourraient lui être infligées, si le ministre du Commerce avait rendu une ordonnance rendant le tarif obligatoire et si cette ordonnance était en vigueur.

c) *Au cas enfin de travaux accomplis pour le compte de l'Etat ou des communes* (1).

Cette phase mixte dure normalement six mois : passé ce délai, deux alternatives peuvent se présenter : .

Ou bien le ministre rend une ordonnance déclarant le tarif obligatoire et l'on tombe dans la phase 3 ci-après.

Ou bien le ministre rend une ordonnance suspensive et alors, au bout de six mois, le conseil peut de nouveau réclamer une ordonnance obligatoire : le ministre y accède ou rend une nouvelle ordonnance suspensive (art. 5). Et cela peut continuer théoriquement ainsi : le tarif est suspendu tant que l'ordonnance obligatoire n'est pas rendue.

c) *La phase obligatoire.* Elle commence, nous l'avons vu, à l'ordonnance obligatoire.

A dater de ce jour, tout patron est tenu de payer le minima que comporte le tarif (2) :

Est nulle et sans valeur toute convention relative au paiement des salaires contraire aux présentes dispositions (art. 6, 5°).

---

(1) Art. 7 c). — Aucun département ministériel non plus qu'aucune autorité locale ne peut passer un contrat indiquant l'emploi de main-d'œuvre soumise à un tarif minimum avec un patron qui n'aurait pas fait au conseil une déclaration conforme à la disposition ci-dessus.

Une exception est cependant prévue pour le cas des travaux exécutés ou à exécuter pour le compte de la Couronne dans l'intérêt général : en ce cas, une ordonnance ministérielle peut, par voie d'ordonnance, dans les limites et pour la période y stipulées, suspendre l'application de cette disposition.

(2) Art. 6, 1). — « Lorsque le ministre du Commerce, conformément à la présente loi et par voie d'ordonnance, a rendu obligatoire un tarif minimum fixé par un conseil, le patron doit, dans les cas où ledit tarif est applicable, payer à toute personne à son service un salaire au moins égal, toutes retenues déduites, au salaire minimum ».

La loi a cependant réservé le cas des ouvriers infirmes ou *incapables* qui peuvent obtenir une autorisation spéciale (permis) les exemptant du tarif minimum obligatoire au temps.

Remarquons enfin que les mêmes dispositions s'appliquent au cas d'annulation ou de modification des tarifs : les comités de salaires restent toujours maîtres de le faire ; ils y sont obligés sur la requête du ministre du Commerce (art. 4, § 4).

IV. — *Sanctions*

Elles sont au nombre de deux :

Une sanction pénale ;

Une sanction civile.

La sanction pénale comporte l'application, sur condamnation sommaire, d'une amende de 500 francs au plus par contravention et d'une amende de 125 francs au plus, par jour après cette condamnation, tant qu'il n'est pas en règle (art. 6, 1°).

La sanction civile comporte la restitution de la différence entre les sommes payées en réalité et les sommes prévues par les tarifs minima (1). La preuve est d'ailleurs à la charge du patron (art. 6, 4°).

Il faut remarquer de plus que, d'après l'art. 6, le mot

____

(1) Art. 6. 2). — « En condamnant un patron, aux termes de la présente section, pour n'avoir payé à une personne à son service un salaire au moins égal un tarif minimum fixé, le tribunal peut, par son jugement, obliger le patron condamné à payer, en plus de l'amende, les sommes qu'il considère comme dues en salaires aux personnes employées en calculant ces salaires sur la base du tarif minimum : cette faculté d'ordonner un paiement de salaires en vertu de la présente section n'enlève nullement à la personne employée le droit de poursuivre par d'autres voies le recouvrement de salaires qui lui sont dus ».

patron doit être pris en un sens très large : c'est celui quel qu'il soit (boutiquier, marchand ou commerçant) qui « conclut expressément ou implicitement avec un ouvrier un contrat impliquant l'exécution d'un travail pour lequel un tarif minimum a été fixé en vertu de la présente loi ».

L'application de la loi est confiée à l'inspection du travail ou aux autres départements ministériels dont les agents sont en rapport avec le personnel industriel soumis à la loi (art. 14).

Les pouvoirs de ces inspecteurs sont des plus larges ; d'après l'article 15, ils peuvent :

a) Exiger du patron la production des feuilles de paie ou autres documents relatifs aux salaires; exiger des personnes faisant travailler à domicile les états des paiements effectués à des ouvriers à domicile ; examiner et vérifier ces documents et en prendre copie ;

b) Demander à toute personne intéressée faisant travailler à domicile, ou travaillant à domicile, les renseignements qu'elle possède en ce qui concerne les noms et adresses des personnes acceptant ou donnant, selon les cas, du travail à domicile et en ce qui concerne les versements dus pour ce travail ;

c) Pénétrer à toute heure raisonnable dans les fabriques ou ateliers et dans tout endroit où se fait la distribution du travail aux ouvriers à domicile ;

d) Examiner et recopier toute liste d'ouvriers à domicile tenue par un patron ou une personne donnant du travail au dehors.

Tout obstacle mis à l'accomplissement de cette mission ou pour l'arrêter dans sa mission entraîne une amende de 125 francs au plus pour chaque contravention; toute tromperie pour l'abuser est passible, sur condamnation sommaire, d'une amende de 500 francs au plus et d'un emprisonnement de 3 mois au plus, avec ou sans hard labour.

Malgré ces graves sanctions, le législateur voudrait arriver à une application amiable de la loi. C'est ainsi que, d'après l'article 10, § 2, avant de commencer les poursuites au nom de l'ouvrier comme c'est son droit, « le conseil peut — et si c'est la première fois qu'il est appelé à poursuivre un patron — doit faire de son mieux pour que le dit patron en soit informé, et ce en vue d'arriver à un règlement amiable. »

Par un sentiment très exact des réalités sociales, le législateur anglais, en ces délicates questions, place sa confiance plus encore dans la libre adhésion des intéressés que dans la contrainte légale qui n'est que le moyen ultime de coercition.

V. — *Dispositions secondaires*

Vu la longueur des développements qui précèdent, on nous excusera de faire ici un choix et de nous borner à l'essentiel.

Il est intéressant de marquer cependant, au point de vue financier, que la loi prévoit les émoluments et frais des membres nommés et des secrétaires des conseils d'industrie. C'est là une conception bien anglaise que tout travail mérite salaire et que, pour avoir de la bonne besogne, il faut payer son homme. Tous les frais nécessités par la loi sont à la charge du Trésor.

On sait aussi que la loi est entrée en vigueur le 1er janvier 1910.

Le plus large publicité est assurée pour faire connaître la loi et son délicat mécanisme (1).

---

(1) Il faut mentionner encore cette disposition fort curieuse et symptomatique : article 4, paragraphe 1 :

« Si un conseil déclare au ministre du Commerce qu'il lui est, dans un cas donné impossible de fixer un tarif au temps conformément à la présente section, le ministre du Commerce peut, pour ce cas particulier, relever le conseil de ses obligations ».

. Le seul point délicat que nous voulions ici examiner en détail est celui de la coexistence des deux tarifs au temps et aux pièces.

Les comités de salaires ont les pouvoirs pour fixer les deux catégories de tarifs minima.

Ils peuvent même fixer pour un patron un tarif minimum spécial aux pièces, applicable à la seule usine de ce patron ; ils en restent, d'ailleurs, toujours maîtres (art. 4, § 5).

C'est dans l'équivalence des deux tarifs que sera assurément l'une des plus certaines difficultés d'application de la loi. A cet égard, cependant, les règlements du Board of Trade et les règles intérieures des conseils statueront. Cependant, la loi a posé à cet égard quelques principes curieux écrits dans l'article 8 dont voici le texte :

« Le patron qui fait travailler aux pièces doit, lorsqu'il existe un tarif minimum au temps, mais quand il n'existe pas de tarif minimum général aux pièces, être considéré comme payant des salaires inférieurs au tarif minimum : (1)

« 1° Dans le cas où ce tarif minimum aux pièces spécial a été fixé conformément à la présente loi, pour les personnes au service du patron, si les salaires payés par lui sont inférieurs à ce tarif minimum aux pièces spécial ;

« 2° Dans le cas où il n'a pas été fixé de tarif minimum aux pièces spécial, s'il n'a pas été établi que le salaire aux pièces effectivement payé représenterait en

---

(1) La traduction du *Bulletin de l'Office international du Travail* porte ici les mots : tarif minimum aux pièces spécial. Ce doit être par erreur. *Bulletin* 1910, p. 30. Le texte anglais dit seulement : « be deemed to pay wages at less than the minimum rate. »

l'espèce, *pour un ouvrier ordinaire, au moins la somme d'argent que rapporterait le tarif minimum au temps.* »

Nous avons ainsi achevé l'exposé des dispositions de la loi anglaise.

Dans l'ensemble et pour nous résumer, on voit que l'idée maîtresse dont elle s'est constamment inspirée, qui l'éclaire et la domine, est l'intention d'imiter en somme, au cas de salaire minimum obligatoire, le système d'ores et déjà existant, qui a fait ses preuves, de salaire minimum stipulé dans l'industrie privée par le moyen du contrat collectif.

Les tarifs doivent être établis par les intéressés : ils restent modifiables et revisables. Les personnages officiels, les membres directement nommés par le Board of Trade sont le plus souvent les instigateurs de l'œuvre à accomplir. Ils suppléent au défaut d'organisation existante dans les milieux où la loi s'applique.

La loi anglaise est au premier chef une loi supplétive et complémentaire de l'initiative privée. Elle est, aussi peu qu'il est possible pour une loi, impérative et contraignante. Au moins pour l'élaboration des tarifs, elle propose plus qu'elle n'impose.

Ce sont, au fond, les intéressés largement représentés qui restent souverains, comme il convient, pour la détermination des minima de salaires : les conseils, nous l'avons vu, peuvent, sous réserve des dispositions de la présente loi et des règlements ainsi rendus, régler comme ils l'entendent leur mode de fonctionnement (art. 11, 7°).

III. — LES RÉSULTATS DE LA LOI

Comment a fonctionné le mécanisme des comités de salaires ? Telle est la dernière question qui nous reste à examiner.

I. — Les résultats de l'expérience australasienne

Nous ne pouvons, bien entendu, faute d'enquête personnelle, apporter ici que des témoignages de seconde main de publicistes français ou étrangers qui ont étudié sur place l'expérience de minimum légal des salaires.

Voici la revue rapide des principaux jugements portés sur la législation nouvelle tant en France qu'à l'étranger (1).

La plupart des auteurs français manquent de netteté dans leurs conclusions :

« Doctrines et théories, écrit M. Deschars (2), n'ont guère encore subi ou n'ont pas encore enduré les épreuves et les réalités de la vie courante. Nous connaîtrons leur degré de résistance au contact des faits ».

M. Albert Métin (3) disait : « En somme, l'institution des comités de salaires est, comme le dit justement l'inspecteur en chef, la première tentative légale faite dans le monde pour réprimer le Sweating system : elle est allée tout droit au moyen le plus héroïque, fixation d'un salaire minimum ; elle s'est heurtée à deux grandes difficultés, l'exclusion des ouvriers lents et maladroits et la fixation du salaire aux pièces. Il était sans doute trop tôt pour porter un jugement définitif. »

Autrement significatifs sont les témoignages anglais : nous insistons tout particulièrement sur les deux plus importants : celui de M. Reewes et celui de M. Aves.

---

(1) Nous écartons, bien entendu, de cette revue les livres et articles d'auteurs qui n'ont pas vu.

(2) Ch. Deschars. L'organisation du travail en Australie, *Revue politique et parlementaire*, sept. 1908, p. 592.

(3) *Législation ouvrière et sociale en Australie et Nouvelle-Zélande* 1 vol. Paris, Imprimerie nationale, 1901, p. 99.

M. Reewes (1), qui étudiait la législation des comités de salaires, en vue de son introduction éventuelle en Nouvelle-Zélande, énonçait un jugement des plus favorable sur l'effet d'ensemble de la législation de Victoria :

« Sans nier que la loi de 1896 ait été et soit chaudement critiquée dans cette colonie et sans affirmer qu'elle soit actuellement (2) sortie de la phase d'expérimentation, j'affirme que les industries de Victoria en ont tiré parti pour prospérer et regagner la place qu'elles occupaient en 1890, mais qu'elles avaient si lamentablement perdue, après la panique financière et l'effondrement communément appelé le krach agraire de Melbourne (The Melbourne land borm). En 1890, quand Victoria jouissait de la prospérité inouïe qu'elle devait après payer si cher, le nombre des bras employés dans les fabriques de la colonie était de 47,813. En 1894, au moment du maximum de la crise, le nombre en tombe à 34,268. En 1900, il s'est élevé à 52,898. *Quel que soit donc le résultat de la loi sur le minimum de salaire, durant les quatre années d'application, elle n'a pas été en général ruineuse ni accablante* » (3).

Et plus loin : « A voir les choses en gros, les comités n'ont pas échoué. Dans leur effort pour réorganiser six métiers Sweated, ils ont réussi pour quatre et partiellement réussi dans les deux autres..... Ils ont aidé le bon patron contre le patron au rabais et le patron sweater. Les prix pour le consommateur n'ont pas été élevés d'une manière appréciable par leurs réformes : le public ne saurait donc se plaindre. En faisant leur part aux

---

(1) The Minimum wage law in Victoria and South Australia, *Economic Journal*, 1901, vol. XI, p. 331.
(2) Ceci est écrit en 1901.
(3) Article cité, p. 331.

erreurs, ils ont amélioré le sort des travailleurs. Un progrès réel a été accompli dans une cause légitime et Victoria a beaucoup de raisons de reprendre la grande expérience sur de nouvelles bases en faisant un nouvel essai avec des conditions nouvelles » (1).

Le même auteur a précisé en la confirmant cette appréciation lors du meeting anglais sur la question (2) :

« Sans doute, nos lois, je le maintiens, ne sont pas une solution définitive du problème industriel : elles sont un essai courageux, humain et couronné de succès pour faire quelque chose. »

Il insiste par des exemples sur l'utilité du rouage des comités de salaires, en indiquant qu'il faut dans la constitution de ces bureaux faire une large place aux Trade Unions.

Le second témoignage anglais est celui de M. Aves, qui fut chargé par l'Angleterre, et avant l'élaboration de la loi actuelle, d'aller étudier sur place la législation australasienne (3).

Ses conclusions, optimistes dans leur ensemble, ne laissent pas que d'être modérées en la forme. M. Aves remarque que les efforts de la législation de Victoria se sont fait jusqu'ici sentir pendant une période de prospérité et que le sweeting aurait peut-être disparu automatiquement par le développement de la colonie. Cependant, les comités ont eu une influence incontestablement heureuse.

Voici, d'ailleurs, le texte même de la conclusion de M. Aves en ce qui concerne les comités (4) :

---

(1) *Ibid.*, p. 311.
(2) National Anti-Sweating League, Londres, 1907. *Report of Conference on a minimum Wage*, p. 69.
(3) Ernest AVES. *The Wages Board and Industrial and Conciliation and arbitration Acts of Australia and New Zealand*, 1 vol. London 1908.
(4) Rapport cité, page 123.

« En ce qui regarde plus particulièrement le remède des comités spéciaux, on a vu que l'expérience australienne, d'après les métiers où elle a été appliquée, a été pour la plus grande part limitée aux diverses branches de l'industrie du vêtement. Ces métiers se sont développés dans une petite communauté, riche, grandement centralisée et comparativement homogène, également éloignée, sauf dans quelques cas isolés, des extrêmes de la pauvreté ou de la richesse. Ces comités ont réussi à une époque de prospérité croissante, dans des conditions où le travail a été souvent rare et sur des marchés doublement protégés par la loi et leur position géographique. L'opinion publique, cependant, a été capable de couvrir assez aisément le champ tout entier de l'industrie. Une connaissance intime a vu s'établir des industries et des cas individuels rarement possibles dans des communautés plus étendues.... »

« L'expérience de Victoria, quoique valable et intéressante, n'est donc pas entièrement concluante, parce que trop brève, trop simplifiée et trop exclusivement liée à une ère de prospérité économique..... »

« Les comités ont permis, dans le travail à domicile et dans les fabriques et probablement au delà même des métiers où ils existaient, d'atteindre un certain niveau de salaire. On a confiance en eux pour marquer un point au-dessous duquel, même avec une réaction, les salaires ne sauraient tomber sans grande difficulté. »

« Ils ont eu une action considérable et bienfaisante sur le public grâce à leurs propositions et déterminations, à la publicité qui leur était donnée et à la consécration officielle qu'ils avaient reçue. »

On le voit donc, le rapporteur Aves, tout en réservant comme il convenait la transposition possible de la loi de l'Australasie à l'Angleterre, conclut en somme, en faveur des bons résultats du système, en insistant sur *leur action favorable* et éducatrice.

D'ailleurs, le fait même qu'après de nombreux débats et une étude approfondie, l'Angleterre a accepté le système des comités de salaires australasiens, en l'adaptant, n'est-il pas une preuve certaine de leurs résultats dans l'ensemble favorables? (1)

Il reste enfin à examiner une troisième source de documents qui peut encore nous renseigner sur l'expérience étudiée : ce sont les documents officiels des États intéressés et les témoignages recueillis auprès des patrons et des ouvriers par divers enquêteurs, notamment par M. Aves.

Les documents officiels de Victoria (2) sont, en général, favorables à l'expérience des comités de salaires.

Dès 1901, un inspecteur des fabriques de cet État pouvait affirmer: « Il n'y a plus maintenant de sweating dans l'industrie du vêtement de l'État de Victoria. Dans le court espace de trois années, toutes les circonstances ont changé. Il n'y a plus à enregistrer de plaintes sur le sweating terrible ; il n'est plus parlé de misérables intérieurs et de salaires plus misérables encore. La majorité des industriels reconnaît maintenant que la loi a été favorable aux bons travailleurs aussi bien qu'aux employeurs » (3).

Les nombreux extraits de rapports officiels rapportés par M. Aves (4) semblent, en général, dans le même sens.

---

(1) Cf. Raoul JAY. Discussion au Conseil supérieur du Travail, nov. 1910. Compte rendu p. 15 et suiv.

(2) *Report of the Chief Inspector of facttories, workrooms and shops*, Melbourne. Annuel.

(3) Cité par REEWES. *State Experiments in Australia and New-Zealand*, 1902, p. 57.

(4) Rapport cité, p. 208.

Le rapport de 1904 (1) d'un comité spécial de l'*Australie du Sud*, chargé d'enquêter sur les résultats du système à Victoria, s'exprime aussi nettement, M. Aves (2) en résume ainsi nettement les conclusions :

a) Les salaires ont considérablement augmenté dans le plus grand nombre des professions ;

b) Un grand nombre d'ouvriers ont été rejetés du métier ;

c) Il s'en est suivi une limitation fâcheuse du travail des jeunes, qui a constitué un grand malaise (3) ;

d) Les travailleurs à domicile ont diminué beaucoup en nombre et quelques-uns ont beaucoup souffert ;

e) Un certain nombre d'usines a fermé ;

f) La tendance est de prendre le minimum de salaire pour un maximum ;

g) Le travail s'est fait en fabrique et les employés ont dû accomplir une besogne plus dure ;

h) La loi est tournée dans un certain nombre de professions;

i) Dans l'industrie du meuble, les Chinois se sont développés au détriment des Européens ;

j) Les grèves ont disparu ;

k) Les femmes ouvrières ont beaucoup profité de la loi ;

l) Le sweating dans l'industrie du vêtement, en général, a disparu ;

m) L'industrie du vêtement est la seule dans laquelle employeurs et employés sont, dans l'ensemble, satisfaits du système des comités.

---

(1) P. VII, VI, VIII.
(2) Rapport cité p. 79.
(3) A cette époque, les comités de salaires avaient encore le pouvoir de limiter le nombre des apprentis.

En conséquence, le comité concluait à la formation de nouveaux comités dans deux industries nouvelles pour l'Australie du Sud.

Les résultats de l'enquête personnelle de M. Aves (1) ne paraissent pas moins favorables :

A la question ainsi posée : *Trouvez-vous que le système des comités de salaires est avantageux pour votre propre industrie?*

33 réponses affirmatives, 17 négatives, 5 douteuses furent obtenues.

A la question analogue : *Trouvez-vous que le système des comités de salaires est avantageux pour l'ensemble de la nation (community)?*

31 réponses affirmatives, 17 négatives, 6 douteuses furent faites.

Enfin, à la question : *Approuvez-vous le système des comités de salaires adopté à Victoria?*

39 réponses favorables, dont 23 des employés de Victoria, furent faites. 3 négatives seulement.

Notons enfin que 26 employeurs, à Victoria même, étaient, en 1907, partisans d'une extension du système (2).

Au total, on peut, semble-t-il, conclure que l'expérience australasienne est plutôt favorable et qu'elle paraît avoir réussi. L'augmentation constante et continue du nombre des comités, l'adoption de la législation de Victoria par les pays voisins, les témoignages recueillis sur place par les divers enquêteurs ci-dessus cités semblent, dans la

---

(1) Rapport cité, p. 166. Cette enquête a été menée par l'auteur dans les trois pays intéressés (Victoria, Nouvelle-Galles, Nouvelle-Zélande) dans les milieux industriels et officiels (Cf détails rapport cité, p. 161.)

(2) Rapport cité, p. 26.

mesure où il est possible de s'en rendre compte, pouvoir être valablement invoqués comme preuves du succès pour l'expérience tentée.

II. — Les résultats de l'expérience anglaise (1).

La loi anglaise du 20 octobre 1909 n'est en vigueur que depuis un peu plus d'un an et demi (2).

La lenteur avec laquelle il est procédé aux tarifications prévues est une preuve du soin et de la minutie de nos voisins avant d'aboutir.

A l'heure présente (3), un seul comité de salaires a abouti à une tarification définitive : c'est le *Comité pour la fabrication des chaînes martelées*, martelées à la main ou au marteau à pédale (4). Ce Comité a donné avis, comme le veut l'article 4, § 3 de la loi, qu'il a fixé deux tarifs :

Un tarif minimum au temps ;

Et des tarifs généraux aux pièces, l'un pour les chaînes rivées à la main ou au marteau à pédale, l'autre pour les chaînes martelées d'un diamètre compris entre 3/8 d'inch (5) et 17/32 d'inch, le troisième enfin pour les chaînes martelées, qui est un tarif local.

Avis a été donné au Board of Trade conformément à la loi.

Celui-ci vient, par deux arrêtés tout récents, du 23

---

(1) Miss Constance SMITH. C. à la Ligue Sociale d'acheteurs le 9 mars 1911, publiée dans le *Bulletin de la Ligue*, 1911, n° 2, p. 02.

J. MALLON, *The Trade Boards Act.* dans la *The Women's Industrial News*, avril 1911, p. 55.

(2) On sait qu'elle est entrée en vigueur le 1er janvier 1910.

(3) Septembre 1911.

(4) *Labour Gazette*, février 1911, p. 41. Cette industrie des chaînes martelées compte environ 2,000 ouvriers, hommes et femmes, dans la région de Cradley-Bealk, près de Birmingham.

(5) L'inch (pouce) anglais est de 25 millimètres.

février 1911 (1) et du 24 mai 1911, de déclarer ces tarifs obligatoires (2).

Pour les petites chaînes, le Conseil de salaires a fixé à 0 fr. 15 le minimum de paie pour les forgerons (3). Le tarif général est de 2 1/2 d., soit 0 f. 30 environ par heure : ces tarifications nouvelles constituent une augmentation de 70 à 100 % sur les salaires antérieurement payés. Le Comité a, jusqu'ici, fonctionné à la satisfaction générale et l'on espère que l'on pourra porter le salaire au temps jusqu'à 3 d. (0 fr. 35 environ) (4).

Tels sont les seuls résultats officiels actuellement connus.

Une difficulté assez curieuse s'éleva quand on vint à promulguer le nouveau tarif.

La nouvelle loi a provoqué la formation spontanée de groupements professionnels de patrons et d'ouvriers. En dehors des patrons de la fabrication de la chaîne, déjà syndiqués, un petit nombre de patrons non syndiqués, dans la région de Kradley, se sont associés à un groupement de middlemen, cherchèrent à différer l'application de la loi (5) en signant avec leur personnel une convention écrite. Le personnel refusa de signer la convention pro-

---

(1) *Labour Gazette*, mars 1911, p. 85 ; juin 1911, p. 203.

(2) C'est le commencement de la 3e phase, phase obligatoire. La publication des tarifs était en effet du 22 août 1910 et l'on sait qu'il faut un délai de 6 mois.

(3) Paul Louis. Un problème social, *Rev. Bleue*, 31 déc. 1910.

(4) Renseignements particuliers dus au secrétaire de la National Anti Sweating League.

(5) On sait en effet que le tarif n'est pas obligatoire pendant un délai de six mois pour le patron qui réussit à faire avec ses ouvriers une convention écrite : certains patrons espéraient ainsi en faisant signer une convention de ce genre à leurs ouvrières, accumuler pendant les six mois un gros stock de chaînes martelées et se débarrasser ensuite de leur personnel.

posée ; les patrons répliquèrent par un lock-out qui dura quatre mois. Soutenus par le public, les ouvriers triomphèrent (1).

Cette première victoire a évité l'échec dans la première application de la loi, — échec qui eût risqué de compromettre tout son fonctionnement.

Les autres bureaux sont constitués et n'ont pas encore déterminé de tarifs définitivement obligatoires.

Dans l'industrie des boîtes en papier (paper box making) (2) le comité a donné communication, au Board of Trade, du projet de réglementation des salaires (3), le 1ᵉʳ septembre 1911.

Le salaire minimum au temps, dans toute l'industrie, pour les ouvrières à domicile comme pour les ouvrières en fabrique (4), sera de 3 d. par heure (5).

Ces salaires doivent se payer net, sans aucune déduction ni retenue.

Les apprenties recevront le salaire minimum au temps suivant :

---

(1) De même, dans la branche du marteau à pédale où dominent les ouvriers du sexe masculin, pareille tentative échoua après un lock-out de quinze jours.

(2) C'est là une industrie assez importante dont les ateliers sont répandus dans un grand nombre de villes en Angleterre, dans le Pays de Galles et en Écosse.

(3) *Labour Gazette*, sept. 1911, p. 327.

(4) À l'exclusion des femmes qui sont employées dans le métier à un ouvrage extraordinaire ou à titre d'aides. (In work incidental or ancillary).

(5) Un avis antérieur d'avril 1911, proposait les étapes suivantes :
2 d. 3/4 par heure jusqu'au 31 janvier 1912.
3 d. par heure à partir du 1ᵉʳ février 1912.
3 d. 1/4 par heure à partir du 1ᵉʳ février 1913. Les représentants des patrons n'avaient pas accepté ce dernier échelon.
Labour Gazette, avril 1911, p. 125. Cet avis a été retiré et remplacé par celui analysé au texte.

Pʳ la 1ʳᵉ période de 6 mois d'emploi : 4 s. 0 d. par semaine

2ᵉ	—	—	—	5 s. 0 d.	—
3ᵉ	—	—	—	6 s. 0 d.	—
4ᵉ	—	—	—	8 s. 0 d.	—
5ᵉ	—	—	—	9 s. 0 d.	—
6ᵉ	—	—	—	10 s. 6 d.	—

Les tarifs hebdomadaires ci-dessus s'entendent de la semaine de 52 heures, mais ils sont sujets à réduction ou augmentation proportionnelle, selon que le travail effectivement fourni par l'apprentie n'atteint pas ou dépasse 52 heures (1).

Un délai de 3 mois pour les objections court à dater du 4 septembre 1911.

Un Comité de salaires, formé de 13 membres, quatre représentants du patron, quatre représentants des employés, quatre membres nommés par le Board of Trade et un président, vient d'être tout récemment constitué pour l'Irlande (2).

De même dans l'industrie du finissage de la dentelle (3), le Comité a donné avis, le 19 août 1911 (4), du salaire minimum au temps de 2 3/4 d. l'heure (5) pour toutes les fabrications dans le métier désigné et d'un tarif

---

(1) Une amélioration importante obtenue par le Comité de salaires est de faire payer 6 d. (environ 0 fr. 70) toute ouvrière passant une partie de la journée à la fabrique (matin ou soir) et se mettant à la disposition du patron sans remporter de l'ouvrage. C'était en effet un abus fréquent que ces attentes et pertes de temps sans donner d'ouvrage aux ouvrières.

(2) *Labour Gazette*, sept. 1911, p. 327.

(3) Cette industrie occupe environ 10.000 femmes à Nottingham. Le problème y est plus délicat à cause de la concurrence étrangère de la France, de la Suisse et aussi de l'Allemagne.

(4) *Labour Gazette*, sept. 1911, p. 327.

(5) On constatait des salaires de 0 fr. 10 pour deux ou trois heures de travail.

minimum général aux pièces pour certaines opérations du métier. On espère là encore une réelle amélioration dans les conditions du travail.

Enfin, dans l'industrie du vêtement en gros, tout fait et sur mesure (1), on s'est borné d'abord au vêtement d'hommes, et le comité nommé au début de 1911 n'a pas encore abouti.

Il a décidé de consulter, avant toute fixation du minimum de salaires, les sept comités du district. On espère qu'il aura comme les autres une action efficace.

Au total, la prudence que nous constatons dans l'application de la législation anglaise est manifeste. S'il est prématuré d'affirmer, sauf pour l'industrie des chaînes, un relèvement général des salaires, on peut tout au moins, en présence du mouvement de groupement et d'association qu'elle a provoqué, constater à son actif un important et précieux succès, gage probable du succès définitif.

CONCLUSION

Ma tâche est achevée et on voudra bien excuser les dimensions de ce rapport peut-être un peu long.

Dans quelle mesure ces deux législations australasienne et anglaise sont-elles utilisables pour notre France? C'est ce que les discussions de l'Association pour la protection légale des travailleurs auront à déterminer.

Vous permettrez cependant à votre rapporteur de dégager encore la conclusion qui lui semble s'imposer.

L'étude qui précède a mis en lumière, semble-t-il, une double affirmation :

---

(1) C'est assurément la plus importante des industries actuellement réglementées.

D'abord, *la législation sur le minimum de salaires est bien une réalité* : le double édifice que nous venons de regarder est une réponse péremptoire par lui seul — *Mole sua stat* — aux timides, aux hésitants, aux négateurs *a priori* d'une intervention efficace dans le redoutable problème du travail à domicile. Quoi qu'on dise et quoi qu'on objecte, c'est un fait qu'un minimum obligatoire de salaires existe aujourd'hui dans deux pays : l'Angleterre et l'Australie, qui, nous l'avons vu, n'ont pas l'air pour cela de s'en trouver plus mal. L'expérience est faite et la législation à établir en France est possible. L'idée nouvelle a trouvé sa voie par le biais du contrat collectif obligatoire. Sur ce premier point aucune contestation ne paraît possible : l'expérience australasienne comme l'expérience anglaise ont au moins ce très grand mérite d'avoir lumineusement établi l'intervention efficace du législateur.

Ensuite — et cette seconde leçon des faits est peut-être plus importante encore que la première — *le législateur australasien comme le législateur anglais a cherché à intervenir le moins possible*. Cette soumission aux faits, cette confiance dans l'initiative individuelle soutenue et stimulée par la loi sont, nous y avons insisté, des caractéristiques essentielles du tempérament anglo-saxon. De loin l'œuvre paraît entièrement artificielle, je veux dire fabriquée de toutes pièces et imposée d'autant ; de près elle est surtout réaliste, c'est-à-dire pénétrée de la spontanéité des forces patronale et ouvrière qu'elle met en présence et sur lesquelles elle compte avant tout pour réaliser son œuvre (1). Tout dans les législations que nous venons

---

(1) Ceci résulte jusqu'à l'évidence de toute la discussion parlementaire anglaise : le bill est toujours présenté, soit aux Communes, soit aux Lords, comme un mécanisme artificiel analogue à celui qu'a su constituer l'industrie libre.

d'analyser accuse cette intention : souplesse du mécanisme, délais accordés, application progressive des tarifs,
variété dans la composition des comités. D'un mot — et
la chose est manifeste surtout pour l'Angleterre — le
contrat collectif légal qu'on impose n'est dans ses détails
que l'imitation aussi exacte que possible du contrat
collectif libre malheureusement inexistant dans les
industries visées par suite du manque d'organisation
professionnelle. De là encore un enseignement précieux,
une direction générale pour la solution française du
problème que nous cherchons : il faut, dans la mesure
du possible, orienter la réforme dans le sens des réalités
existantes, renoncer peut-être à l'élection d'un comité
constitué de toutes pièces s'il n'est pas possible dans
telle ou telle industrie sweated, s'appuyer sur le conseil
des prud'hommes comme le font les derniers projets
français, en un mot obéir aux données de fait du problème qui s'imposent.

Ici, sans doute, sera vraie une fois de plus la grande
parole de Bacon : « On ne commande à la nature (à la
nature inanimée comme à la nature sociale) qu'en lui
obéissant ».

Oser et obéir aux faits, tels sont les deux conseils de
l'expérience étrangère.

RAPPORT DE M. LE COMTE DE MUN.

LE PROJET DU GOUVERNEMENT FRANÇAIS

M. LE COMTE DE MUN. — Mesdames et Messieurs, je n'ai pas l'intention d'anticiper sur le rapport de M. l'abbé Mény ; si je figure au nombre des rapporteurs, c'est par suite de la grande bienveillance des membres du bureau qui ont bien voulu m'offrir l'occasion de témoigner ainsi mon dévouement à la cause des travailleurs à domicile, mais, en réalité, c'est à M. l'abbé Mény que vous devrez attribuer tout l'honneur du travail qui vous sera soumis.

Cependant, avant qu'il ne prenne la parole, je voudrais profiter de ce qu'elle m'est accordée pour rappeler à ceux qui ont déjà suivi nos travaux, pour apprendre aux autres dans quelles dispositions nous nous sommes trouvés, mes amis et moi, lorsque nous avons présenté à la Chambre notre proposition sur l'institution des comités de salaire, à la suite de laquelle se sont produites, d'abord, celle du Conseil supérieur du travail et ensuite celle du gouvernement.

Lorsque nous avons abordé cette question dans les réunions d'études des catholiques sociaux, nous étions, comme tout le monde, sous l'impression des révélations poignantes faites par les enquêtes de l'Office du travail et par celles de l'initiative privée, au premier rang desquelles il faut citer, comme l'une des plus remarquables, celle de mon ami l'abbé Mény.

Emus par cette misère du travail à domicile, nous en avons cherché le remède, et presque immédiatement nous avons fait une constatation nouvelle : c'est qu'à côté des ouvrières de la lingerie et du vêtement, il y avait toute une catégorie de travailleurs au sujet desquels l'enquête ne nous apportait aucun renseignement précis, pour lesquels nous n'avions rien prévu et qui, cependant, se trouvaient dans une situation non moins digne d'intérêt. Dans le nombre, je citerai en particulier, et je tiens d'autant plus à le faire que je vois en face de moi mes honorables collègues du département de la Loire, les ouvriers tisseurs de la région de Saint-Étienne.

C'est pourquoi, lorsque nous avons déposé notre proposition de loi, au lieu de l'appliquer exclusivement aux ouvrières, nous l'avons étendue à tous les travailleurs à domicile.

Tout à l'heure, lorsque vous entendrez le rapport de M. l'abbé Mény, vous verrez que le projet du gouvernement, qui est presque la reproduction de celui du Conseil supérieur, ne vise, au contraire, que les ouvrières.

Cependant, sur ce point comme sur d'autres dont je vais parler, convaincus qu'il est très difficile de faire voter par le Parlement des propositions émanant uniquement de l'initiative parlementaire et que, seuls, les projets du gouvernement ont quelque chance d'aboutir, nous avons cherché à concilier nos idées avec le texte gouvernemental. C'est dans cet esprit que, lorsque la discussion s'est engagée devant la Commission du travail de la Chambre, nous avons élaboré des amendements que nous porterons ensuite devant la Chambre elle-même, si il le faut, sous forme de disposition additionnelle, afin de donner satisfaction aux réclamations de ces ouvriers à domicile, dont les tisseurs de la Loire offrent l'exemple le plus remarquable et le plus intéressant.

C'est pour nous une obligation absolue, car nous avons eu la surprise, aussitôt que notre proposition a été connue du public, d'apprendre que les organisations ouvrières de Saint-Étienne, avec lesquelles nous n'avions eu aucune relation préalable, avaient immédiatement, par des délibérations prises dans leurs réunions, donné à cette proposition leur plein assentiment et émis un vœu formel pour qu'elle prît place, le plus tôt possible, dans la législation. Nous ne pouvons pas, aujourd'hui, les abandonner ; notre devoir, pour répondre à leur confiance, est de chercher, dans toute la mesure possible, à leur donner satisfaction.

Il est un autre point sur lequel je désire appeler votre attention. C'est celui que vient si bien de mettre en lumière le rapport si remarquable de M. Raynaud : je veux parler des comités de salaire.

Je regrette infiniment, — je suis obligé de le dire, — que, dans le projet de loi du gouvernement, ces comités de salaire aient disparu ; ils ont été remplacés par les conseils de prud'hommes. Je professe le plus grand respect pour les conseils de prud'hommes, c'est une juridiction qui a un caractère professionnel, mais ce n'est pas une organisation professionnelle. Or, ce qui nous paraissait intéressant avant tout, c'était de confier le soin de déterminer le salaire minimum aux représentants de la profession.

Pourquoi? Parce que, lorsque nous parlions du minimum de salaire, nous songions au salaire vital, c'est-à-dire à la rémunération nécessaire à un travailleur pour vivre dans la région qu'il habite et dans la profession qu'il exerce. C'est, me semble-t-il, la meilleure définition du salaire minimum.

Il nous apparaissait que les représentants de la profession, patrons, ouvriers et ouvrières, étaient naturellement désignés pour déterminer le salaire vital. Tout à l'heure, M. l'abbé Mény, dans son rapport, exposera comment nous avons cherché à faire rentrer dans le projet du gouvernement cette idée qui en avait disparu.

Elle nous paraît, en effet, essentielle, et je suis convaincu que l'expérience nous donnera raison.

Remarquez que, dans la législation de l'Australasie comme dans la législation anglaise, c'est ainsi qu'on a procédé. La loi anglaise, en particulier, a, comme notre proposition, pour objet fondamental l'institution de comités industriels, qui ne sont autres que nos comités de salaire.

J'ai tenu, Mesdames et Messieurs, à vous soumettre ces observations, afin de vous indiquer les différences qui existent entre la pensée première qui nous avait inspirés et le projet de loi qui est sorti des délibérations du Conseil supérieur du travail.

Mais, ces réserves faites, je constate que le résultat obtenu est considérable. Le grand mouvement d'opinion déterminé depuis quelques années par tous ceux qui se sont occupés du travail à domicile, et en particulier par la Ligue sociale d'acheteurs, a fait pénétrer dans les esprits une idée qui, il y a bien peu d'années, faisait encore bondir presque tout le monde, l'idée du minimum de salaire, qui surgissait dans toutes les discussions sur les questions du travail, comme un obstacle infranchissable, M. le Président le sait comme moi.

Aujourd'hui, sur ce point spécial du travail à domicile, par l'effet des révélations qui ont saisi l'opinion publique de l'exploitation affreuse de la misère, dont il est l'occasion, l'idée s'est imposée à tous les esprits. Le minimum de salaire est apparu comme le seul remède efficace. C'est un très grand pas, un très grand résultat : je ne doute pas que l'accord ne se fasse bientôt sur les applications.

Permettez-moi de vous signaler encore un point sur

lequel il me paraît essentiel de faire porter vos délibérations.

Le projet de loi du gouvernement parle des ouvrières non qualifiées. Quelle est exactement la signification de ce terme obscur ? qu'est-ce qu'on entend par une ouvrière qualifiée ou non qualifiée ? J'ai posé la question à beaucoup de professionnels, à beaucoup d'ouvrières, à beaucoup de patronnes, et je ne suis arrivé à aucune réponse précise et universellement acceptée. Je crains qu'à l'aide de cette formule équivoque on n'arrive à assimiler l'ouvrière à domicile à celle qui n'a point de profession déterminée et qu'ainsi elle ne soit, en quelque sorte, vouée à un salaire avili. Le travail à domicile est une profession qui n'implique pas nécessairement l'incapacité ou le mauvais travail, bien au contraire, mais qui résulte du mode de répartition du travail industriel. Il est indispensable que des explications formelles soient données à cet égard.

Telles sont, Mesdames et Messieurs, les réserves que je croyais utile de présenter sur le projet du gouvernement. Je vous demande la permission de m'en tenir pour aujourd'hui à ces observations afin de ne pas retarder le moment où vous entendrez le rapport de M. l'abbé Mény.

RAPPORT DE M. L'ABBÉ MÉNY

LE PROJET DU GOUVERNEMENT FRANÇAIS

M. L'ABBÉ MÉNY. — Mesdames, Messieurs, comme vient de l'indiquer tout à l'heure M. le comte de Mun, le projet de loi du 7 novembre 1911, qui était la première consécration officielle d'une campagne de quinze années, a eu pour effet presque normal de faire fondre comme la neige au soleil tous les projets antérieurs.

Il importe de reconnaître que ce projet donne satisfaction à tous ceux qui se sont occupés de la question pour deux raisons principales : parce qu'il consacre l'idée d'une nécessaire réglementation du travail à domicile et ensuite se rend compte que cette réglementation sera sérieuse et efficace seulement si elle prend pour base la tarification du salaire. C'est peut-être la raison déterminante qui a amené bon nombre de personnes à se rallier à ce projet.

En voici les grandes lignes :

Les femmes travaillant à domicile dans la lingerie, la broderie, le vêtement, les chapeaux, chaussures, fleurs artificielles, doivent recevoir un salaire au moins égal à celui de l'ouvrière non qualifiée de la région, payée à la journée.

Si le salaire est payé aux pièces et non au temps, dix heures de travail doivent permettre d'atteindre le minimum déterminé.

La publicité des tarifs payés est assurée par un registre tenu par le patron des noms et adresses de ses ouvrières ; par l'affichage dans les locaux de la remise et de la réception du travail, du tarif des articles faits en série ; enfin par la remise à l'ouvrière d'un bulletin à souches portant mention des tâches exécutées et des salaires attribués. Les inspecteurs du travail et les officiers de police judiciaire sont chargés d'assurer l'exécution de cette publicité.

Le conseil des prud'hommes ou à son défaut le juge de paix sont compétents pour juger les infractions d'espèces qui peuvent se produire. Ils sont saisis par l'ouvrière lésée ou les syndicats et associations spécialement autorisés à cet effet.

Les conseils du travail et les conseil de prud'hommes sont autorisés à établir préalablement à toute contestation les tarifs à la journée et aux pièces pour les tâches les plus usuelles de la région. A ce premier élément de vulgarisation des salaires minima vient se joindre l'obligation de publier à la porte du prétoire le taux du salaire minimum qui aura servi de base à chaque jugement d'espèce rendu en exécution de la présente loi, et la faculté accordée à tout intéressé ou groupement professionnel de prendre copie des taux de salaires ainsi constatés et de les publier.

Une amende de 5 à 15 francs est la sanction de la non-tenue du registre, du non-affichage des prix des articles faits en série et de l'absence de carnets pour les ouvrières ou de fausses inscriptions portées sur ceux-ci. Dans les deux derniers, cas, l'amende sera appliquée autant de fois qu'il y aura de personnes à l'égard desquelles la loi aura été violée, sans toutefois que l'amende maxima dépasse 500 francs.

En cas de récidive, l'amende est de 16 à 100 francs avec maximum de 3,000 francs. Si les circonstances atténuantes sont accordées, le minimum de chaque contravention doit être de 5 francs.

Pour toutes ces contraventions, les fabricants, commissionnaires ou intermédiaires sont civilement responsables des condamnations prononcées contre leurs préposés.

Le texte déposé à la Chambre limite l'extension des bénéficiaires de la loi. L'article 32 (*a*) dit : « Toute femme exécutant à domicile des travaux de confection, lingerie, broderie à la main, vêtements, chapeaux, chaussures, fleurs artificielles et tous autres travaux rentrant dans l'industrie du vêtement, ne peut recevoir une rémunération inférieure... », etc., etc.

Par conséquent, il est bien entendu que le texte ne vise que les femmes travaillant à domicile. En fait, vous le savez, les femmes représentent une très importante partie du monde du travail à domicile; le plus souvent, ce sont elles qui ont les salaires les plus inférieurs, et peut-être aussi une raison de tactique parlementaire a-t-elle influé sur cette limitation, semblant indiquer que le projet serait ainsi plus facile à faire voter. L'assemblée aura à se prononcer sur ce point.

Immédiatement après, le même article 32 (*e*) spécifie ce qui peut être considéré comme salaire de base, et nous touchons ainsi à la fameuse question de l'ouvrière non qualifiée :

« Toute femme travaillant à domicile ne peut recevoir une rémunération inférieure au salaire ordinaire d'une ouvrière de la région payée à la journée ou à l'heure, et non qualifiée, c'est-à-dire exécutant communément et sans spécialisation professionnelle déterminée les différents travaux courants de la profession. »

Je ne rappellerai pas les discussions du Conseil supérieur du travail sur ces mots. Elles ont montré que leur portée était assez difficile à préciser. Mais, pour une raison de principe qu'indiquait déjà M. de Mun, il me semble que cette comparaison porte en elle-même un vice capital.

Lorsque l'on parle des misères et des maux du travail à domicile et de la modicité des salaires, toujours la première objection qui est faite est celle-ci : « Ce sont des incapables, ce sont des ouvrières qui ne trouveraient pas à être employées en atelier parce qu'elles n'ont pas la valeur professionnelle moyenne nécessaire ». Cependant l'enquête faite en France sur la lingerie, comme l'enquête belge sur les dentellières, reconnaissent que, dans l'article de luxe, dans l'article spécialisé, la rémunération du salaire tend à être semblable à celle de l'ouvrage commun. Il y a notamment dans l'enquête française une disposition très nette à ce point de vue et M. Verhaegen, l'auteur de l'enquête belge, avoue de même que, souvent, cette ouvrière, cette artiste qui s'ignore et qui vit de la vie des humbles, est moins payée que celle qui fait les travaux courants et ordinaires.

Il y a donc une conception fausse qui est assez répandue et peut-être, dans une certaine mesure, le texte proposé semblerait la confirmer.

Il faut aussi admettre que le travail à domicile est souvent jugé d'après sa rétribution, et cette idée générale dominant l'opinion : que la rémunération égale la valeur et la difficulté du travail, on en conclut : c'est donc un travail d'un genre différent des autres.

Au contraire, la cause de la faiblesse du salaire, c'est surtout la question du salaire d'appoint et la pléthore de main-d'œuvre. En raison de ces éléments exceptionnels de dépréciation de la valeur du travail fourni, il est de toute nécessité de mettre le travail à domicile sur un pied d'égalité avec le travail aggloméré. Autrement, on paraîtrait mettre ces ouvrières au ban du monde du travail.

En pratique, avec cette rédaction « ouvrières non qualifiées »,on se heurtera à un certain nombre de difficultés insolubles, car chacun devra faire sa théorie de l'ouvrière non qualifiée.

La chose n'est pas à démontrer. Il suffit de renvoyer aux discussions passionnées, si obscures et parfois si comiques, qui retinrent le 22 novembre 1910 les membres du Conseil supérieur du travail; l'un après l'autre, chacun demandait avec M. Charles Benoist : Qu'est-ce que vous entendez par là? La suite de la discussion n'amena guère de lumière, si l'on en croit les membres ouvriers, affirmant, au moment de voter sur les mots non professionnelles, ne pas voir pourquoi ils se prononçaient contre eux.

Et il s'agit ici de l'élite du monde patronal et ouvrier. Comment prétendre qu'une règle si obscure puisse servir de commune mesure aux plus humbles des conseils de prud'hommes et au dernier des juges de paix? N'est-ce point se leurrer d'illusions que de croire pratiquement applicable une loi dont l'article essentiel demeure à ce point sujet à discussion?

On ne saurait le perdre de vue, s'il est facile de reconnaître une ouvrière qualifiée faisant un travail spécialisé, il est à peu près impossible de préciser où commencera la qualification et où, surtout, se terminera-t-elle.

D'autre part, enfin, la comparaison que semble indiquer le texte, c'est évidemment l'ouvrière allant à domicile qui, souvent, reçoit une partie de son salaire en nourriture et une autre en argent. Elle raccommode les vêtements ou travaille sous les ordres directs de la personne qui l'emploie aux tâches les plus variées. Ce genre d'ouvrières est assez rare dans les petites localités de province, et là où elle existe, n'est-elle pas dans une situation supérieure à celle de l'ouvrière d'atelier ? Dans ma région, elle est payée couramment deux francs par jour; de plus, elle est nourrie aux trois repas, tandis que sa compagne d'atelier ne dépasse guère pour un travail analogue 3 fr. 50. Et, alors, l'objection que l'on fait de la disparition du travail à domicile par suite de sa trification et de l'intervention législative prend ici toute sa force, puisqu'on prend pour point de comparaison, non pas une ouvrière exécutant dans des conditions normales un travail analogue, mais une ouvrière qui est en quelque sorte privilégiée par son salaire. Il est évident, alors, que le salaire de l'ouvrière à domicile ainsi réglementé devra être, en fait, quelque peu supérieur au travail en atelier. Donc, l'objection prend toute sa force.

La réglementation du travail aura-t-elle pour effet de diminuer ou non le travail à domicile? Il est prématuré de se prononcer, mais il est certain que, si le danger existe, cette évolution se dessinera plus facilement si l'on prend pour point de comparaison une ouvrière qui reçoit un salaire supérieur et une ouvrière d'atelier.

Tout le monde sait, en effet, qu'à salaire égal, le confectionneur a profit à employer des ouvrières dispersées. Les enquêteurs de l'Office du travail en ont reçu à Châteauroux l'affirmation très nette. On trouvera, au tome II (p. 372) de l'enquête sur le travail à domicile, l'énumération des éléments qui diminuent les frais généraux d'une entreprise utilisant le travail à domicile (économie de chauffage, éclairage, surveillance, installation et entretien des locaux, suppression de l'amortissement de l'entretien et de la réparation des machines, ainsi que du coût de la force motrice).

Même payé sur la base du salaire journalier du travail en atelier, le travail à domicile constitue donc un profit pour l'employeur. Il ne sera donc pas question de le supprimer, malgré l'augmentation de sa rétribution.

On garantira ainsi, tout en l'améliorant un mode dè travail rendu indispensable, tant par l'impossibilité où se trouvent l'usine et l'atelier d'absorber toute la partie de la population qui s'y livre que par les conditions d'existence de celle-ci, obstacles perpétuels à l'abandon par elle du foyer familial.

Voilà les motifs pour lesquels il nous paraîtrait intéressant de remplacer cette base de salaire qui est indiquée par l'article 32 par un autre texte, qui a pour lui l'avantage de n'être pas une nouveauté: Je veux parler du texte du décret du 10 août 1899, relatif aux marchés passés au nom de l'Etat, et qui introduit dans l'alinéa troisième de l'article premier cette stipulation : que, pour chaque profession et, dans chaque profession, pour chaque catégorie d'ouvriers, le salaire payé devra être semblable au taux courant, appliqué dans la ville ou la région où le travail est exécuté.

Il y a là une question de rédaction à laquelle il me paraît bien que l'Association doive attacher la plus grande importance. C'est peut-être tout le sort de l'action pratique de la loi qui y est attaché.

Ensuite, il s'agit de fixer le salaire, d'arriver à traduire dans des chiffres ce salaire de base. L'article 32 F prévoit que les conseils de prud'hommes, dans la connaissance des différends qui peuvent s'élever au sujet de l'application de la loi, auront, à défaut de l'initiative des conseils du travail, la faculté de dresser des tarifs normaux, au temps et aux pièces, antérieurement à toute contestation.

D'autre part, l'article 32 prévoit qu'après chaque jugement d'espèce, sera affiché à la porte du prétoire le salaire qui a été considéré par le conseil des prud'hommes comme salaire type d'après lequel il a été jugé si oui ou non le salaire de l'ouvrier qui réclamait était conforme au salaire minimum.

Autant il était indispensable de définir nettement la base du salaire, autant il est nécessaire dans le problème présent d'indiquer avec précision aux ouvrières ce qu'elles peuvent légitimement réclamer.

Un droit mal défini n'est presque jamais exercé, une créance douteuse, fort rarement, est revendiquée. Si l'on veut que l'ouvrière consente parfois par esprit de solidarité à risquer son pain pour obtenir le châtiment d'une injustice commise à son détriment, il faut que, mathématiquement, elle puisse, avant le jugement des conseillers prud'hommes, se définir à elle-même le dommage exact qu'elle subit.

Cette manière de voir a inspiré le Trade boards act anglais du 20 octobre 1909, et l'article 4 assigne aux conseils industriels la mission de « fixer, chacun pour leur industrie, le tarif minimum des salaires du travail à l'heure » et « s'ils le jugent utile, fixer de même un tarif général minimum de salaires pour le travail aux pièces ; ces tarifs de salaires pouvant d'ailleurs s'appliquer, soit à l'ensemble de chacunes des industries visées, soit à un travail spécial dans cette industrie, soit à une catégorie spéciale d'ouvriers de cette industrie, soit à une région déterminée ».

Un seul cas est prévu pour dispenser les conseils industriels de cette tarification des salaires. « Si un conseil industriel expose au ministère du Commerce et de l'Industrie qu'il est impossible dans un cas donné de fixer un tarif minimum de salaires à l'heure, conformément à cet article, le ministère du Commerce et de l'Industrie peut, pour ce cas, décharger le conseil industriel de l'obligation qui lui incombait ».

En fait, les conseils institués pour la fabrication de la

chaîne, le finissage de la dentelle, la fabrication de la boîte en carton, en papier et copeaux, le vêtement en gros, tout fait et sur mesure, n'ont pas réclamé le bénéfice de cette mesure.

Sans doute, la tarification non encore fixée pour le vêtement ne s'est pas faite ailleurs sans difficultés, et le numéro d'octobre 1911 du Bulletin de l'Office du travail annonce que, déjà, le tarif de la fabrication des boîtes en carton, papier et copeaux, publié le 6 avril 1911, a dû être modifié à la date du 1er septembre dernier.

Il n'en est pas moins vrai que les résultats obtenus dans la fabrication de la chaîne et le finissage de la dentelle paraissent dus exclusivement à la fixation des salaires par les conseils industriels. Ainsi que le remarquait, le 3 mars 1911, Miss Constance Smith dans sa conférence à la Ligue sociale d'acheteurs de Paris, seule la défense de droits connus et irrévocablement acquis, a pu déterminer les travailleurs anglais à domicile à se grouper en vue de leur sauvegarde.

La moins fouillée des psychologies prouve qu'il en sera de même en France. Pour peu qu'on fréquente des milieux populaires, en dehors de la clientèle spéciale et pas toujours intéressante de l'assistance judiciaire, la crainte et l'aversion de l'ouvrier pour la procédure sont choses incontestables. Bien des passe-droits sont subis pour éviter d'aller en justice, et tout le monde se défile pour n'être témoin ni d'une rixe, ni d'un accident. Plus le travailleur est pauvre et de sort misérable, plus cette situation s'accentue, et si toute femme du peuple est un peu cousine de Mme Angot, elle devient très facilement muette devant le juge de paix.

Nous reprocherons précisément au projet gouvernemental de vouloir lui donner devant celui-ci un rôle beaucoup trop actif pour ses moyens.

En effet, la publication des tarifs au temps et aux pièces est seulement facultative pour les conseils de prud'hommes, l'article 32 (*f*) spécifie : « Pour faciliter l'appréciation des conseils de prud'hommes dans la connaissance des difficultés qui peuvent s'élever au sujet de l'application de la présente section, les conseils de travail peuvent dresser d'office ou dressent sur la demande du Gouvernement, le tableau des salaires à la journée ou à l'heure et le tableau des tarifs aux pièces correspondants pour les tâches les plususuelles dans les professions et les régions qu'ils représentent.

« A défaut de ces constatations, les conseils de prud'-hommes peuvent, sans préjudice des attributions contentieuses qui leur appartiennent en vertu de la loi, faire des enquêtes avec ou sans expertise en vue d'établir les mêmes données.

« Les uns et les autres publient les résultats de leurs constatations ».

On le voit, nulle obligation d'établir des points de comparaison, sur lesquels pourrait se baser l'ouvrière lésée ; et rien n'assure que la possibilité prévue ne restera pas lettre morte. Est-il permis d'espérer, du moins, qu'en tiendra lieu la constatation du taux du salaire journalier des ouvrières non qualifiées de la réunion, publié par le conseil de prud'hommes, après chaque jugement d'espèces et conformément à l'article 32 (*j*) ? Il est assez difficile de le penser, car l'ouvrière à domicile devra démontrer, sujet de contestations perpétuelles, qu'avec tels ou tels articles payés aux pièces, elle ne peut arriver à ce même prix calculé au temps. Et toujours on trouvera des jalouses, prêtes à témoigner la possibilité du contraire. Quel sera donc, en pratique, le sort réservé par la loi aux travailleuses à domicile? Il risque d'être fort précaire. Assumant la charge de l'instance et, par conséquent, l'obligation de la preuve, elles devront montrer qu'elles ne peuvent, en dix heures, gagner une somme dont l'élément d'appréciation, nous croyons l'avoir montré plus haut, leur échappe totalement.

Nous craignons donc qu'en pratique, ce ne soit l'échec de la loi. Aussi, malgré des difficultés sur lesquelles il ne nous reste aucune illusion, nous insisterons pour que l'on impose l'établissement officiel de tarifs minima par un texte du genre de celui-ci :

« Les conseils de prud'hommes constatent et fixent le taux du salaire minimum obligatoire préalablement à toute contestation. Leurs décisions sont rendues publiques dans les formes déterminées par un règlement d'administration publique ».

La grosse objection à laquelle se heurte la tarification antérieure à toute contestation vient de la pensée que l'on a de la spécialité ultra-développée des travaux effectés à domicile. Et pendant un certain nombre d'années on a toujours, faisant cette objection, opposé, dans la lingerie, toutes les catégories de lingerie les unes aux autres. On a prétendu que la tâche des conseils de prud'hommes serait, de ce fait, absolument impossible. Cependant, ce que nous demandons, ce n'est pas que, pour chaque spécialité changeante et variable, comme la mode, on fixe un minimum de salaire pour chaque objet, parce qu'il est évident qu'alors, comme le disait M. Fontaine au Conseil supérieur du travail, les endroits où l'on devrait afficher ces données seraient couverts d'affiches si nombreuses que personne ne les lirait.

Nous considérons que l'enquête officielle de la lingerie comme les autres enquêtes privées prouve que partout le travail à domicile tend à l'unification en prenant pour base le salaire le plus bas. Par conséquent, ce qu'il serait intéressant de fixer, ce serait le salaire minimum des grandes catégories, c'est-à-dire la lingerie, la broderie à la main, le vêtement, le chapeau, la chaussure, les fleurs artificielles. Ce seraient donc 7 ou 8 spécialisations à faire par chaque conseil de prud'hommes.

D'autre part, l'ensemble des travaux à domicile n'est pas partout fabriqué. On a pu constater que même à Paris le travail à domicile prend, en quelque sorte, sa région et que telle catégorie se trouve représentée presque uniquement dans un quartier déterminé. Il semble donc que l'objection très forte de prime abord de la variation de la mode et de la multiplicité des objets à tariffer ne garde pas toute sa valeur.

D'autre part, si l'on acceptait le premier vœu que nous venons d'indiquer sur la base même du salaire, la tarification par le conseil de prud'hommes serait en quelque sorte automatique et beaucoup plus facile. Il lui suffirait de constater quel est le salaire moyen d'une région, soit pour le travail en atelier, soit pour le travail à domicile, et il n'aurait pas la difficulté de chercher dans une foule de cas précis à établir une démarcation nécessairement très difficile.

D'ailleurs, ce que nous demandons, ce n'est pas nécessairement le tarif aux pièces, c'est avant tout le tarif moyen, et nous accepterions volontiers une rédaction du genre de la rédaction anglaise, disant que le tarif aux pièces sera fait simplement quand il paraîtra possible.

Quand on assiste à une séance de distribution d'ouvrage dans un grand magasin de confection et qu'on voit les ouvrières discuter entre elles, on constate qu'elles prennent naturellement comme point de comparaison le tarif le plus simple d'un objet couramment payé à tel ou tel prix. Elles disent à l'employeur : « Je ne puis pas faire ce travail qui est beaucoup plus compliqué que tel autre pour telle différence de prix ». Il suffirait donc, dans chaque spécialisation, de tarifer le taux de l'objet le meilleur marché, et l'échelle pourrait ainsi s'établir d'elle-même.

Je me permets, Mesdames et Messieurs, d'insister encore sur ces quelques observations parce qu'il ne faut pas se faire d'illusions. Le projet de loi, s'il est voté, entrera assez difficilement en application pour des raisons d'ordre général. D'abord, parce que c'est la première intervention relative à un minimum de salaire, et qu'elle s'opère dans des conditions plus délicates que dans d'autres industries en raison de la difficulté des contrôles.

Le projet de loi qui est soumis à la Chambre prévoit comme contrôle et comme publicité : un registre de l'employeur indiquant les noms, adresses de toutes les personnes qu'il emploie.

M. Raynaud vient de dire que l'acte anglais de 1891, complété par celui de 1901, n'a produit à ce point de vue que des résultats tout à fait partiels et un recencement très incomplet. Il y a chez le petit commerçant, et souvent en province c'est le petit commerçant qui est l'entrepreneur du grand magasin, il y a chez lui une telle répugnance à mettre de l'ordre dans ses affaires que jamais ou presque jamais les tribunaux de commerce ne peuvent rendre frauduleuses par définition, comme ils le devraient, des faillites dans lesquelles il n'y a pas moyen d'avoir de livres. Par conséquent, il sera assez difficile de tabler sur la tenue de ceux qu'on réclame.

D'autre part, il est probable que la loi sera mal comprise, qu'elle sera mal lancée dans le public. Un certain nombre de gens y feront une opposition irréductible parce qu'ils y verront une intervention dans leurs affaires. D'ailleurs, en Angleterre le peu de résultat obtenu a été le début même de la campagne sur le minimum de salaire. L'expérience parait concluante.

La seconde garantie de l'ouvrier, c'est le bulletin, le registre à souche, remis entre ses mains et sur lequel est indiqué à la fois le salaire donné et l'ouvrage effectué.

Un proverbe allemand vante la patience du papier à l'égard des mensonges dont le couvre d'en.. .e l'écrivain, et la crainte de voir des prix supérieurs au salaire effectif portés sur le livret de l'ouvrière a visiblement préoccupé le Conseil supérieur du travail. A l'unanimité ses membres ont flétri les forbans coupables de cette fraude. Mais en réalité quel recours peut avoir l'ouvrière contre une semblable pratique ? Elle n'a pas de témoins de ce dol, puisque très souvent la réception du travail et son paiement se passent en tête à tête. Elle n'aura donc à sa disposition que la ressource du serment et la pratique courante ne donne, hélas ! pas grand espoir en sa véracité.

Ici, en outre, plus précise se pose la difficulté extrême de l'introduction d'une instance dont la rançon sera à à peu près sûrement la privation du travail pour jamais.

Dans une spécialité incontestablement moins inorganique, la preuve en fut manifeste. Nous laissons la parole à M. Mirman : « Les canuts lyonnais, disait-il dans cette même salle, le 18 mars 1904, qui constituent une classe ouvrière d'élite et qui, bien que dispersés, sont moralement très unis, ont fait maintenir l'usage du livret ; ils ont établi des tarifs, mais, malgré leurs qualités toutes spéciales, ces tarifs n'ont aucune sanction. Ils se font concurrence entre eux à des prix inférieurs à ceux payés à l'usine ; pour faire baisser les salaires, les patrons s'adressent aux plus malheureux, qui, poussés par la nécessité, acceptent n'importe quelles conditions. Les canuts ont essayé de réagir : ils ont fait accepter par les usages des conseils de prud'hommes une règle d'après laquelle, lorsqu'un ouvrier nouveau sera convenu d'un prix avec une maison, celle-ci ne peut plus accepter ultérieurement d'autres ouvriers nouveaux à un prix inférieur. Cette règle inscrite depuis quatre ans parmi les usages des prud'hommes n'a pas été appliquée une fois. »

Et M. Mirman citait, pour les façonniers en chaînes de Bailleul, un exemple semblable qui rend fort sceptique sur l'effet de ce contrôle.

On sait comment les ouvrières se battent pour avoir du travail et la condition de la continuation de ce travail, qui est souvent leur gagne-pain indispensable, c'est la soumission parfaite, l'absence de toute velléité d'indépendance. M. Alfassa a raconté ici, en 1903, une histoire très typique à laquelle avait été mêlé un de ses amis. Il s'agissait d'une ouvrière qui redevait 15 centimes après la confection d'un pantalon, sous prétexte de retenue de salaire. Quand l'ami de M. Alfassa voulut prendre sa défense, il se fit huer par toutes les ouvrières et même par l'intéressée, ce qui montre à quel point l'ouvrière sera timide et combien elle osera peu réclamer les garanties qui lui sont offertes. Elles sont nécessaires, elles étaient déjà prévues dans le projet de 1900, il ne s'agit pas de les supprimer. Mais, si nous insistons pour que le salaire minimum soit établi avant toute contestation et que le salaire de base soit plus nettement déterminé, c'est parce que ces précisions paraissent indispensables au succès de la loi.

Pour le même motif, nous demandons que les salaires fixés par les prud'hommes confèrent un droit strict à l'ouvrière d'obtenir ces salaires, que ce ne soit pas simplement une affirmation purement théorique, mais que, par le fait même que ce salaire a été fixé, l'ouvrière ait le droit strict de l'obtenir et que, quand elle intentera un procès, elle soit certaine de le gagner. Ceci est une simple précision que j'ai voulu indiquer en passant, car il semble bien que ce soit le sens des termes mêmes du projet de loi.

Enfin, les syndicats et associations autorisés sont appelés — et c'est le caractère très nouveau de la loi — à collaborer à son application. Ils ont le droit de se substituer à l'ouvrière et je pense aussi, d'après le texte, d'exercer une action directe en vue d'obtenir et de rectifier les tarifs de salaire qui auront été arrêtés. Ces syndicats et ces associations sont soumis, d'après le projet, à un décret d'autorisation ministérielle. Pour les associations, c'est entendu, parce qu'il faut éviter toute mesure possible de chantage ; il ne faut pas que, pour le plaisir de créer de l'agitation, on puisse, sans aucune cause, intenter une action contre un employeur. Mais il nous semble que, pour les syndicats, dont la raison d'exister est de prendre la défense des intérêts de la profession, on devrait se contenter de ce qui est prévu par le projet : la caution *judicatum solvi*. Il est bien évident que cette faveur sera accordée également aux syndicats débutants, qui pourront être créés par l'exercice de cette loi. Un des résultats de l'expérience anglaise, c'est d'avoir aggloméré les ouvrières à domicile qui jusque-là n'en avaient pas ressenti le besoin.

VŒUX

PROPOSÉS PAR M. L'ABBÉ MÉ⋯, RAPPORTEUR

L'Association française pour la protection légale des travailleurs demande au gouvernement et au Parlement de hâter le vote du projet de loi déposé le 7 novembre 1911, en tenant compte des vœux suivants :

1° Que la définition du salaire de base prévu à l'article 32 a s'inspire des termes des décrets du 10 août 1899 et vise le salaire normal et courant du travail au temps, dans la profession et la région ;

2° Qu'antérieurement à toute contestation, les conseils de prud'hommes soient tenus de constater le taux de ce salaire normal et courant et de publier le résultat de leurs constatations ;

3° Qu'au cas où un tarif aux pièces aura été établi ou homologué par un conseil de prud'hommes, l'ouvrière puise dans ce tarif même le droit de réclamer la différence entre les prix fixés par ce tarif et ceux payés par l'employeur;

4° Que tous les syndicats et non pas seulement les syndicats autorisés par décret puissent intenter les actions prévues par l'article 32 l ;

5° Qu'il soit entendu que l'article 32 l ouvre à tout syndical professionnel et aux associations autorisées une action propre en rectification de tarif, sans préjudice du droit de se faire les mandataires des ouvrières lésées.

ADHÉSION DE PRINCIPE AU PROJET DE LOI DU GOUVERNEMENT

Assemblée générale du 14 Décembre 1911

PRÉSIDENCE DE M. LORIN

M. JAY. — Mesdames, Messieurs, vous avez entre les mains le texte des vœux formulés par notre rapporteur, M. l'abbé Mény. Il propose, tout d'abord, que « l'Association française pour la protection légale des travailleurs demande au gouvernement et au Parlement de hâter le vote du projet de loi déposé le 7 novembre 1911, en tenant compte des vœux suivants... »

Nous voudrions — il me paraît que ce n'est pas inutile — préciser la portée du projet du gouvernement, faire apparaître en même temps les différences qui le distinguent d'autres propositions antérieures, comme des législations étrangères dont vous a parlé M. Raynaud ; indiquer enfin pourquoi, malgré ces différences, nous croyons que notre devoir est de hâter, dans la mesure où nous le pouvons, le vote du texte proposé par le gouvernement.

Il y a entre ce texte et les lois actuellement appliquées en Australie et en Angleterre une essentielle différence qui a déjà été signalée, notamment par M. de Mun et par M. l'abbé Mény, mais sur laquelle je crois nécessaire d'insister encore.

Les lois australiennes, la loi anglaise ont créé des comités de salaires, c'est-à-dire des comités spéciaux à une industrie ou même à une branche d'industrie, comités composés, je ne dis pas uniquement — ce serait inexact — mais tout au moins très principalement de représentants des ouvriers et des patrons de l'industrie, de la branche d'industrie pour laquelle le comité est créé.

C'est à ce système des comités de salaires que se rattachait également la proposition par laquelle M. de Mun avait, le 2 avril 1909, le très grand honneur de poser la question sur le terrain législatif. C'est encore ce système que préconisait le ministère du Travail, lorsqu'au mois de janvier 1910 il rédigeait, pour la Commission permanente du Conseil supérieur du travail, l'avant-projet qui devait servir de point de départ aux discussions de cette Commission permanente.

Au comité de salaires, le texte que le gouvernement présentait, il y a quelques jours, à la Chambre des députés, substitue le conseil de prud'hommes. Le conseil de prud'hommes est, vous ne l'ignorez pas, une juridiction déjà ancienne, qui remonte à plus d'un siècle, dont la compétence s'étend d'ordinaire, non pas seulement à une branche d'industrie, mais à une série d'industries déterminées par le décret d'institution et dont les membres sont élus par les ouvriers et par les patrons de ces industries. La mission principale de ce conseil est, jusqu'à présent, de trancher les difficultés juridiques auxquelles peut donner lieu le contrat de travail.

M. de Mun a très éloquemment, dans notre dernière séance et — si les débats parlementaires que vous savez ne le retenaient dans une autre enceinte, — M. de Mun aurait probablement aujourd'hui encore, à nouveau, exprimé quelques regrets de voir les comités de salaires disparaître du projet de loi du gouvernement.

Il nous a dit ce qu'à ses yeux ces comités de salaires présentaient de très particulièrement intéressant. Il y voyait — et beaucoup d'autres l'y avaient vu comme lui

—comme l'organisation d'un contrat collectif entre les ouvriers et les patrons des industries exercées à domicile.

Elle est, certes, des plus séduisantes, cette conception d'une législation se bornant à mettre en présence les représentants des ouvriers et des patrons, à leur donner les moyens de s'entendre et de réglementer, par leur entente, le taux du salaire dans la profession. Et cependant, après réflexion, après avoir écouté les uns et les autres, et quelque peu étudié la question, j'en suis arrivé à ne plus partager les regrets de M. de Mun, et pour aller au bout de ma pensée, je dirai que, si, aujourd'hui, on me proposait de revenir à ces textes — que j'avais moi-même appuyés — pour leur emprunter à nouveau l'institution des comités de salaires, j'hésiterais à accepter la proposition.

Il faut reconnaître, en effet, que, dans l'état actuel des choses, la conception si séduisante qu'évoquait M. de Mun ne pourrait être que très insuffisamment réalisée. Elle est loin d'être réalisée en Australie et en Angleterre. Tout d'abord, il a fallu, en Australie et en Angleterre, et il faudrait partout, entre les patrons et les ouvriers, ou plus justement au-dessus d'eux, mettre un président qui soit en même temps un départageur. Il a été nécessaire de prévoir — et si l'on veut garantir le fonctionnement régulier du système, il sera toujours nécessaire de prévoir — qu'ouvriers et patrons pourraient ne pas s'entendre, et de décider que, le cas échéant, un président pris en dehors d'elles serait chargé de faire la loi qui s'imposera aux deux parties.

Je n'ai pas besoin d'insister pour que vous aperceviez combien déjà la présence d'un président départageur contredit quelque peu l'idéal du contrat collectif, de l'entente directe entre les ouvriers et les patrons.

Ce n'est pas tout. Que nous regardions du côté de l'Australie ou du côté de l'Angleterre, nous devons constater que l'élection proprement dite, l'élection faite par un corps électoral régulièrement constitué n'apparaît pas comme la règle générale.

M. Raynaud nous disait l'autre jour qu'en Australie l'élection proprement dite n'était, la plupart du temps, qu'une exception. En Angleterre, c'est un peu la même chose ; il n'y a parfois qu'une apparence d'élection.

En outre, en Angleterre — ne l'oublions pas, cela est particulièrement significatif — en Angleterre, le gouvernement a reçu de la loi, et en use, le droit d'introduire dans les comités un certain nombre de membres qu'il désigne, trois en général, et qu'il prend en dehors des ouvriers et des patrons.

Nous nous éloignons évidemment de plus en plus du contrat collectif se formant directement entre les représentants des ouvriers et des patrons.

En France, ce contrat collectif serait, je ne crains pas de le dire, plus difficile encore à réaliser. En ce qui concerne les patrons, on risquerait de se heurter au refus d'aller au scrutin. Vous savez ce qui vient de se passer à Saint-Étienne. On y a créé, par décret, un conseil de travail, conformément à la loi de 1908 et, bien qu'à la différence des comités de salaires australiens et anglais, ce conseil du travail ne dût avoir qu'un caractère consultatif, on n'a pas encore obtenu que les patrons de Saint-Étienne veuillent bien désigner leurs représentants.

Pour ce qui est des ouvriers, les législations australienne et anglaise ne visent pas seulement les travailleurs à domicile, mais aussi les travailleurs en atelier. A Victoria, notamment, la grande majorité de ceux que protège la législation du minimum de salaire sont des travailleurs en atelier. Quelque fâcheuse que puisse être la situation de ces travailleurs en atelier, il n'en reste pas moins probable qu'ils sont, pour la plupart, dans une situation supérieure à celle de ceux de leurs camarades qui travaillent à domicile.

En France, la loi ne s'appliquerait qu'aux travailleurs à domicile, c'est-à-dire aux plus misérables et, par suite, à ceux qu'il serait le plus difficile d'organiser, à ceux dont il y aurait le moins de chances d'obtenir la désignation de représentants compétents, authentiques, par des élections régulières.

Ne pourrait-on pas, dans ces conditions, légitimement redouter que les représentants envoyés aux comités de salaires par les travailleurs à domicile, se trouvassent, en fait, souvent incapables de défendre suffisamment les intérêts de leurs mandants, prêts peut-être à se laisser aller à consacrer la situation actuelle ou même des situations pires ?

Les conseils de prud'hommes ne sont plus à créer ; ils existent depuis longtemps ; de 150 à 200 fonctionnent régulièrement. Ils ont su s'acquérir la profonde sympathie de la majorité de la classe ouvrière. Pour le démontrer, il suffirait de rappeler avec quelle unanimité les ouvriers protestent contre les manœuvres par lesquelles certains patrons tentent de se soustraire à leur juridiction. Vous n'avez pas oublié la discussion qui s'est ici même poursuivie au sujet des demandes reconventionnelles. Les sentiments des patrons ne sont pas partout aussi favorables aux conseils de prud'hommes. Et cependant, les conseils de prud'hommes concilient chaque année directement, en bureau particulier, plus de 50 % des conflits qui leur sont soumis, sans compter tous ceux qui se concilient en dehors du bureau, à la suite d'une tentative de conciliation restée d'abord infructueuse.

Ce n'est pas, je le sais, le contrat collectif formé dans

la profession que, dans le système du projet du gouvernement, va nous donner le conseil de prud'hommes. Mais c'est aussi un contrat collectif, et un contrat collectif intéressant. Ce n'est plus le contrat collectif des patrons ou des ouvriers d'une branche d'industrie déterminée, mais c'est le contrat collectif établi entre les représentants régulièrement élus par les ouvriers et les patrons des industries d'une région dans le but de protéger des misérables femmes qui ne savent pas ou qui ne peuvent pas se protéger elles-mêmes, dans le but aussi de défendre l'ensemble de l'industrie contre de menaçantes contagions.

Nous pouvons donc admettre sans regret la substitution du conseil de prud'hommes au comité de salaires. Ce que nous devons demander au gouvernement et au Parlement dans des vœux précis, c'est que la loi qui fera du conseil de prud'hommes l'organe d'exécution des prescriptions relatives au minimum de salaire, soit construite de telle sorte que l'application de ces prescriptions puisse être aussi rapide, aussi complète que possible.

Il me paraît incontestable qu'à ce point de vue, le projet du gouvernement laisse beaucoup à désirer et pourrait être amélioré par certains emprunts aux législations étrangères. C'est la situation particulière, la misère extrême et aussi l'inorganisation de beaucoup d'ouvriers et plus encore d'ouvrières à domicile qui va décider le législateur à intervenir en vue de réglementer leur salaire. Ce serait une singulière erreur de ne tenir compte de cet état des choses, de cette situation particulière lorsqu'il s'agit de préciser les conditions de l'intervention légale.

Cette situation particulière exige sans doute une loi souple, suffisamment souple pour se plier à des circonstances diverses, mais encore plus une loi énergique.

Nous intervenons parce que les femmes que nous voulons protéger ne savent pas se protéger elles-mêmes. Si la loi était faite de telle sorte qu'elle ne pût fonctionner que grâce à leur initiative, à une initiative qui demanderait quelque audace, elle n'aurait aucune utilité et je n'ai pas besoin de dire les inconvénients des lois inutiles.

Il faut que la loi soit construite de façon à exiger très peu des ouvrières qu'elle veut protéger ; il faut que cette loi puisse fonctionner, pour ainsi dire, automatiquement, être mise en mouvement par d'autres que par les ouvrières. J'irai volontiers jusqu'à dire qu'il est nécessaire que, dans une large mesure, la loi défende ces ouvrières contre elles-mêmes. Comment y arriver ?

Il me paraît d'abord indispensable que la loi organise une procédure qui fasse d'avance et de la façon la plus précise, la plus nette possible, connaître à l'ouvrière ce qu'elle peut, ce qu'elle a le droit de réclamer, ce qu'elle est sûre d'obtenir si elle le réclame. Il nous paraît également nécessaire que d'énergiques sanctions assurent le respect de la loi ; que cette loi sache atteindre et frapper suffisamment ceux qui ne paieraient pas à l'ouvrière le minimum déterminé légal.

Il faudrait encore que les syndicats, les ligues d'acheteurs, les associations autorisées à cet effet puissent exercer les actions auxquelles la loi aura donné naissance et dispenser ainsi l'ouvrière à domicile, souvent si faible, si peu instruite, ayant si peu d'indépendance et de loisir, de la charge lourde toujours, lourde pour tout le monde, de l'exercice d'une action en justice.

Sur ce dernier point, le projet du gouvernement français nous donne de sérieuses satisfactions. Il admet que les actions nées de la loi pourront être intentées par les syndicats ou par les associations autorisées à cet effet. Il n'en est pas de même sur les autres points, et nous regrettons notamment que ce projet ne tienne pas assez compte de la nécessité qu'il y a, à notre avis, à ce que l'ouvrière sache ce qu'elle peut réclamer, ce qu'elle est sûre d'obtenir et le sache d'avance.

Les comités de salaires tels qu'ils fonctionnent en Australie et en Angleterre, tels qu'ils fonctionneraient d'après la proposition de M. de Mun, tiennent compte de cette nécessité. Les comités de salaires sont chargés d'établir d'avance des tarifs au temps ou aux pièces. (Quand il s'agit du travail à domicile, il ne peut guère être question que de tarifs aux pièces).

Dans ces conditions, l'ouvrier est prévenu et l'industriel, ce qui est aussi bien important, sait ce que la loi exige de lui.

Dans ce système, il est facile de garantir l'application de la loi par des sanctions pénales, sérieuses, vraiment intimidantes. Je suis convaincu — j'ai hâte de le dire — que le plus grand nombre des patrons s'inclineraient volontiers devant les dispositions d'une loi destinée à protéger les ouvrières à domicile, mais il suffirait qu'il y en ait quelques-uns qui ne s'inclinent pas pour qu'en l'absence de répression efficace, le succès de la loi fût compromis. Il faut pouvoir atteindre et punir « les forbans » dont M. Honoré, l'ancien directeur du Louvre, parlait au Conseil supérieur du travail.

Le projet du gouvernement français est, à ces points de vue, très inférieur aux lois en application à l'étranger. Mais les défauts qu'on doit, à cet égard, lui reprocher ne sont point la fatale conséquence de la substitution des conseils de prud'hommes aux comités de salaires. On peut, dans le cadre nouveau, introduire les garanties de complète et sérieuse application que nous trouvons dans les législations étrangères.

Ceux d'entre vous qui ont parcouru les vœux formulés

par notre rapporteur M. l'abbé Mény ont pu constater que la plupart, je crois même pouvoir dire tous ces vœux, n'ont pas d'autre but. Nous considérons, d'ailleurs, que ces vœux n'excluent aucune proposition. Nous ne désirons qu'une chose, c'est que d'autres vœux soient formulés. Il y en a déjà d'autres, me dit notre président. C'est là, pour moi, une bonne nouvelle.

Nous devons, cependant, prévoir l'hypothèse où il ne serait pas donné satisfaction à nos vœux.

Je considère quant à moi qu'alors même que nous n'obtiendrions qu'une partie des améliorations que nous demandons, alors même que nous n'obtiendrions pas que l'on modifiât le texte du gouvernement, nous devrions encore demander que, tel qu'il est, malgré ses imperfections, le projet du gouvernement fût le plus rapidement possible discuté et voté. Voici la raison essentielle de mon opinion.

Il y a longtemps que tous ceux qui s'occupent de cette difficile et si angoissante question du travail à domicile ont reconnu que l'insuffisance du salaire est le nœud de toute la question. Les Anglais, dans un document parlementaire, disent que l'insuffisance du salaire est la véritable *racine* de la question. C'est parce que le salaire est insuffisant, souvent lamentablement insuffisant, que l'ouvrière se loge dans les bouges que nous décrivent les enquêteurs ; c'est parce que le salaire est lamentablement insuffisant que l'ouvrière prolonge indéfiniment une journée au bout de laquelle elle espère, à force de surmenage, réunir les quelques sous nécessaires à son existence ; c'est encore parce que le salaire est lamentablement insuffisant que l'on voit, hélas ! parfois, la femme abandonnée ou la veuve qui a des enfants, les employer dès l'âge le plus tendre à des travaux pénibles et fatigants; sans le gain de leurs petits doigts, elle ne pourrait pas les empêcher de mourir de faim.

On ne peut pas songer à employer ici les méthodes ordinaires, les méthodes par lesquelles on protège les ouvrières en ateliers contre la prolongation excessive de la durée du travail ou contre les dangers du travail de nuit. On peut bien, d'un trait de plume — des législateurs l'ont fait — décider que la réglementation de la durée du travail, l'interdiction du travail de nuit seront applicables aux femmes travaillant à domicile ; ce serait un geste sans intérêt, sans portée pratique. Comment contrôler, pour cette femme qui travaille à son foyer, dans sa chambre, la durée du travail, comment contrôler si elle cesse son travail quand l'heure de la nuit légale est venue ? Comment savoir si elle emploie ou non les enfants qui restent près d'elle toute la journée ? On pourrait peut-être appliquer à cette chambre où l'ouvrière travaille les règles sur l'hygiène et la salubrité des ateliers. Mais, regardez-y de près, où en arriverait-on ? A fermer à l'ouvrière la chambre malsaine, à lui interdire de travailler, parce qu'elle ne gagne pas assez pour se mieux loger.

C'est seulement en tentant de relever les salaires que nous pouvons avoir l'espérance de faire quelque chose d'efficace en faveur des ouvrières à domicile. Cette conviction est déjà ancienne chez un certain nombre d'entre nous. Elle était nettement affirmée, ici même, lorsque, en 1904, l'Association française s'occupait, une première fois, de la réglementation du travail en chambre. Mais, à cette époque, il paraissait impossible qu'avant longtemps le législateur s'inspirât de cette conviction. Dans notre discussion de 1904, M. Millerand, qui n'était pas encore notre président, s'exprimait ainsi : « Je ne dis pas que l'idée de salaire minimum ne soit juste et qu'elle ne soit même pas préférable à la méthode de la législation française. Mais il y a un fait dont on ne peut pas ne pas tenir compte, c'est la prévention absolue qui existe contre cette notion de salaire minimum. »

Et les partisans les plus décidés du minimum de salaire jugèrent imprudent de soumettre la question à un vote, même devant des assemblées aussi favorables à la protection de l'ouvrière que celles qui se réunissent ici.

A cette époque l'idée du minimum de salaire apparaissait encore comme quelque chose de scandaleux, et, si j'avais le temps, je pourrais rappeler des exemples curieux d'hommes très bien disposés en faveur de la réglementation des conditions du travail, acceptant la journée de huit heures, au moins dans les mines, et repoussant en même temps de la manière la plus intransigeante toute intervention légale en matière de salaire.

Cet état d'esprit m'a toujours paru inexplicable. Je n'aperçois pas, ni au point de vue des principes, ni au point de vue des conséquences économiques, de différence essentielle entre l'intervention qui vise à maintenir un certain taux de salaire et celle qui limite la durée du travail ou interdit le travail des enfants. Pour l'industriel, l'interdiction d'employer des enfants peut entraîner des charges nouvelles plus lourdes que celles qui résulteraient de la fixation d'un minimum de salaire. Peu importe, inexplicable et injustifié, le préjugé n'en existait pas moins ; et nous n'aurions pas osé espérer, en cette année 1904, que la question pourrait être si vite à l'ordre du jour.

Qu'est-il donc arrivé ? Il est arrivé que des enquêtes ont été faites de plus en plus nombreuses, enquêtes particulières, enquêtes officielles, et il n'est que juste de faire une place à part, parmi ces enquêtes, à la grande enquête sur le travail dans la lingerie poursuivie par le ministère du Travail. Elle a été pour beaucoup une révélation. En même temps, des associations comme la nôtre, les ligues sociales d'acheteurs tout particulièrement, ont étudié le problème. Dès 1903 — c'est un souvenir qu'il m'est agréable de rappeler — dès 1903, Mme Jean Brunhes, la fondatrice des ligues sociales d'acheteurs en Europe, venait nous présenter en quelque sorte la nouvelle Ligue sociale d'acheteurs et elle se croyait, dans sa communication, obligée d'insister sur les conséquences qu'avait parfois pour les ouvriers le travail à domicile.

Tous ces efforts n'ont pas été sans donner des résultats qui nous ont à la fois réjouis et surpris. Nous avions oublié que : « Le cœur a des raisons que la raison ignore ». Nous avons vu les préjugés fondre comme neige au soleil. Et cependant, il ne faut pas nous faire d'illusions : les résistances s'affirment moins ; elles ont même, je le veux bien, diminué, elles n'ont pas disparu.

Sur cette question, comme sur quelques autres, comme sur le travail de nuit des boulangers, sur l'emploi des enfants dans les usines à feu continu, un mouvement d'opinion s'est produit qui tend à instaurer, sur le terrain social, quelque chose comme ce droit d'initiative que nos voisins, les Suisses, exercent sur le terrain politique. Mais nous ne savons pas encore quel sera le succès définitif de ces si intéressantes tentatives ; sur aucun point encore, la victoire n'est acquise. Et c'est pour cela que tous ceux que ces questions passionnent n'ont pu que saluer avec une joie profonde le dépôt d'un projet qui, quelque étroit, quelqu'insuffisant qu'il soit à certains égards, a, malgré tout, le mérite de rompre avec des préjugés surannés et démentis par les faits et de permettre un premier essai de ce minimum de salaire où nous voyons le seul remède efficace aux maux extrêmes dont souffrent des centaines de mille d'ouvrières.

M. LE PRÉSIDENT. — Je vous demande, Messieurs, de vouloir bien manifester votre opinion sur la résolution placée en tête des vœux présentés par M. l'abbé Mény.

« L'Association française pour la protection légale des travailleurs demande au Parlement et au gouvernement de hâter le vote du projet de loi déposé le 7 novembre 1911, en tenant compte des vœux suivants... »

Adopté à l'unanimité.

DOMAINE D'APPLICATION DE LA LOI

Assemblée générale du 7 décembre 1911

Présidence de M. Millerand

Application aux travailleurs masculins de l'industrie du vêtement

M. LE PRÉSIDENT. — Je donne la parole à M. Boudoint, député de la Loire, qui désire nous présenter quelques observations.

M. BOUDOINT. — Je commence par m'excuser de prendre la parole ; c'est la première fois que j'ai l'honneur de me trouver dans votre assemblée, mais j'y suis incité, bien que je sois peu préparé, par l'allusion de mon distingué collègue, M. de Mun, lorsqu'il a fait allusion à la situation vraiment très intéressante des tisseurs de la région stéphanoise que j'ai l'honneur de représenter.

Déjà hier, à la Commission du travail, son excellent collègue et ami, M. Mairot, rapporteur du projet de loi du gouvernement et de la proposition de Mun, avait attiré l'attention de ses collègues sur cette situation.

Vous me permettrez, Messieurs, de vous en dire deux mots, comme préambule, je pourrais dire comme exposé de motifs du vœu que j'aurai l'honneur dans un instant de soumettre à votre appréciation.

Dans la région stéphanoise, nous avons 30,000 passementiers, sur lesquels 25,000 travaillent à domicile, soit à Saint-Etienne, soit dans les communes environnantes de la Loire ou de la Haute-Loire, avec des métiers leur appartenant. La situation de ces passementiers, Messieurs, est vraiment des plus critiques, à l'heure actuelle, et cela dure depuis douze ans, car, soit par suite des caprices de la mode, soit plutôt en raison de la concurrence étrangère, surtout des Allemands et des Suisses, nous subissons une crise rubanière, extrêmement coûteuse. Vous pourrez en juger quand vous saurez que ces ouvriers, qui gagnaient autrefois de 10 à 15 francs par jour, voient leurs salaires tombés aujourd'hui à 1 franc et à 2 francs. C'est insuffisant dans toutes les régions, surtout dans notre pays où la vie est chère, où elle est peut-être aussi chère qu'à Paris.

On s'est ingénié à chercher un remède à cette situation, et tous les congrès des ouvriers tisseurs ont retenti de l'écho de leurs doléances.

Je ne veux pas remonter au delà de 1900. A cette époque, à la suite d'une grève qui a laissé des traces très profondes dans notre pays, un tarif minimum avait été élaboré d'accord avec les patrons et les ouvriers. Ce tarif n'eut pas une longue durée, car, d'un commun accord, les patrons et les ouvriers — les ouvriers sont bien excusables quand la misère les pousse — s'ingénièrent à le fouler aux pieds, de sorte que, lorsque ce tarif arriva à son expiration au bout de deux ans, il ne fut pas renouvelé.

La situation ne s'est pas modifiée, les ouvriers continuent à se plaindre et nous ne savons quels remèdes leur apporter. Nous avons cherché, je ne dirai pas des remèdes, car ils estiment qu'il n'y en a pas d'autre que le tarif minimum, mais des palliatifs. Nous les avons invités à imiter leur voisin, à perfectionner leur outillage ; mais nous nous sommes toujours heurtés à cette objection dont vous verrez toute l'importance : « Pourquoi augmenter notre outillage actuel ? Nous n'avons pas assez de travail ; si nous augmentons nos moyens de production, nous augmenterons notre misère. Et cela sera ainsi tant que nous n'aurons pas le moyen d'arrêter l'abaissement des salaires. »

Nous avons pensé à d'autres palliatifs, tel qu'une caisse de prêt qui aurait permis, par des avances aux passementiers, d'attendre de meilleurs jours, mais toujours, en toutes circonstances, Messieurs, nous nous sommes heurtés à la même objection: « il n'y a rien à faire sans le tarif minimum. » C'est pour cela, Messieurs, que dernièrement, à la suite d'un congrès, un vœu très formel, très précis a été pris par les ouvriers passementiers de la région stéphanoise nous invitant formellement, nous leurs représentants, à soutenir de tout notre pouvoir le projet de loi qui devait arriver à un minimum de salaire.

Nous avons le projet de loi de M. de Mun et le projet de loi du gouvernement. Vous savez en quoi ils diffèrent l'un de l'autre. Les dispositions de la proposition de Mun sont aussi larges que possible ; elles englobent dans leur cadre tous les travailleurs à domicile. Au contraire, dans la proposition du gouvernement, nous voyons que ce sont seulement les ouvrières du vêtement qui se trouvent bénéficier des avantages promis par la loi.

Nous vous demandons, Messieurs, de vouloir bien par un vœu demander au gouvernement d'étendre les dispositions bienfaisantes de la loi à tous les ouvriers en général. C'est ainsi, Messieurs, que je vous proposerai un vœu dont voici le texte :

« *Que l'article 3.2 A du projet du gouvernement sur le salaire des ouvrières à domicile dans l'industrie du vêtement soit étendu, sans distinction de texte dans l'industrie du vêtement et notamment aux chefs d'atelier et à leurs compagnons, dans l'industrie de la rubanerie et de la passementerie.* »

Voilà, Messieurs, le vœu que j'ai l'honneur de soumettre à votre bienveillante attention.

M. X... — Je voudrais demander à M. Boudoint un éclaircissement : Est-ce que la crise ne tient pas au manque de travail et, dans ces conditions, quels seraient les résultats d'un vœu arrivant dans cette période ?

M. BOUDOINT. — Il est incontestable que la première cause de crise vient du manque de travail ; mais on constate ensuite une très grande irrégularité qui vient de ceci : que les patrons passementiers sont très nombreux à Saint-Étienne, nous en comptons de 150 à 170. Beaucoup d'entre eux étaient hier des employés ; ils se sont installés pour leur compte : ils veulent alimenter leur commerce — je ne les en blâme pas, — mais ils prennent des commandes au plus bas prix possible. Quand ces commandes sont acceptées, ils marchandent avec leurs ouvriers, et ceux-ci, pressés par la misère, travaillent à des prix de famine.

C'est précisément pour cela que je crois efficace l'institution d'un tarif minimum, parce que l'institution de ce tarif minimum aura pour effet d'empêcher ces patrons peu scrupuleux d'exploiter la misère de leurs ouvriers. Il ne sera pas possible, ainsi, à un patron d'exiger un prix au-dessous de celui fixé par le comité de salaire ou par le conseil de prud'hommes.

Je vous ai dit qu'une tentative de ce genre avait été faite en 1900 et qu'elle n'avait pas réussi parce qu'il n'y avait pas de sanction. On a poursuivi certains patrons assez difficiles à prendre, c'est une affaire entendue. On en a surpris quelques-uns, on les a poursuivis devant les tribunaux ; mais ces poursuites se sont terminées par des acquittements ; les tribunaux ont considéré qu'il n'était pas possible, dans l'état de la législation, de retenir ces

patrons coupables. Le tribunal a estimé qu'il y avait là
une sorte d'atteinte à la liberté du commerce et de l'industrie. C'est pour cela que, faute de sanctions, cette
expérience très intéressante est devenue lettre morte. Les
ouvriers nous le disent aujourd'hui et réclament une
sanction; nous la trouvons dans le projet de M. de Mun.
Nous nous en tenons à ce projet.

Permettez-moi, Messieurs, de vous dire, en terminant,
que c'est pour nos ouvriers la dernière espérance. Ils ont,
pendant douze années, patienté; ils ont attendu parce
qu'ils comptaient que ce projet serait enfin voté par le
gouvernement. Il y a quelques jours, nous nous trouvions
dans une réunion au milieux d'eux, nous leur avons laissé
espérer que le projet de Mun serait voté avant la fin
de 1912. Ils ont dit : « Nous pouvons attendre jusque-là,
mais nous ne pouvons pas attendre davantage... » On
parle de grève; il s'agirait de l'éviter, car cette grève
serait une source de misères nouvelles, qui, je crois,
n'aboutiraient à aucun résultat.

Il me semble possible, grâce à une clause qui englobe-
rait tous les ouvriers travaillant à domicile, d'éviter ce
danger, et c'est pourquoi, encore une fois, je vous prie
d'examiner avec bienveillance le vœu que je vous ai soumis.

M. BLONDEL. — Je voudrais seulement souligner d'un
mot ce qui a été si bien dit par M. de Mun et par M. Mény
au sujet de l'ouvrier qualifié ou non qualifié.

J'ai eu l'occasion, au cours des missions qui m'ont été
confiées par le Musée social pour étudier la situation des
populations ouvrières en Allemagne, d'étudier et de
demander où commençait et où finissait l'ouvrier qualifié.
J'ai particulièrement fait une enquête très intéressante à
plusieurs reprises dans une région où les Français vont

assez peu, dans la Silésie, dans ces montagnes dont nous a parlé Gérard Hauptmann dans sa belle pièce *les Tisserands*. J'étais avec un de vos collègues, M. Louis Quenel, qui a fait avec moi ce voyage, il y a sept ou huit ans environ.

Dans cette région, qui est surtout consacrée à l'industrie textile, il y a une attraction énorme des fabriques s'exerçant sur les campagnes et sur tous les ouvriers qui, jadis, travaillaient avec des métiers. Le travail était très disséminé, c'était un véritable travail à domicile. Nous avons constaté que la force d'attraction des usines avait été énorme, mais qu'il y avait deux catégories d'ouvriers qui s'étaient tout de même maintenues: d'une part — et ceux-là étaient les plus nombreux — ceux qui faisaient les besognes les plus grossières, ceux qui travaillaient dans les usines, et les ouvriers à domicile qui continuaient à faire les besognes les plus fines, par exemple, ils intercalaient dans les étoffes des dessins que les ouvriers ne pouvaient pas faire à l'usine, parce que les métiers ne s'y prêtaient pas; par conséquent, c'était des ouvriers très habiles, qui prenaient quelquefois un travail d'appoint et qui, à ce point de vue, ne méritaient pas que l'on s'occupe d'eux.

Je n'ai pas étudié à ce moment-là la question du salaire minimum, elle ne se posait pas; mais j'ai pu constater — vous me permettrez de rappeler ce souvenir — combien il était difficile de déterminer où commençait et où finissait l'ouvrier qualifié, et, pour ma part, je serais très désireux de voir disparaître à tout jamais des textes de loi cette expression.

Assemblée générale du 11 Décembre 1911

PRÉSIDENCE DE M. LORIN

M. MOTTEAU. — Mesdames, Messieurs, nous nous rallions complètement à la proposition de M. le comte de Mun et des honorables députés de la Loire. Nous demandons que la loi soit faite aussi bien pour les ouvriers que pour les ouvrières sur le minimum de salaire. En effet, il ne peut en être autrement; tous les travailleurs doivent être égaux devant la loi.

Les législateurs de cette contrée nous ont exposé la situation lamentable dans laquelle luttent depuis 10 ans 30.000 ouvriers, travaillant à façon à domicile, qui ne gagnent que 1 fr. 50 et 2 francs par jour. C'est la misère, il est impossible de vivre avec un pareil salaire.

La solution est tout indiquée : il faut d'abord appliquer un minimum de salaire. Puis, si cela ne suffit pas, donnez aux ouvriers des métiers plus perfectionnés, ils lutteront mieux contre la concurrence, car ils sont habiles et courageux.

Le minimum de salaire peut être appliqué partout, sur le travail payé à la journée, en assimilant le décret de 1889.

Messieurs, ce décret existe déjà pour tous les travaux de l'État et des communes; cela existe dans l'état de Victoria.

On appliquerait, également, le minimum de salaire partout où le travail est fait à la tâche. On l'appliquera encore, autant qu'on pourra, dans toute industrie et tout commerce faisant travailler à domicile. La surveillance sera difficile pour commencer, mais avec de la volonté, de la persévérance, on arrivera à réglementer ce travail à façon.

Il est indispensable de supprimer les abus, les spéculations sur le travail dans les conditions déplorables où il se trouve actuellement et surtout par le fait des entrepreneurs et des sous-entrepreneurs intermédiaires.

Nous ne voulons pas empêcher le travail à domicile, au contraire. Jules Simon disait, il y a 30 ans : « Il vaut mieux que la femme gagne un franc chez elle que 2 francs à l'atelier ». M. Cheysson, que nous connaissons tous, dans ses conférences, nous disait, ici même, au Musée social : « Lorsqu'une femme va travailler à l'atelier, il n'y a plus de famille, les enfants sont abandonnés à eux-mêmes, aux mauvais exemples de la rue, l'alimentation devient mauvaise, il n'y a plus d'hygiène, tout est délaissé. L'homme, ne trouvant plus d'intérieur, passe la plupart de son temps au cabaret, puis, enfin, c'est l'alcoolisme ».

Nos distingués rapporteurs nous donnent leur opinion sur ce qu'on aurait à faire pour établir le minimum de salaire. Nous allons leur donner la nôtre. Depuis plus de 20 ans, nous étudions cette grave question et nous cherchons le moyen pratique qu'il faut employer, car, soyez-en certains, dans nos chambres syndicales et partout, nous sommes avec vous de tout cœur chaque fois qu'il s'agit d'améliorer le sort de la classe laborieuse, c'est-à-dire des faibles, des humbles et de tous ceux qui peinent.

A l'Alliance syndicale, où il y a cent chambres syndicales, au Syndicat général du commerce et de l'industrie, où il y a 160 chambres, on a trouvé un moyen, c'est d'appliquer le minimum de salaire aux travaux et aux articles faits en série ; le terme est très explicite. De plus, les entrepreneurs et sous-entrepreneurs intermédiaires ne pourront pas prendre plus de 20 % pour leur rétribution sur le prix de façon qui leur est payé par le patron ; ils devront tenir un livre toujours à jour indiquant la somme payée à l'ouvrier et, en regard, celle qu'ils reçoivent du patron.

De cette manière, le marché du travail sera organisé. Les inspecteurs et les inspectrices du travail seront chargés de la surveillance. Ce qui paraît difficile maintenant s'opérera facilement, régulièrement dans quelques années. Il en est toujours ainsi lorsqu'on applique de nouvelles lois modifiant les mœurs.

Il y a là, Mesdames et Messieurs, une œuvre sociale que l'Association pour la protection légale des travailleurs doit réaliser.

M. ALFASSA. — Je n'ai pas besoin de dire que je suis ici incontestablement parmi ceux qui souhaitent ardemment voir se réaliser une protection de l'ouvrière à domicile. J'ai eu l'honneur d'être de ceux qui ont mené l'enquête de l'Office du travail sur l'industrie à domicile dans la lingerie, et je ne peux que répéter ce que j'ai dit chaque fois, c'est que le spectacle des misères et des horreurs que j'ai côtoyées pendant près de deux ans ne me permettait pas de considérer qu'une mesure législative, aussi prudente, aussi modeste et aussi pratique qu'on peut la souhaiter, puisse être regardée comme autrement que très désirable. Justement, parce que je considère qu'une mesure de réparation s'impose, j'estime qu'il faut qu'elle soit établie dans des conditions qui évitent, dans toute la mesure du possible, les répercussions imprévues, les répercussions dangereuses dans l'intérêt même de l'ouvrière à domicile.

Une de ces répercussions, la plus sournoise, c'est l'évasion du travail à domicile vers les régions échappant à l'action de la loi et où le taux normal du salaire auquel cette loi se réfère est assez bas pour tenter l'intérêt soit de patrons consciencieux luttant contre la concurrence, soit des « forbans » que nous serons toujours heureux de stigmatiser après M. Honoré et M. Jay.

Or, cette question se présente sous des aspects très multiples. Au cours de mon enquête, j'ai pu constater qu'aujourd'hui on est déjà amené à faire exécuter une partie du travail à domicile de la lingerie de l'autre côté de notre frontière de l'Est et que certains tarifs de transports, certains tarifs douaniers frappant les objets mi-confectionnés permettent de faire faire du travail au dehors et de le faire simplement achever en France. Il y a de plus en plus, m'a-t-il été affirmé, de la part des patrons et des ouvriers, une tendance, dans certaines branches de l'industrie de la lingerie, à faire confectionner dans certaines parties de la Forêt Noire des articles de lingerie qui étaient autrefois confectionnés en France.

J'ai constaté dans le département de l'Indre que certaines branches de l'industrie de la lingerie, qui avaient fait la fortune des localités où on les professait, il y a 30 ou 40 ans, étaient en train de disparaître complètement devant la concurrence étrangère et certaines régions de la France où le salaire était plus bas.

Si donc, en ce qui concerne les industries spécialement féminines, cette difficulté se présente d'ores et déjà, je pense que nous sommes infiniment moins informés de ce que peuvent être les répercussions de pareil ordre sur certaines industries où le travail à domicile est fait par des hommes.

J'approuve de tout cœur la pensée qui a dicté le vœu de M. Boudoint, mais je demande à l'assemblée si elle considère qu'elle peut, sans enquête préalable, sans réflexion plus approfondie, joindre les deux vœux autrement que comme une manifestation un peu théorique et un peu platonique.

Je ne crois pas devoir déposer un vœu à ce sujet, parce

que nos débats ont leur utilité au moins autant dans les observations que nous échangeons que dans les résolutions que nous proposons, mais je demande que l'examen de la proposition du gouvernement, modifiée comme nous pourrions le faire, ne soit pas séparé de l'étude des répercussions ou des mesures qu'il pourrait être nécessaire de prendre au point de vue douanier pour éviter l'évasion du travail à domicile vers des régions où l'influence heureuse de la loi que nous proposons ne se ferait pas sentir.

M. FAGNOT. — Mesdames, Messieurs, pour ma part, je ne puis que m'associer aux réserves exprimées par M. Alfassa, en ce qui concerne l'extension proposée par le vœu de M. Boudoint. Il serait vraiment téméraire, à mon avis, d'ajouter à la liste des travaux à domicile visés par le projet de loi l'industrie du tissage des rubans. Je vous prie, à cet égard, de vous rappeler les conclusions de notre rapporteur, M. Raynaud, sur les expériences légales faites en Australie et en Angleterre. Dans ce dernier pays surtout, c'est avec un maximum de prudence et de réserve que le minimum de salaire a été prescrit pour les quatre industries visées par la loi anglaise. Pour agir avec plus de sûreté en France, il faudrait d'abord que nous connaissions mieux les résultats de l'expérience qui se poursuit en ce moment même en Angleterre et qui se poursuit d'ailleurs, si nos renseignements sont exacts, dans des conditions très satisfaisantes. Toutefois, chez nos voisins, c'est à peine si l'industrie du vêtement vient d'être abordée.

Mme X... — Il existe un comité pour le vêtement.

M. FAGNOT. — Je le sais, mais le tarif est encore loin d'être déclaré obligatoire.

Il faudrait que nous soyons beaucoup plus renseignés sur l'application de la loi anglaise pour admettre l'extension du projet à l'industrie visée par MM. Boudoint et Néron, députés de la Loire.

En ce qui concerne ce département, s'il me paraît téméraire de viser le tissage des rubans dans le projet de loi, en revanche je vous prie instamment d'inviter le gouvernement et le Parlement à étudier d'une manière spéciale la situation actuelle des ouvriers rubaniers. De l'avis de tous les gens informés, leur situation est misérable.

Le mal est grand, certes, chez les tisseurs de rubans, mais cela ne suffit pas pour démontrer que le remède se trouve dans le projet de loi que nous examinons.

D'ailleurs, pourquoi admettrions-nous cette industrie et non pas telles autres dont la situation est plus ou moins semblable? Pourquoi ne pas penser aux ouvriers et aux ouvrières qui confectionnent les mouchoirs de batiste dans le Cambrésis. Je puis vous dire que leur situation est très mauvaise. Il y a pourtant, dans l'industrie des mouchoirs de batiste, une forte marge entre le prix payé aux ouvriers et le prix de vente de ces objets dans les grands magasins. Pourquoi ne pas songer aux ouvriers à domicile de la bonneterie, dans la région de l'Aube? Pourquoi ne pas viser toute l'industrie de la soie, qui rayonne sur 5 ou 6 départements du Sud-Est? Pourquoi ne pas viser les ouvriers des montagnes du Jura qui fabriquent les petits objets en bois, en os et en ivoire? On pourrait aisément allonger encore la liste des industries à domicile susceptibles d'être comprises dans le projet.

Si le projet de loi ne vise que les industries du vêtement, c'est que, avec le Conseil supérieur du travail, on a voulu aborder d'abord le problème le plus connu, le

plus touchant, le plus émouvant. Et ce problème sera
d'ailleurs suffisamment difficile, le minimum de salaire
est un principe assez hardi et assez controversé pour
que l'on ne doive pas le compliquer encore en visant
d'autres industries à domicile et surtout en visant à la
fois les hommes et les femmes occupés dans ces industries.

Cependant, je tiens à le répéter, nous devons appeler
l'attention des pouvoirs publics sur les ouvriers tisseurs
de la Loire et de la Haute-Loire, qui subissent depuis
plusieurs années une situation extrêmement pénible.

M. ZAMANSKI. — Je voudrais vous faire remarquer
qu'au sujet de la situation misérable, malheureuse, digne
d'intérêt des ouvriers visés par le vœu de M. Boudoint,
nous n'avons pas entendu d'objection de la part de
M. Fagnot, qui demande qu'à la suite du projet nous
ajoutions immédiatement un vœu pour l'extension rapide, immédiate de la loi. Il me semble que c'est bien ce
que vous venez de dire...

M. FAGNOT. — Un médecin intelligent peut toujours
indiquer plusieurs remèdes plus ou moins spécifiques aux
diverses personnes atteintes d'une même maladie.

M. ZAMANSKI. — Je voudrais vous demander une
explication. Vous nous avez exposé vos raisons de prudence, ou plutôt vous avez affirmé la nécessité d'être
prudent, mais je voudrais voir très clairement sur quelle
base vous appuyez vos appels à la prudence. Mon intervention se formulerait ainsi : quelle différence de nature
voyez-vous entre la situation des ouvriers et des ouvrières des professions visées ? Est-ce qu'il y a une difficulté à appliquer le projet de loi tel qu'il est conçu aux

ouvriers de la profession, dont les ouvrières sont visées dans le projet de loi ?

Vous dites qu'en demandant cela, nous risquons de compromettre le vote de la loi ; je voudrais que vous nous donniez des explications, parce qu'il me semble que vous vous êtes borné à poser le principe.

M. ALFASSA. — Je voudrais répondre un mot à ce que vient de dire M. Zamanski. Il me paraît, en effet, que le vœu de M. Boudoint doit être décomposé. M. Boudoint demande que la réglementation soit étendue sans distinction de sexe dans l'industrie du vêtement et notamment à la rubanerie. C'est cette expression « notamment à la rubanerie » qui avait retenu mon attention et à propos de laquelle j'ai fait un appel à la prudence.

Cet appel est bien facile à comprendre. Tout d'abord, à mon point de vue, je trouve que l'on abuse un peu trop de l'argument de la concurrence étrangère, mais néanmoins, il n'est pas moins vrai que cette concurrence existe et c'est pourquoi, sans étude préalable, je me déclare dans l'incapacité de voter un projet dont je n'aurais pas prévu les conséquences, les répercussions sur l'industrie.

En ce qui concerne l'extension de la réglementation aux hommes employés dans l'industrie du vêtement, non seulement je n'y fais pas d'objections, mais je pense qu'il est des cas où cette extension s'imposera. Et pour rapporter un exemple tiré de l'industrie de la lingerie : dans le département de l'Indre, étant donné que le salaire des femmes n'était pas trop bas en comparaison du salaire de l'ouvrier agricole, j'ai pu constater il y a quelques années que plusieurs centaines d'hommes avaient abandonné le travail agricole pour faire de la lingerie à la machine. Il me paraît donc que dans cette région, à cette époque, il n'y aurait eu aucune raison, même aucune possibilité de scinder la réglementation en ce qui concerne les ouvriers et en ce qui concerne les ouvrières.

Je me hâte d'ajouter que c'est un fait tout à fait exceptionnel que celui-là et que j'ai rarement rencontré des régions où le travail de la lingerie soit suffisamment rémunérateur. Il y a d'autres cas, dans certaines branches de l'industrie du vêtement, où des hommes sont employés concurremment avec des femmes, et je crois donc qu'il est tout indiqué que la loi s'applique également à eux, mais ceci seulement dans l'industrie du vêtement.

M. FAGNOT. — Pour répondre à la question de M. Zamanski, je lui dirai d'abord que l'amendement de M. Boudoint porte sur divers points tout à fait différents. Tout d'abord, M. Boudoint considère — il est d'ailleurs permis de changer les classifications, surtout lorsqu'elles ne semblent pas bonnes — que l'industrie de la rubanerie et de la passementerie fait partie du vêtement...

M. LORIN. — Il faudrait d'abord que nous soyons fixés sur un point : admettez-vous que la rubanerie soit comprise dans le vêtement ?

M. FAGNOT. — Non, elle fait partie du textile. L'industrie de la rubanerie consiste à prendre du fil de soie ou de coton et à le transformer en rubans. Les rubans se rapprochent d'ailleurs de plus en plus, quant au mode de fabrication, des étoffes de soie. J'ai vu fabriquer des rubans qui avaient trois mètres de largeur. Quelle différence y a-t-il entre ces rubans et une pièce d'étoffe de soie ou de velours ? L'industrie des rubans est une industrie textile au premier chef. Au surplus, à l'égard du projet de loi, cette question de classification n'est que secondaire.

M. LORIN. — Repoussez-vous la première partie du vœu sur le vêtement ?

M. FAGNOT. — Oui. La raison pour laquelle il me paraît dangereux de faire entrer dans la loi les ouvriers de la rubanerie, c'est qu'il n'y a aucun point commun entre les rubaniers et les ouvrières à domicile des industries du vêtement. Entre le fabricant de rubans et le chef d'atelier travaillant pour lui à domicile, le processus technique ne ressemble absolument en rien à celui des industries du vêtement. Le travail à domicile, dans la rubanerie, est un vestige de l'organisation des artisans d'autrefois; ce système, qui a ses avantages et ses inconvénients, ne peut pas être comparé à celui des ouvrières à domicile dans les industries du vêtement.

M. LE PRÉSIDENT. — Je vous propose de remettre la discussion sur la rubanerie à la prochaine réunion; nous ne pouvons pas prendre de décision en l'absence de M. Boudoint. Nous pourrions nous borner à traiter le point suivant : y a-t-il lieu de demander que la loi soit étendue à tous les travailleurs à domicile de l'industrie du vêtement ou des industries visées dans le projet du gouvernement?

M. FAGNOT. — Cette question étant réservée, je vous demande la permission de dire pourquoi il ne me semble pas davantage possible d'admettre, comme le propose M. Boudoint, que le salaire des travailleurs hommes de l'industrie du vêtement puisse être protégé par le projet de loi.

Plusieurs orateurs ont pris M. Alfassa, dont la

hardiesse me surprend (*rires*) — demandent que le projet s'applique *ipso facto*, sans étude préalable, à tous les ouvriers du vêtement, c'est-à-dire à 1,200,000 Français. Une telle extension me paraît de nature à compromettre le projet ; elle en modifie gravement, en tout cas, le véritable esprit.

Je voudrais indiquer combien il serait difficile de déterminer et d'appliquer un salaire minimum pour les ouvriers tailleurs travaillant à domicile. Depuis les ouvriers des villes, tailleurs travaillant sur mesure ou travaillant pour la confection, jusqu'aux ouvriers tailleurs disséminés dans les petites localités, il y a dans l'organisation du travail et dans les salaires une variété, une diversité vraiment infinies. Ici, le travail est concentré, là, il est disséminé. Tantôt l'ouvrier fait les diverses parties du costume, tantôt il ne fait qu'une seule partie et toujours la même, tantôt la division du travail est, au contraire, poussée très loin. A travers ces complications techniques, la mode, avec ses caprices, accroît encore la complexité de l'organisation industrielle. Pour faire une jaquette ou une redingote, l'ouvrier tailleur touchera, à telle époque de l'année, 15 ou 16 francs, à telle autre, parce que ce sera la morte saison, 9 ou 10 francs, ou même, s'il est dans une maison qui l'exploite, 5 ou 6 francs. D'autre part, un certain nombre d'ouvriers tailleurs travaillent simultanément pour plusieurs patrons ; comment, dans ce cas, les faire bénéficier de la loi ?

Si, malgré tout, on parvenait à fixer le salaire minimum d'un ouvrier tailleur à Paris, à Lyon, dans une petite commune de France, ce minimum — à défaut de base objective et de critérium économique — reposerait nécessairement sur le principe du salaire vital. Alors, vous effrayez de nouveau toutes les personnes qui l'étaient déjà il y a quelques années, comme le rappelait notre secrétaire général, M. Jay; vous remettez en discussion toute la question de savoir si le législateur peut et doit fixer le minimum de salaire.

Il est tout à fait légitime de chercher à atteindre ce but, mais il me semble qu'il n'est pas opportun de le faire à propos de la loi qui nous occupe. Il résulte des enquêtes que, dans la lingerie — quelques articles de luxe et quelques maisons sérieuses mis à part, — une ouvrière à domicile ne gagne, à Paris, que un franc par jour. C'est ce salaire insuffisant, cause de misère et de déchéance, qu'il s'agit de relever à l'aide de la loi. Si vous cherchiez à introduire le minimum de salaire pour les hommes du vêtement, vous poursuivriez un but absolument différent et vous confondriez dans un même projet deux idées tout à fait éloignées l'une de l'autre. C'est pourquoi, dans l'intérêt des ouvrières à domicile qui actuellement ne gagnent pas un salaire leur permettant de vivre, il convient de s'en tenir au projet du gouvernement. C'est, à mon avis, la condition même de son adoption par le Parlement.

M. RAZOUS. — Je suis opposé, comme M. Fagnot, à l'extension aux travailleurs masculins de la disposition concernant la réglementation des salaires des ouvrières à domicile.

Outre les difficultés qui ont été mises en évidence par M. Fagnot, il intervient une question d'ordre économique résultant de ce que la fixation du salaire dans l'industrie à domicile, surtout pour les hommes, intéresse à la fois les grandes et les petites villes, mais aussi les campagnes. Si, dans les campagnes, on fixe un minimum de salaires pour les hommes, on sera en présence de ces deux circonstances : ou le minimum sera trop élevé, et les entrepreneurs n'iront pas faire travailler dans les campagnes, et la loi ne portera pas, ou le minimum, tout en restant dans certaines limites, sera supérieur au salaire agricole, et alors la plupart des ouvriers déserteront l'agriculture et iront dans l'industrie. Il se produira ceci, c'est que, dans les campagnes où la main-d'œuvre manque, on sera obligé de la remplacer de plus en plus par des machines et là où en raison du manque de ressources ou du morcellement de la propriété, on ne pourra faire usage de machines, le sol ne pourra être cultivé ; l'agriculture sera ainsi lésée.

Par conséquent, tout en étant de cœur avec vous pour la fixation du salaire des ouvrières, j'estime que les salaires des hommes travaillant à domicile ne doivent pas être régis par la loi.

Ce serait, d'ailleurs, une intervention à outrance. Je considère que dans un pays de liberté comme le nôtre on doit protéger surtout la femme et l'enfant ; mais avec l'organisation syndicale, avec la possibilité pour les hommes de faire appel à la loi de 1884, les travailleurs adultes du sexe masculin peuvent faire valoir suffisamment leurs droits. Par conséquent, toutes les fois que ce n'est pas indispensable, le législateur ne doit pas intervenir entre les patrons et les ouvriers. D'accord avec M. Fagnot, j'estime donc qu'on doit maintenir le projet tel qu'il est présenté et ne pas s'occuper pour le moment de la réglementation des salaires des hommes travaillant à domicile.

M. JAY. — Je voudrais présenter une observation au sujet des paroles prononcées par M. Fagnot. Il établit, entre la proposition de M. de Mun et les textes que nous étudions, une opposition qui ne me paraît pas exacte.

Il a fait allusion à l'émotion qu'avaient suscitée les révélations des enquêtes. Quel est donc le sens de ce mouvement, quelle est la raison d'être ? Je ne peux pas y trouver d'autre explication, d'autre sens que le désir d'obtenir à de malheureuses femmes le salaire vital qu'elles ne reçoivent pas. Pourquoi s'indigne-t-on ? Parce que les femmes dont on révèle la situation ne peuvent pas vivre, et parce qu'on veut qu'elles puissent vivre. N'est-ce pas dire que c'est le salaire vital que l'on réclame pour elles? Le projet que nous avons sous les yeux vise, lui aussi, ce salaire vital; seulement, au lieu d'employer l'expression de « salaire vital.» qui peut paraitre un peu imprécise, un peu nuageuse, on a voulu chercher un étalon, une mesure aussi précise que possible qui empêchât l'appréciation du juge de se trop modifier suivant ses tendances individuelles. C'est ainsi, M. Fagnot s'en souvient comme moi, car il assistait aux délibérations du Conseil supérieur, qu'on a abouti aux formules du texte actuel. Nous avons pensé que l'ouvrière payée *au temps* recevait d'ordinaire, pour une journée normale, un salaire suffisant pour la faire vivre. Nous avons cru trouver là une mesure objective concrète de ce qui était, dans une région, nécessaire à l'ouvrier pour vivre, une mesure objective et concrète du salaire vital dans la région.

J'appelle sur un autre point l'attention de M. Fagnot, très au courant des difficultés que peut présenter l'application de la loi, peut-être même un peu trop effrayé par elles (*Sourires*). N'y a-t-il pas des cas où des hommes, des jeunes gens, plus souvent encore des vieillards sont employés exactement à la même besogne que l'ouvrière ? Si cet ouvrier, que l'âge a obligé à quitter l'atelier, n'est pas protégé par la loi, sa situation deviendra lamentable.

Tout à l'heure, on parlait — permettez-moi de revenir d'un mot là-dessus — de la rubanerie. C'est une question que j'ai un peu étudiée, mais pas suffisamment pour tenir la place de M. Boudoint et de M. Néron ; je sais, cependant, qu'à Saint-Etienne, il y a des ateliers de famille où il n'y a plus d'hommes ; trop peu payés, les hommes sont allés chercher un autre gagne-pain et c'est la femme qui, avec ses enfants, fait le travail que l'homme faisait autrefois avec toute sa famille. On peut trouver des exemples plus topiques du même travail fait tantôt par la femme et tantôt par l'homme, dans les mansardes des grandes villes où se fait le travail à domicile, le travail le moins bien payé, où l'on rencontre le *sweating system*.

Pour ma part, je vois des difficultés sérieuses à ce que le régime qui s'appliquera à la femme ne s'applique pas à l'homme qui travaillera dans la mansarde à côté d'elle, qui fera exactement le même travail qu'elle. Qui voudrait condamner le vieillard, qui n'a pas trouvé d'autre travail, à des salaires abaissés sans limites, alors qu'on protégerait la femme ? Si la protection de l'homme fait défaut, n'y a-t-il pas de ce fait un danger pour la femme ? Est-il bien sûr qu'il n'y aurait pas là un trou, une brèche faits au régime que nous demandons et par lequel pourrait passer une concurrence au rabais, concurrence au rabais faite par les hommes aux femmes ? (*Applaudissements.*)

Un mot encore pour répondre à M. Razous. M. Razous nous a dit : « Les hommes peuvent se protéger eux-mêmes ». Cela est flatteur pour le sexe masculin, malheureusement, ce n'est pas toujours vrai (*Sourires*) et, dans l'espèce, par hypothèse — car, sans cela, la question ne se pose pas — le salaire de l'homme est inférieur au minimum fixé pour la femme, c'est-à-dire que nous avons la preuve que l'homme n'a pas pu se protéger mieux que la femme et alors je ne vois de raison de faire une différence.

De même qu'on a voulu faire une différence entre la durée du travail et le salaire, on veut maintenir une différence entre l'homme et la femme : j'avoue n'avoir jamais compris pourquoi. Nous sommes en présence de créatures humaines ayant les mêmes droits à un salaire vital. Pourquoi la loi n'interviendrait-elle pas pour les hommes? S'ils ont obtenu, par leur propre effort, s'ils ont obtenu par leurs syndicats un salaire suffisant, ils n'auront pas à invoquer la loi; mais, s'ils ne l'ont pas obtenu, de quel droit pourrait-on leur défendre d'invoquer, comme les femmes, la loi destinée à garantir le salaire vital ?

M. ALFASSA. — Je ne voudrais pas laisser sans réponse un des arguments qu'a apportés ici M. Razous et qui me paraît lui avoir échappé plutôt dans le feu de l'improvisation.

M. Razous nous a dit, reprenant une des parties de l'argumentation de M. Fagnot : Il ne faut pas étendre la protection aux hommes, parce que, si vous arrivez à faire fixer par la loi un minimum de salaire dans les campagnes, personne ne voudra plus être agriculteur et tout le monde se ruera sur les industries pour lesquelles vous aurez fixé un minimum.

N'oublions pas que le principe même de cette disposition législative que nous appuyons, c'est d'établir un minimum de salaires calculé sur la base des salaires les plus bas, les salaires des ouvriers non qualifiés, et, par conséquent, l'argument de M. Fagnot, l'argument du tailleur de campagne ne me touche pas, parce que le petit tailleur n'exercera son métier que s'il y trouve un avantage, à moins que son état de santé lui interdise un autre genre de travail.

Quant à l'argument que j'ai cité de l'Indre, c'est un cas

particulier, et il ne faudrait pas croire que, dans ma pensée, il ait voulu signifier qu'il y avait transfusion du travail agricole au travail de la lingerie. J'ai simplement cité cela comme une curiosité, comme un cas particulier.

M. EXPERT-BEZANÇON. — Il est évident que si l'on considère le projet qui tend à faire obtenir à l'ouvrière un salaire qui lui permettra de vivre et si l'on va un peu au fond des choses, il est certain qu'il s'agit d'un salaire vital. Mais il me semble qu'il y a une opposition entre les deux thèses. D'un côté, on se trouve en présence d'un système qui veut arriver à une fixation de salaire. *A priori*, il s'agit de rechercher quel est, moralement, humanitairement, équitablement, le salaire que doit gagner l'ouvrier. Au fond, cela se rapproche beaucoup du système du salaire vital, mais ce mot fait peur aux patrons et c'est pour éviter de le prononcer que M. Honoré a déposé sa proposition.

Aujourd'hui, il ne s'agit pas de rechercher quel salaire devrait gagner l'ouvrier, il s'agit simplement de rechercher quel est le salaire de l'ouvrier travaillant à des travaux courants dans la région envisagée pour éviter que les ouvriers ou ouvrières à domicile aient un salaire inférieur. Il y a donc deux systèmes en présence : fixation du salaire en vertu d'idées généreuses et humanitaires ; d'autre part, constatation d'un simple fait.

Au sujet des causes d'avilissement du travail des femmes à domicile, il y en a une que l'on n'a pas indiquée, c'est la question du salaire d'appoint. La question du salaire d'appoint n'existe presque jamais pour les hommes...

M. JAY. — Mais si.

M. EXPERT-BEZANÇON. — Il ne se présente généralement pas sous la même forme.

Troisième observation : caractère opportuniste. Il semble que, dans une question aussi difficile que celle-là, il faut faire abstraction de toute idée préconçue, et ici je fais appel à M. Jay et à M. Fagnot, qui ont suivi les discussions du Conseil supérieur du travail, et je leur demande de se rappeler comment est intervenu le projet Honoré. J'ai lu le compte rendu des séances du Conseil supérieur du travail et les rapports présentés à la commission permanente. Les patrons se sont mis, par extraordinaire, d'accord avec les ouvriers sur un projet à déposer ; il y a eu des voix qui se sont égarées, mais on n'a constaté d'une part le bloc des voix patronales, d'autre part le bloc des voix ouvrières.

Je n'ai pas à défendre le projet, M. Jay l'a fait tout à l'heure en termes éloquents ; il vous a montré que, si le projet de M. de Mun s'inspirait d'idées généreuses, en présence des réalités, le projet déposé par M. Honoré pouvait assurer une protection qui serait probablement plus efficace que celle que l'on trouverait dans le projet de M. de Mun.

M. Fagnot a ajouté que nous risquions, en surchargeant encore le projet, d'en retarder le vote. Nous avons la bonne fortune, dans une question délicate et difficile, de voir les patrons et les ouvriers d'accord ; je crois donc qu'il serait plus prudent de nous rallier à la solution qui a été proposée par un patron. Essayons-la avec toute la prudence possible ; si, plus tard, vous venez proposer de l'étendre aux ouvriers à domicile, nous discuterons et nous pourrons nous appuyer sur les résultats déjà obtenus pour prendre une décision.

Il ne faut, d'ailleurs, pas se faire d'illusions ; de toute façon, en admettant même que le projet soit voté rapidement par les Chambres, il ne sera pas appliqué avant un an ou deux ; par conséquent, nous pouvons ne pas voter aujourd'hui de disposition relative aux ouvriers, cela ne retardera pas beaucoup la réglementation de leur situation.

M. RAZOUS. — Je ne voudrais pas abuser de votre aimable attention, mais je crois utile de combattre quelques-uns des arguments apportés par M. Jay et par M. Alfassa contre les considérations que j'avais fait valoir.

M. Jay a prétendu, si j'ai bien compris, qu'il y avait égalité parfaite entre l'homme et la femme et que, par conséquent, toute réglementation intervenant pour la femme devait intervenir également pour l'homme. Je suis absolument d'accord avec M. Jay en ce qui concerne les droits civiques et les droits politiques ; je suis même de ceux qui voudraient voir la femme s'occuper davantage des affaires publiques, mais il faut remarquer — et je suis sûr que la plupart des dames qui sont ici ne me contrediront pas — c'est que la force physique de la femme, sauf quelques exceptions, est inférieure à celle de l'homme. En présence de cette différence, on a senti la nécessité de protéger la femme, en ce qui concerne la durée du travail, l'interdiction du travail de nuit, l'obligation de sièges, dans les magasins, conditions que l'on n'a pas réglementées, du moins avec la même netteté, pour les hommes. D'ailleurs, les statistiques démontrent que la proportion des femmes se groupant en syndicats est encore plus faible. Je comprends donc la nécessité de la protection de la femme travaillant à domicile, alors que je m'explique beaucoup moins la nécessité de protéger l'homme.

Je dirai aussi à M. Alfassa que, pendant certaines périodes de l'année, les ouvriers agricoles font 14 heures et même quelquefois 15 heures de travail par jour ; si, en effectuant à domicile des travaux industriels, ils gagnent autant en travaillant moins de temps, ils déserteront les travaux agricoles. Je maintiens donc les deux arguments que j'avais exposés tout à l'heure.

Assemblée générale du 11 janvier 1912

PRÉSIDENCE DE M. MILLERAND

M. ALFASSA. — Dans la dernière séance, au cours de la discussion sur la proposition de M. Boudoint, nous avons vu naître une question qui nous a paru importante.

La proposition Boudoint avait été scindée en deux parties : la partie qui avait trait aux ouvriers rubaniers, d'une part, et le paragraphe qui visait les hommes employés dans les industries analogues à celles où travaillent les femmes.

Vous vous souvenez que j'avais attiré votre attention sur le danger pratique que nous pouvions rencontrer, si l'on séparait complètement le sort des hommes de celui des femmes employées aux mêmes travaux ou à des travaux analogues. D'aucuns ont demandé que la loi s'applique aux deux sexes et certains ont insisté pour que le texte ne mentionne pas les hommes.

Je n'ai pas la prétention d'apporter ici une solution parfaite, mais je vous présente une solution transactionnelle par laquelle nous attirerons l'attention sur un danger très grave au point de vue de l'application de la loi que nous préparons et que je résume de la manière suivante :

« Que, dans les industries à domicile où les hommes et les femmes sont employés à des travaux analogues, le

salaire minimum établi pour les femmes s'applique également aux hommes ».

Voici en quoi je considère que c'est une proposition
transactionnelle : je ne demande pas que le principe de
la loi s'étende *de plano* aux hommes, c'est-à-dire que les
hommes travaillant à domicile reçoivent un salaire calculé sur la base du salaire de l'homme le moins payé de
la région ; je demande seulement que, lorsqu'on aura
établi un minimum de salaire pour les femmes, en prenant comme base le salaire de l'ouvrière non qualifiée la
moins payée, on ne puisse pas faire faire le même travail
par des hommes qui seraient payés à un tarif inférieur à
celui des femmes non qualifiées de la région.

Ceci m'a été inspiré par le fait dont j'ai pu me rendre
compte, qu'il y a des hommes et des femmes qui font
exactement les mêmes travaux, et par la crainte que, si
l'on ne prenait pas une mesure semblable à celle que je
vous propose, nous ne voyions la main-d'œuvre féminine
remplacée en grande partie par une main-d'œuvre masculine, sans relèvement des salaires de sweating.

M. LE PRÉSIDENT. — Nous avons reçu, avec ses excuses,
le vœu suivant de M. Néron :

« 1º Que le gouvernement soit autorisé à étendre par
décret l'application de la loi à d'autres industries qu'à
celle du vêtement ;

« 2º A assurer, dans la même forme, dans le cas où
les conditions d'exercice des industries le feraient apparaître comme nécessaire, la protection du minimum de
salaire aux travailleurs des deux sexes ».

Il y a une assez grosse difficulté à classer les vœux et
les amendements sur lesquels l'assemblée va être appelée
à se prononcer. M. Jay, qui a suivi toute la discussion,
propose cette méthode, qui me paraît très rationnelle :

examiner d'abord les vœux relatifs au domaine d'application de la loi ; ensuite, ceux relatifs à la définition du salaire minimum ; en troisième lieu, certains amendements qui tendent à ce que le conseil des prud'hommes fasse connaître préalablement, et non pas sur chaque affaire, le taux du salaire minimum ; quatrièmement, les amendements relatifs aux facilités à donner à l'action syndicale ; cinquièmement, les amendements relatifs à l'inspection du travail ; sixièmement enfin, les amendements relatifs aux sous-entrepreneurs.

S'il n'y a pas d'objections, nous commencerons par examiner, ce qui semble d'ailleurs assez logique, les vœux relatifs au domaine d'application de la loi.

Nous sommes en présence d'un certain nombre de vœux relatifs à ce point. M. Alfassa vient de vous en faire connaître un ; je viens de vous lire celui de M. Néron. Il y a, en outre, un vœu de M. Boudoint, mon collègue, qui vise l'extension de la loi aux travailleurs à domicile dans l'industrie du vêtement, notamment dans l'industrie de la rubanerie et de la passementerie. Nous avons aussi les vœux proposés par M. l'abbé Mény, rapporteur, le vœu proposé par M. Motteau, étendant l'application de la loi aux ouvriers comme aux ouvrières, un vœu analogue de M. Zamanski, un vœu du syndicat des ouvrières à domicile sur l'extension progressive à d'autres industries ; enfin, un vœu du syndicat de la rue Vercingétorix sur l'extension aux ouvrières travaillant dans les ateliers.

Il me semble que le mieux serait de prendre d'abord les amendements les plus larges et de passer ensuite aux amendements moins étendus.

L'amendement de M. Motteau me paraît être le plus simple en même temps que le plus général, puisqu'il est ainsi conçu : « La loi devra s'appliquer aussi bien aux ouvriers qu'aux ouvrières ». Il est difficile de trouver une formule plus simple et plus générale.

Le projet de M. Zamanski est ainsi rédigé :

« L'Association pour la protection légale émet le vœu que la portée de la loi soit étendue aux travailleurs des deux sexes dans l'industrie visée par le projet ».

Vous voyez qu'il se rapproche beaucoup du vœu de M. Motteau ; si vous le voulez, nous pouvons procéder comme l'indique M. Jay, c'est-à-dire étudier cette formule très générale : la loi sera appliquée aussi bien aux ouvriers qu'aux ouvrières.

Si l'Association n'adopte pas cet amendement tout à fait général, nous passerons alors aux autres amendements qui, tout en étant dans le même sens, ont cependant une portée plus étroite.

M. ALFASSA. — La question, telle que vient de la poser et de la résumer M. le Président, est celle que nous avons discutée pendant toute la dernière séance, et je crois que ce serait une mauvaise méthode que de nous y éterniser.

Je voulais rappeler d'un mot la manière dont la question semblait s'être élucidée à la fin de la précédente séance et combattre la proposition générale telle qu'elle est formulée par M. Motteau et par M. Zamanski.

La discussion s'est engagée sur le vœu de M. Boudoint et de M. Néron, demandant l'extension de la loi aux ouvriers employés dans l'industrie de la rubanerie. J'ai, à ce moment-là, attiré l'attention de l'assemblée sur les dangers des répercussions que pouvait avoir une loi qui, pour la première fois, entreprenait de réglementer le salaire.

J'ai rappelé un certain nombre de constatations qu'il m'a été donné de faire au cours de mon enquête sur la lingerie. J'ai pu, en effet, voir que la concurrence des pays étrangers à salaires plus faibles avait eu sa répercussion sur le travail dans la lingerie. A Paris, notamment, j'ai pu constater que le travail à domicile dans la lingerie avait presque disparu, de même qu'il a disparu de certaines régions. J'indiquais donc qu'il me paraissait difficile d'étendre la loi aux ouvriers sans nous rendre compte des répercussions que cela pourrait entraîner ; mais, en même temps, je signalais qu'il y a certaines industries dans lesquelles les hommes faisaient le même travail que les femmes, qu'il était impossible autant qu'injuste de séparer leur sort de celui des femmes. J'ai rencontré, en effet, des hommes qui piquaient à la machine des plis dans la lingerie, tandis que, dans la maison voisine, des femmes faisaient exactement le même travail.

Et si l'on ne veut pas voir la main-d'œuvre féminine remplacée par une main-d'œuvre masculine non protégée, je crois qu'il faut que nous adoptions un amendement dans le sens de celui dont je vous ai donné lecture et dont la portée est uniquement d'assurer aux hommes faisant le même travail que des femmes, le salaire minimum établi pour les femmes.

Voici, pour ma part, comment je considère la question : il y a lieu de repousser l'extension générale de la loi aux ouvriers, mais il ne convient pas de séparer le sort des ouvriers et des ouvrières travaillant aux mêmes besognes.

M. FAGNOT. — J'arrive à l'instant et, bien que n'ayant pas assisté au début de la discussion de ce jour, je prends la parole pour appuyer l'amendement que vient de nous exposer M. Alfassa, malgré les déclarations que j'ai cru devoir faire à la dernière séance.

Comme le dit M. Alfassa, avec la compétence qui lui appartient, il est certain qu'il y a des régions où les hommes font des travaux semblables à ceux des femmes, et il me semble que nous pouvons utilement admettre l'amendement qui consiste à dire que toutes les fois que des travailleurs des deux sexes font un même travail, dans les conditions qui rentrent dans le cadre déterminé par le projet du gouvernement, il faut admettre que la loi protégera le salaire aussi bien à l'égard des hommes qu'à l'égard des femmes. D'ailleurs, si l'on n'agissait pas de la sorte, il pourrait se faire que des femmes se trouvent par la suite privées de travail au bénéfice d'hommes qui auraient accepté de travailler à des prix inférieurs à ceux payés aux femmes.

C'est une hypothèse que nous devons envisager, et je crois que, dans ces conditions, nous devons approuver l'amendement de M. Alfassa. Mais, d'autre part, il faut que nous repoussions la proposition que j'ai entendu formuler et qui tendait à l'extension générale de la loi aux ouvriers.

M. LORIN. — Je demanderai à savoir quelle est exactement la différence entre les deux propositions : est-ce que M. Zamanski demande que la loi s'étende aux industries autres que celles visées dans le projet du gouvernement ? S'il ne vise que les industries comprises dans le projet de loi, sa proposition n'est pas très différente de celle de M. Alfassa.

M. MILLERAND. — Nous disions tout à l'heure que nous avions deux amendements qui semblaient se rapprocher l'un de l'autre. Celui de M. Motteau est ainsi rédigé : « La loi sera appliquée aussi bien aux ouvriers qu'aux ouvrières », et celui de M. Zamanski qui dit : « L'Asso-

« ciation émet le vœu que la portée de la loi soit étendue
« aux travailleurs des deux sexes dans l'industrie visée
« par le projet ».

M. ALFASSA. — Je dirai à M. Lorin que je ne vois
nullement l'amendement Zamanski signifiant la même
chose que le mien. L'article 32 donne une liste des industries pratiquées à domicile, mais dans cette liste qui est
assez nombreuse, je ne pourrais pas affirmer que les
hommes fassent exactement le même travail que les
femmes ; il se peut très bien que les femmes fassent une
certaine partie du travail et que les hommes en fassent
une autre. C'est en ce point que réside la différence
essentielle qui existe entre l'amendement de M. Zamanski
et le mien. Si, en tout cas, l'amendement de M. Zamanski
devrait signifier la même chose que le mien, il me semblerait alors que ma formule est plus explicite et qu'il y
aurait avantage à l'adopter de préférence à celle de
M. Zamanski.

M. AFTALION. — Il y a une différence radicale entre les
deux propositions qui sont présentées. La proposition
Zamanski-Molteau demande que le principe du salaire
minimum s'applique aussi bien aux hommes qu'aux
femmes d'une façon générale, que la protection de la loi
s'étende également aux deux sexes. Au contraire, la
proposition de M. Alfassa renonce en principe et presque
totalement en fait à étendre la protection de la loi aux
hommes. Ce ne serait que dans des cas, que pour ma part
j'estime fort rares, qu'exceptionnellement des hommes
bénéficieraient de la loi. Ce serait seulement dans le cas
où des hommes accomplissant les mêmes travaux que
les femmes recevraient un salaire tellement réduit qu'il
serait inférieur au salaire minimum féminin. Avec le texte
de M. Alfassa, on consent à ce que la protection de la loi

se limite en principe aux femmes. On veut seulement empêcher une concurrence éventuelle faite aux femmes par des hommes très misérablement rémunérés. On ne veut protéger que les femmes. Et on ne songe aux hommes que pour empêcher certaines répercussions inattendues de la loi sur le salaire masculin, répercussions qu'on déclare possibles et qui sont peut-être assez problématiques.

Nous ne nous trouvons donc pas en présence de deux systèmes voisins. D'une part, on nous demande de voter le principe de l'extension de la loi aux hommes. C'est ce point-là que nous pourrions d'abord examiner, sur lequel nous pourrions d'abord statuer. Nous passerions ensuite à la proposition de M. Alfassa, beaucoup plus modeste, qui accepte l'exclusion en principe des hommes du bénéfice de la loi et ne les protège qu'exceptionnellement pour éviter certains inconvénients que présenterait l'application exclusive de la loi aux femmes.

M. LE PRÉSIDENT. — Avant de mettre aux voix la proposition Motteau-Zamanski, je vous demande l'autorisation, par suite d'une mauvaise habitude que vous m'avez permis de prendre, de vous dire pourquoi il me paraît qu'il serait assez dangereux, si nous attachons une importance pratique aux vœux que nous émettons ici, de voter ces deux vœux de MM. Motteau et Zamanski.

Certes, je n'en méconnais pas la générosité, je dirai même le caractère purement logique, mais au point de vue de l'extension pratique de la législation du travail, je considère comme extrêmement dangereux que l'on commence par demander la réglementation du travail à domicile et l'application du salaire minimum à tous les travailleurs à domicile sans exception.

Il n'est, en effet, pas douteux — je crois avoir déjà eu

l'occasion de le dire, et vous êtes trop au courant de ces questions pour ne pas l'avoir senti — il n'est pas douteux que le vote d'un projet de loi sur le travail à domicile constitue dans la législation sociale un progrès énorme. Jusqu'à ce jour, en effet, la législation ne s'est appliquée qu'aux travailleurs réunis soit dans des usines, soit dans des ateliers, soit dans des bureaux, elle n'a jamais été chercher à domicile l'ouvrière ou l'ouvrier pour les protéger.

Vous vous rendez certainement compte des difficultés de tout genre, difficultés de principe et difficultés pratiques, que va rencontrer une extension si considérable.

C'est pourquoi il me paraît prudent, si nous voulons, et je crois que nous sommes unanimes à le désirer, que les travailleurs à domicile bénéficient de la protection accordée à leurs camarades des usines et des ateliers, que nous fassions un premier pas. Je crois que ce premier pas, nous le ferons à peu près avec la certitude du succès si nous ne nous adressons qu'aux ouvrières à domicile, mais si nous voulons envisager l'ensemble du problème, je crains fort, — et il y a ici de mes collègues du Parlement qui pourront me contredire s'ils pensent que je me trompe, — mais je crains fort que nous nous heurtions à une résistance, passive, peut-être, mais qui pour être inerte n'en sera pas moins efficace, si nous demandons d'un coup que la législation protectrice soit étendue aux travailleurs à domicile sans distinction.

Je suis au contraire convaincu que, lorsque vous aurez, avec l'assentiment, je crois, de l'immense majorité de l'opinion publique, protégé les femmes à domicile, qui sont des victimes particulièrement intéressantes de l'exploitation intensive, lorsque vous aurez accompli ce premier pas et réalisé ce progrès, je crois que, fatalement, vous serez amenés à étendre cette nouvelle législation et à comprendre les ouvriers à domicile dans la législation du travail à domicile.

Commencer par prendre le problème dans son ensemble serait, je crois, très imprudent, et voilà pourquoi je ne puis que m'associer à ce qu'a dit tout à l'heure M. Alfassa et à ce qu'a dit M. Fagnot à la dernière séance, considérant que si, je le répète, nous voulons, comme nous l'avons fait jusqu'ici, émettre des vœux qui aient chance de succès et qui puissent passer assez rapidement dans la législation réelle, nous ferons sagement, à mon avis, que je soumets respectueusement à l'assemblée, en nous bornant d'abord à la protection des femmes.

Si personne ne demande plus la parole, je vais mettre aux voix l'amendement le plus général. Comme l'indiquait M. Aftalion, je crois que l'amendement de M. Alfassa est tout à fait différent de ceux proposés par M. Motteau et par M. Zamanski.

Je vais mettre aux voix celui qui est ainsi conçu :

« La loi sera appliquée aussi bien aux ouvriers qu'aux ouvrières ».

L'amendement est repoussé.

Application aux hommes exécutant les mêmes travaux que les femmes

M. le Président. — Nous en arrivons à l'amendement de M. Alfassa que je vous rappelle :

« Que dans les industries à domicile où les hommes
« et les femmes sont employés à des travaux analogues,
« le salaire minimum établi pour les femmes s'applique
« également aux hommes ».

M. Groussier. — Je me demande si l'amendement est bien utile. Je suis disposé à m'y rallier, si vous avez de sérieux arguments sur lesquels vous puissiez vous appuyer, mais, dans le même ordre d'idée qu'indiquait notre Président tout à l'heure, je crois que nous aurions tort d'introduire dès maintenant dans la loi des mesures concernant les hommes.

Le gros argument qu'on nous opposera, sinon à la Chambre, du moins au Sénat sera que nous voulons commencer à réglementer le travail à domicile des femmes, pour aboutir à réglementer le travail à domicile dans son ensemble et nous rencontrerons de plus fortes résistances si notre premier texte s'applique aux hommes.

Si vous ne pouvez pas démontrer qu'il y a un très gros intérêt à ce que l'amendement en question soit voté, j'estime qu'il serait préférable de le réserver. D'autant plus que si les conséquences que vous prévoyez se réalisaient, ce serait une occasion toute naturelle pour le législateur d'étendre la loi.

D'une façon générale, je ne crois pas que les hommes aient des salaires aussi bas que les femmes. Si, par hasard, il y en a quelques-uns, ce ne sont que des exceptions ; c'est plus rare encore qu'un certain nombre d'hommes acceptent des salaires au-dessous du plus bas salaire payé aux femmes. C'est pourquoi je pense qu'il y aurait intérêt à ne pas insister sur l'amendement, étant bien entendu que si des cas tels que ceux visés par M. Alfassa se produisaient, ce serait le motif qui nous permettrait de demander la modification de la loi et son extension aux hommes, ainsi qu'un grand nombre de nos collègues le désirent.

M. l'abbé MÉNY. — Il est évident que les arguments de M. Groussier gardent toute leur valeur, mais il me semble qu'il y a cependant un nombre assez important d'hommes qui acceptent des travaux à un prix inférieur.

Dans ma région, celle des Vosges, qui est la région

classique de la broderie, j'ai fait une enquête récente depuis notre dernière réunion, et je suis arrivé à ce chiffre fantastique de près d'un dixième de travailleurs hommes. En ce moment quelques amis et moi, nous préparons une série de projections pour le musée pédagogique de l'État sur le travail à domicile. Dans une des vues que nous avons recueillies en plein Paris, on peut voir des hommes qui travaillent dans le vêtement. Et le fait se produit dans un assez grand nombre d'endroits. Cela tient à ce que ces hommes se contentent d'un salaire d'appoint, et le plus souvent parce que ce sont des immigrants. Je crois que tout le monde est d'accord pour reconnaître que c'est à l'immigration que l'on doit de voir tant d'hommes employés dans le travail à domicile.

Dans ces conditions, il me semble que la question du travail des hommes à domicile, sans avoir autant d'importance que le travail des femmes, mérite cependant d'être examinée attentivement.

M. ALFASSA. — Je m'associe pleinement à ce que vient de dire l'abbé Mény ; je me suis inspiré surtout de l'industrie de la lingerie parce que c'est dans cette industrie que j'ai fait une enquête méthodique et étendue, mais je suis persuadé que dans le vêtement il y a également une grande quantité d'hommes qui font un travail identique à celui des femmes, travail que l'on pourrait faire passer facilement des femmes aux hommes, s'il y avait un intérêt à agir de la sorte.

M. Groussier nous disait tout à l'heure qu'il lui semblait difficile d'admettre que des hommes acceptaient de travailler à meilleur marché que des femmes.

M. GROUSSIER. — Il me semble que, surtout après le vote de la loi, il y aura bien peu d'hommes qui accepteront de travailler à un prix inférieur à celui payé aux femmes.

M. ALFASSA. — Dans les industries à domicile, les travailleurs, qu'ils soient hommes ou qu'ils soient femmes, ne sont pas groupés et la difficulté qu'ils éprouvent aujourd'hui à lutter contre de bas salaires sera la même pour les hommes lorsqu'une loi protégera le travail des femmes; tel est du moins mon sentiment. C'est pour cette raison que j'ai présenté un amendement.

Je suis bien persuadé que les hommes n'accepteront de travailler à des conditions inférieures que lorsque, dans leur région, ils auront une situation peu favorable pour leurs travaux propres, à moins qu'il ne s'agisse d'émigrants, de déchets sociaux; mais enfin, outre que c'est, dans une certaine mesure, en vue de ces malheureux que la loi a été conçue, il y a certainement des cas où l'hypothèse que nous envisageons peut se réaliser.

Ce qui me préoccupe, M. Aftalion l'a très bien fait remarquer tout à l'heure, ce n'est pas d'arriver à la protection de l'homme travaillant à domicile, c'est d'éviter une répercussion, qui pourrait être dangereuse, de l'application de la loi aux femmes. Je crois, pour ma part, que les cas isolés de travail de l'homme à domicile sont proportionnellement assez nombreux pour que le danger que j'ai signalé ne doive pas être considéré comme utopie.

M. GROUSSIER. — On nous dit que là où les hommes sont occupés à des travaux analogues à ceux faits par les femmes, ils sont dans la proportion d'un dixième. Je suppose que la loi soit votée. Qu'est-ce qui va se passer? Il faut déjà que ce dixième d'hommes accepte des salaires inférieurs à ceux qui seront payés aux femmes; puis il faudra encore que l'on trouve d'autres hommes pour venir remplacer les femmes auxquelles un minimum de salaire sera garanti. Je suppose même que l'on arrive encore à en trouver quelques-uns, ils ne pourraient remplacer que quelques femmes et non la généralité et pensez-vous que l'on pourra payer d'une part toutes les femmes à un salaire donné, tandis que les quelques hommes occupés aux mêmes travaux seront payés à un taux inférieur ? Cela me semble impossible.

Je crois que pratiquement, étant donné qu'il y aura toujours pour les travaux à domicile une majorité de femmes que l'on sera obligé d'occuper parce qu'on ne trouvera pas suffisamment d'hommes qui voudront travailler à des travaux peu rétribués, je crois, dis-je, que le salaire qui aura été fixé pour les femmes s'imposera pour les hommes. Je ne pense donc pas que l'on pourra payer des hommes à un salaire inférieur à celui établi pour les femmes.

Pour ces raisons, j'estime qu'il y aurait intérêt à ne pas voter la disposition qui vous a été proposée. Si ces conséquences que je prévois ne sont pas exactes, si l'on pense que l'on trouvera suffisamment d'hommes qui accépteront de travailler à un salaire inférieur à celui des femmes, je me résignerai à voter l'amendement qui vous a été soumis, mais je crois que, si l'on pouvait l'écarter, cela vaudrait mieux, car son introduction dans le projet risque de tout compromettre et de ne pas même obtenir l'application de la loi aux femmes.

Mlle Chaptal. — Je m'excuse de prendre la parole, n'ayant pas assisté au début du débat, mais j'ai été mise au courant de vos discussions.

Je me permets d'insister sur ce qu'on a dit, sur ce qu'a dit M. le Président : puisque nous avons une très grosse victoire à remporter pour les femmes, il ne faudrait pas risquer de la compromettre en combattant pour le salaire masculin.

Je me permets aussi de vous dire que le salaire masculin

à domicile ne m'intéresse pas, car je ne vois pas un gros intérêt à ce que l'homme travaille à domicile, à ce que l'homme reste chez lui. Non, je crois que l'intérêt du travail à domicile est celui de garder la femme chez elle. Si les hommes étaient obligés de travailler en atelier, je vous avoue que je m'en consolerais facilement.

Ce qui est important à l'heure actuelle, c'est que nous n'essuyions pas un échec sur une question très grave, c'est que nous ne risquions pas de nuire aux femmes pour protéger le travail des hommes à domicile.

Mme BRUNSCHWICG. — J'ai vu des hommes travailler à domicile dans la fleur à des salaires aussi bas que les femmes et il me semble nécessaire de protéger leur travail au même titre que l'on protégera celui des femmes.

Si je parle ainsi, c'est au nom d'un autre principe que celui dont s'est inspirée Mlle Chaptal; c'est en tant que femmes que je pense que nous devons désirer que le travail de l'homme soit protégé aussi bien que celui de la femme. Comme féministes, nous demandons l'égalité des droits, mais nous réclamons aussi l'égalité de protection.

C'est pour ces deux raisons que je me rallie à l'amendement de M. Alfassa.

M. JAY. — Je crains que, si nous ne votons pas, si le Parlement ne vote pas une disposition analogue à celle que défend M. Alfassa, l'application de la loi puisse être compromise, compromise pour d'autres raisons que celles qu'envisageait M. Groussier.

Il ne faut pas se dissimuler — vous en aurez peut-être les preuves à cette séance même, — que notre intervention peut inspirer des craintes, au moins à certaines ouvrières. Il en est qui craignent que l'intervention de la loi fasse émigrer le travail du domicile à l'atelier, qui craignent que l'ouvrière à domicile n'en arrive à regretter le gain pourtant si insuffisant qu'elle réalise aujourd'hui.

A ce point de vue, — c'est un point de vue d'ordre psychologique et moral qui est ici important, — il ne faut qu'on voie, même dans des cas isolés, le travail passer de la femme à l'homme. Or, les chiffres qu'indiquaient M. l'abbé Mény et M. Alfassa prouvent que, si l'on n'a pas à craindre, comme le dit M. Groussier, un phénomène d'ordre général, on peut craindre, cependant, — l'importance de l'élément masculin est pour cela assez considérable — des phénomènes particuliers et locaux dont le spectacle pourrait produire dans le monde des ouvrières elles-mêmes la plus fâcheuse impression.

M. Groussier. — Mais, généralement, si les salaires baissent, c'est parce qu'on emploie des femmes ; dans les industries où l'on n'occupe que des hommes, les salaires ne sont pas aussi bas. Je ne vois pas comment ce seraient les hommes qui arriveraient à faire baisser les salaires ; je ne crois pas que des hommes acceptent des salaires inférieurs à ceux des femmes, et si parfois ils travaillent à des prix peu élevés, c'est parce qu'ils ne peuvent pas demander plus cher que des femmes qui font des travaux similaires.

M. l'abbé Lemire. — On parle du travail des hommes à domicile, mais dans quel pays les hommes travaillent-ils de si bon cœur à domicile ? Dans mon pays, les femmes ne désirent pas garder les hommes à la maison (*rires*), une des joies de la ménagère, c'est de retrouver son mari le soir... mais quand il a été absent toute la journée (*sourires*). Elles désirent surtout être libres chez elles, et je crois que, si vous voulez vous occuper des hommes et des femmes en même temps, vous allez vous trouver en présence de graves difficultés.

On a parlé contre la distinction des sexes ; j'y tiens, au contraire, beaucoup, et je vois que, chez nous, les ménages où l'homme s'absente régulièrement sont pour ainsi dire les meilleurs.

Ceci dit pour réagir contre la manie que l'on a de vouloir tout envisager de même pour les hommes et les femmes. Je ne voudrais pas que, dans une loi destinée aux femmes, on parle des hommes. C'est pourquoi j'appuie fortement les paroles prononcées par mes collègues Millerand et Groussier ; je ne suis pas aussi compétent qu'eux, mais je suis tout de même quelque peu observateur.

M. ALFASSA. — Je vais probablement m'attirer le courroux de M. Jay, car, après avoir ouvert la discussion et l'avoir lancé avec moi sur une route déterminée, je vais le laisser seul....

Je ne voudrais pas soutenir trop énergiquement mon amendement, étant donnés les arguments d'ordre pratique, utilitaire, qui nous ont été fournis au point de vue de l'adoption de la loi, car il me semble que nous devons, autant que possible, avoir en vue d'émettre ici des vœux ayant une véritable portée pratique ; et, d'autre part, si je ne soutiens pas davantage mon amendement, c'est encore parce que je considère que les commentaires par lesquels nous éclairons nos vœux dans la discussion ne sont pas loin d'avoir au moins autant d'effet que les vœux que nous émettons. Par conséquent, je me contenterai d'avoir attiré l'attention de l'Association sur ce que je persiste à considérer comme un grand danger, mais je ne voudrais vraiment pas faire perdre plus longtemps le temps de l'assemblée sur une question qui semble avoir un intérêt si discuté.

M. LE PRÉSIDENT. — L'amendement étant retiré, il n'y a pas lieu de le mettre aux voix, à moins toutefois que quelqu'un d'entre vous le reprenne.

M. LORIN. — L'enquête sur le sweating-system nous a montré qu'il y avait une assez grande proportion d'hommes qui travaillaient dans d'aussi mauvaises conditions que les femmes ; par conséquent, il serait bon de les protéger ; je reprends donc l'amendement déposé par M. Alfassa.

M. COURAT. — Je suis un peu surpris que l'on insiste tant sur un amendement qui tend à protéger les hommes qui sont censés travailler à des salaires inférieurs à ceux des femmes.

Il peut se faire qu'accidentellement des hommes travaillent à domicile, mais je n'ai pas entendu dire qu'ils acceptaient de travailler à un taux inférieur au salaire des femmes. Il y a un cas où l'on peut constater que des hommes travaillent à un salaire inférieur, c'est lorsqu'il s'agit des immigrants, qui sont peu payés, jusqu'à ce qu'ils aient appris la langue. Mais encore une fois ce sont des cas exceptionnels, et allez-vous, pour des cas exceptionnels, allez-vous risquer de faire échouer la loi ?

Voulez-vous me permettre de citer des arguments qui feront peut-être changer d'opinion certains d'entre vous? Au Conseil supérieur du travail, nous avons ébranlé tous les patrons. Lorsqu'il s'est agi de défendre les ouvrières à domicile, tous les patrons ont convenu qu'il y avait quelque chose à faire, et ils étaient pour ainsi dire indignés, quand ils rencontraient des industriels qui disaient qu'il n'y avait rien à faire pour les femmes.

Voulez-vous donc ne pas bénéficier de cet état d'esprit des gens qui sont hors du Parlement, des gens qui vous aideront, qui insisteront auprès des parlementaires de leur milieu pour qu'ils votent la loi ? Voulez-vous que ces gens deviennent hostiles à votre projet de loi et détournent, au contraire, les parlementaires de l'idée de l'adopter ?

Mais si, par la suite, vous pouviez citer beaucoup d'exemples tels que ceux dont parlait M. Alfassa et qui nuisent à l'application de la loi, vous auriez plus de chance de pouvoir faire étendre la loi à tous les travailleurs que si vous essayez de protéger dès maintenant les ouvriers par un côté tout à fait exceptionnel, où vous risquez de faire échouer la loi.

M. Arthur FONTAINE. — M. Coupat a dit en grande partie ce que j'avais l'intention de vous dire ; je voudrais simplement reprendre certains des arguments qui ont fait accepter la protection d'un salaire minimum pour les femmes.

Tout d'abord, il n'a échappé à aucun de vous que ce n'est pas sans de grandes peines que l'on est arrivé à faire accepter l'idée d'un minimum de salaire ; beaucoup de personnes n'ont accepté ce minimum de salaire qu'à contre-cœur et parce qu'il était entendu qu'il ne devait s'appliquer qu'à une catégorie d'ouvrières. Plus nous étendrons la loi, plus nous rencontrerons de difficultés pour la faire aboutir.

Il convient de noter qu'une des principales raisons de la baisse du salaire des ouvrières à domicile est la concurrence du travail d'appoint. Je sais bien que ce n'est pas la généralité, mais il suffit qu'il y ait un assez grand nombre de femmes qui, tout en faisant leur ménage, en restant chez elle, travaillent pour des industriels, pour que cela fasse baisser les salaires. Or, la même crainte n'existe pas pour les hommes; le travail à domicile pour l'homme ne constitue presque jamais un travail d'appoint.

D'autre part, la difficulté de se syndiquer pour défendre le salaire est très grande pour les femmes; elle ne l'est pas autant pour les hommes; par exemple, dans une des industries principales exercées à domicile par les hommes, la chaussure, ceux-ci ont su former des syndicats.

Si nous étendons la loi aux hommes dans certains cas, au cours de la discussion, il y aura une autre industrie, puis une troisième qui réclameront pour elles, l'extension de la loi, et plus nous voudrons comprendre dans notre loi d'ouvriers touchant de bas salaires, plus nous avons de chances de ne rien faire du tout. Même beaucoup de ceux qui sont, comme moi, partisans déterminés de la réglementation du travail, hésitent lorsqu'il s'agit de minimum de salaire; je crois donc qu'il serait très imprudent de sortir des conditions dans lesquelles tout le monde s'est mis d'accord au Conseil supérieur du travail.

Mme Brunschvicg. — Lorsque nous, femmes, nous demandons l'égalité de protection pour les hommes et pour les femmes qui exécutent un même travail, ce n'est pas uniquement pour protéger l'homme que nous agissons ainsi. C'est parce que nous envisageons également une question de dignité, de bon sens; nous ne pouvons pas admettre qu'un même travail fait par un homme et fait par une femme soit soumis à deux législations différentes. Vous voulez faire toujours de la femme l'éternelle protégée. Nous, nous ne demandons qu'une chose, c'est qu'on la mette sur un même pied de justice que l'homme, mais nous ne demandons pas que l'on fasse plus pour elle...

M. Arthur FONTAINE. — Si l'on protège plus spécialement la femme, c'est parce qu'elle ne peut pas actuellement se défendre. Et pourquoi ne se défend-elle pas, ce n'est pas nous qui l'en empêchons ?

Mme BRUNSCHVICG. — Vous avez reconnu que les femmes avaient beaucoup de difficultés à se syndiquer.

Nous savons qu'il y a des hommes qui sont exploités, de même qu'il y a des femmes qui le sont également, mais ce n'est pas une raison pour créer, par une nouvelle loi, une séparation de plus entre les hommes et les femmes.

M. LE PRÉSIDENT. — La conclusion logique de votre raisonnement, Madame, serait de ne rien faire pour les femmes parce qu'on ne fait rien pour les hommes. Nous vous demandons précisément aujourd'hui de tracer la route par où l'on passera plus tard pour protéger les hommes ; si vous ne prenez pas la tête, personne ne passera.

M. Arthur FONTAINE. — D'ailleurs qu'est-ce qui a amené dans la plupart des cas, la baisse de salaire ? C'est la concurrence du travail féminin ; si la concurrence du salaire d'appoint n'avait pas existé, il y a beaucoup de salaires qui sont infimes à l'heure actuelle qui n'auraient pas baissé dans la même proportion.

Quel est le remède spécifique ? C'est celui qui s'attaque à la cause du mal. Les hommes sauront bien se défendre lorsque le minimum de salaire sera établi pour les femmes, et ce ne sera que dans des cas tout à fait exceptionnels qu'on arrivera à constater ici ou là un salaire d'homme inférieur à celui des femmes. Je ne crois pas que cela devienne un phénomène général, qui puisse risquer de faire échouer une loi nécessaire à la protection de la femme.

Vous avez reconnu vous-même, Madame, que les femmes ne savaient pas se protéger autant que les hommes; il est donc nécessaire que nous fassions d'abord quelque chose pour les femmes, et cela, même dans l'intérêt des hommes.

Mme Brunschvicg. — Si les femmes se sont trouvées dans une situation inférieure, c'est parce qu'on leur avait tout d'abord fermé un certain nombre d'emplois qu'on leur ouvre aujourd'hui; si elles ont plus besoin d'être protégées, c'est parce qu'elles ont toutes été enfermées dans la même voie. Mais jamais je ne pourrais accepter qu'un homme et une femme travaillant au même travail soient soumis à deux législations différentes.

M. Alfassa. — Bien qu'ayant retiré mon amendement... (Sourires.)

Quelques voix. — Vous le reprenez?

M. Alfassa. — Je ne le reprends pas, je ne me désintéresse pas de la discussion. Je vous demande de m'excuser si je prends la parole, mais il me semble que la discussion a une tendance à s'écarter du terrain sur lequel je m'étais placé.

Ce qui me préoccupe, c'est la crainte de l'évasion du travail à domicile du domaine de la femme vers le domaine de l'homme. M. Groussier et après lui M. Fontaine, avec l'autorité très grande qu'ils ont en la matière, me disent : « Croyez-vous que l'homme travaille bien volontiers à des salaires inférieurs à celui de la femme, à moins que ce ne soit pour une période temporaire ? »

Vous me direz peut-être que je prends la question par le petit côté, mais je ne suis pas sans avoir de grandes appréhensions pour la période de mise en application de la loi. Ne craignez-vous pas que lorsque les femmes auront à chercher du travail — ce qui n'est pas commode surtout pour le travail à domicile — et quand, en plus de cela, on s'adressera à des hommes ne connaissant pas la langue, à des émigrants qui travaillent à n'importe quel prix, ne craignez-vous pas que l'on ne se heurte à de grosses difficultés ? J'estime qu'il y a là un danger d'ordre pratique dont on ne peut pas se désintéresser.

Mme COMPAIN.—On a bien protégé le travail des hommes et des femmes en Angleterre ; je me demande pourquoi dans la République française on ne pourrait pas avoir une loi aussi large.

M. LE PRÉSIDENT. — Parce que, dans la République française, nous rencontrons plus de difficultés ; parce qu'ici nous sommes moins avancés qu'en Angleterre.

Je vais mettre aux voix l'amendement de M. Alfassa, repris par M. Lorin.

L'amendement est repoussé.

Extension progressive, par décrets, à de nouvelles industries

M. LE PRÉSIDENT. — Nous arrivons maintenant à l'amendement déposé par le syndicat de la rue Vercingétorix :

« Que la loi puisse s'appliquer peu à peu à d'autres professions que celles rentrant dans l'industrie du vêtement que vise le projet actuel », professions dont les salaires sont très bas et dont l'énumération devrait être faite dans le même sens et en précisant la forme sous laquelle cette extension pourrait être faite. »

M. Néron, de son côté, a déposé l'amendement que je vous rappelle :

« 1° Que le gouvernement soit autorisé à étendre par décret l'application de la loi à d'autres industries qu'à celle du vêtement.

« 2° A assurer dans la même forme, au cas où les conditions d'exercice des industries le feraient apparaître comme nécessaire, la protection du minimum de salaire aux travailleurs des deux sexes. »

Comme vous le voyez, ces deux amendements visent l'extension possible de la loi à d'autres industries que celle du vêtement.

Quelqu'un demande-t-il la parole à ce sujet ?

M. Fagnot. — Je demande simplement la parole pour me libérer d'un scrupule de conscience à l'égard des ouvriers de la Loire.

A la dernière séance, nous nous trouvions en face d'un amendement de MM. Néron et Boudoint, députés de ce pays, qui demandaient l'extension de la loi aux tisseurs de la Loire.

Je vous ai exposé que je ne croyais pas que la loi pouvait être, sans discussion, étendue aux tisseurs de la Loire. Aujourd'hui, ces Messieurs, qui ont sans doute eu un écho de ce que nous avions dit, proposent simplement de donner au gouvernement le droit d'étendre la loi, sans viser spécialement les ouvriers de la Loire.

Comme je suppose que j'ai pu avoir quelque influence sur la nouvelle rédaction des députés de la Loire, je tiens à vous dire que, sans déposer un texte, mais parce que je connais la région, parce que j'y ai été appelé par mes fonctions tout récemment et que je suis à la veille d'y retourner, je tiens à vous dire que je trouverais tout à fait légitime, utile même, que vous émettiez un vœu invitant le gouvernement à examiner toutes les mesures propres à venir en aide à ces 50,000 ouvriers qui sont dans une situation vraiment lamentable.

Je ne crois pas que la loi dont nous nous occupons puisse améliorer leur sort, mais je crois qu'il y a d'autres moyens d'y parvenir. En tout cas, c'est le devoir du gouvernement de les étudier.

M. LE PRÉSIDENT. — La question visée par M. Fagnot est différente de celle traitée dans les amendements dont je viens de vous donner connaissance. Les amendements que je vous ai indiqués se bornent, ne parlant pas des tisseurs de la Loire, à demander que la loi puisse être étendue à d'autres professions, à d'autres industries. M. Fagnot parle, au contraire, d'un autre amendement qui avait été déposé par M. Boudoint et M. Néron et qui avait pour objet d'étendre l'application de la loi à certaines catégories d'ouvriers ; la seconde partie du vœu de M. Néron, que nous ne discutons pas en ce moment, vise précisément ce cas.

M. GROUSSIER. — Il est bien évident que les deux vœux ont le même but ; celui de M. Néron est rédigé dans la forme législative et nous devrons l'adopter si nous sommes d'accord ; il me semble que, si nous voulons demander l'extension du bénéfice de la loi, nous devons proposer que ce soit par décrets. Il ne faut pas penser qu'une fois la loi votée, on pourra, ultérieurement, revenir devant le législateur pour lui demander d'ajouter profession à profession. J'appuie donc entièrement la première partie du vœu de M. Néron, qui est très intéressante.

M. LE PRÉSIDENT. — Je mets l'amendement aux voix ?

L'amendement est adopté. Le texte en est ainsi conçu :

Que le gouvernement soit autorisé à étendre par décret l'application de la loi à d'autres industries qu'à celle du vêtement.

Application aux travailleurs des deux sexes
dans les industries admises ultérieurement par décrets

M. LE PRÉSIDENT. — Nous arrivons maintenant à la deuxième partie du vœu de M. Néron :

« Que le gouvernement soit autorisé à assurer dans la même forme, au cas où les conditions d'exercice des industries le feraient apparaître comme nécessaire, la protection du minimum de salaire aux travailleurs des deux sexes. »

M. JAY. — Le texte qui vous est proposé se distingue nettement de celui que vous avez repoussé tout à l'heure. Quelles sont les objections qui vous ont décidés tout à l'heure à écarter le vœu d'abord proposé par M. Alfassa ? L'incertitude dans laquelle vous restiez sur la question de fait était, je crois, la plus forte. Nous n'avons pas pu apporter la démonstration de l'utilité de ce vœu ; le texte qui vous est en ce moment proposé tient compte de cette incertitude ; sa rédaction est particulièrement modérée et prudente. M. Néron suppose que l'application même de la loi pourra faire apparaître au gouvernement qu'il est nécessaire d'étendre la loi à des ouvriers à domicile. Et il veut, dans ce cas seulement, lui permettre de le faire.

M. RAZOUS. — Il me semble que la proposition qui vient d'être soutenue par M. Jay va absolument à l'encontre de ce qui a été examiné tout à l'heure. La majorité décide que la loi ne doit s'appliquer qu'aux femmes, puis on vient nous proposer de voter qu'un règlement d'administration publique ou un décret pourra étendre, dans certaines industries, la réglementation aux hommes. C'est à dire le contraire de ce qui a été voté tout à l'heure. Lorsqu'une loi a décidé que l'on s'occuperait d'une catégorie de travailleurs, je dis qu'une nouvelle loi doit intervenir si l'on veut s'occuper d'une autre catégorie. Pour prendre un exemple, on a fait une loi mettant des sièges à la disposition des femmes qui travaillent dans les grands magasins ; mais jamais on ne songera, par un décret ou par un règlement d'administration publique, à étendre cette loi aux hommes qui travaillent dans les magasins. Je ne dis pas qu'une loi ne puisse pas le faire, mais agir autrement, c'est enlever au législateur un droit de contrôle qu'il doit avoir.

Je crois qu'en matière de réglementation, il faut procéder par paliers. Il faut commencer à appliquer la loi dans les catégories où vraiment il y a un intérêt évident à le faire.

A la dernière réunion de l'Association pour la protection légale, je vous ai parlé du travail rural des hommes. Dans les campagnes, il faut agir avec prudence et il faut tenir compte du fait que signalait le très distingué directeur du travail. Le travail des femmes à domicile est très souvent un travail qui procure un salaire d'appoint, tandis que pour les hommes il n'en est pas de même. Et vous vous trouverez dans un embarras inextricable à vouloir faire d'un coup une tarification du travail des hommes et du travail des femmes. Ne craignez-vous pas d'augmenter encore le danger actuel de l'exode du travail des champs vers la ville ? Vous aurez alors de mauvaises conditions d'hygiène résultant de l'afflux des campagnes vers les villes, vous irez à l'encontre de ce que vous vouliez faire.

Je crois — et ce n'est qu'une opinion personnelle que je vous demande la permission d'exprimer — je crois qu'il est absolument nécessaire de limiter la législation aux femmes.

Assemblée générale du 25 Janvier 1912

PRÉSIDENCE DE M. LORIN

M. NÉRON. — Mesdames, Messieurs, j'ai regretté vivement de n'avoir pu assister aux deux dernières réunions
de l'Association, et je dois vous exprimer toute ma vive
gratitude pour la bienveillance que vous avez bien voulu
me témoigner en acceptant de renvoyer à aujourd'hui la
suite de la discussion du vœu que j'avais déposé et dont
M. Millerand a donné lecture au cours de la dernière réunion.

La première partie de ce vœu a été adoptée. La
deuxième est ainsi rédigée :

« Que le gouvernement soit autorisé à assurer de la
même façon — c'est-à-dire par décret — dans les cas où
les conditions de l'exercice de la profession le feront apparaître comme nécessaire, la protection du minimum de
salaire aux travailleurs des deux sexes. »

Je vais me placer, dans cette discussion, exclusivement sur le terrain des faits pour justifier la prise en
considération de cette deuxième partie de mon vœu, que
j'ai rédigée dans le but de corriger la décision qui a été
prise ici lorsque fut repoussé le vœu de mon collègue
Boudoint, qui visait d'une façon toute particulière les
ouvriers passementiers de la Loire et de la Haute-Loire.

Je crois utile, au préalable, de donner quelques renseignements sur l'importance de cette industrie du ruban à
laquelle nous nous intéressons d'une façon toute particulière.

Il existe en moyenne 30,000 métiers dans la ville de
Saint-Étienne et dans ses environs ; il en existe 11,000 à
Saint-Étienne même. Sur ces 30,000 métiers, 3,000, soit
10 %, fonctionnent dans les usines, 27,000 sont la pro-

priété de chefs d'atelier qui en possèdent un, deux, trois au maximum. J'ajoute que, sur ces 30,000 métiers, 14,000 sont mus par l'électricité.

Il résulte d'un rapport, déposé à la date du 9 décembre 1909, émanant de M. Brassy, vice-président de la Chambre de commerce de Saint-Etienne, que le personnel ouvrier tirant sa subsistance de cette industrie est évalué à 100,000 personnes, dans les deux départements de la Loire et de la Haute-Loire.

Quelle est donc la situation des chefs d'atelier, c'est-à-dire des ouvriers passementiers dont nous nous occupons ? Que gagnent-ils ?

Il y a une quinzaine d'années, les ouvriers passementiers, pour les catégories communes de ruban, gagnaient environ de 6 à 8 francs par jour et par métier. Aujourd'hui, que sont devenus ces salaires ?

Je trouve la réponse à cette question dans un rapport du Comité intersyndical des syndicats de tissage de la Loire et de la Haute-Loire, dont le siège social est à la Bourse du Travail de Saint-Etienne. J'y trouve les renseignements suivants :

Salaires, ce qu'ils sont, ce qu'ils devraient être

« Nous avons dit, dans un rapport précédent, que le salaire des tisseurs traitant les moyennes et basses qualités ne s'élevait pas au delà de *3 francs par jour, soit à 1 fr. 60*, après défalcation des frais généraux, s'élevant en moyenne à *1 fr. 40* par jour et par métier.

« Pour prouver ce que nous avançons, voici le détail des frais nécessités pour chaque métier. Les chiffres sont établis pour un métier travaillant toute l'année sans chômage :

« Location de l'atelier...................... 60 fr.

« Patente, assurance...................... 12

« Force motrice, 8 mois..................... 80 fr.
« Location du moteur...................... 12
« Entretien et réparations....... 70
« Éclairage, lampe....................... 10
« Chauffage 25
« Frais d'enfilage 60
« Courses, cannetage, émouchetage, etc... 100
« Amortissement du matériel............. 30
                                        ─────────
        « Total................. 459 fr.

pour 300 journées de travail, soit 1 fr. 53 pour une seule journée. »

Quelles sont donc les causes de cet abaissement des salaires? Elles résident dans la concurrence étrangère, qui se trouve, en ce qui concerne cette industrie, dans une situation très favorisée, ainsi que le montre l'énumération des principaux centres étrangers de production du ruban :

a) L'Allemagne, à Barmen et à Elberfeld, qui compte 12,500 métiers, dont 11,000 en usines et 1,500 à domicile ;

b) Surtout la Suisse, avec Bâle, qui compte 7,800 métiers dont 2,000 en fabrique et 5,800 à domicile; et les filiales de Bâle : Saint-Louis, en Alsace, Loerrach, Grenzach, Saeckingen (dans le grand-duché de Bade), Brezenz, dans le Tyrol; ces filiales comportent environ 4,000 métiers dont 2,650 en fabriques et 1,350 à domicile.

Pour montrer la vitalité de la fabrique suisse, je citerai les chiffres suivants :

En 1897, l'exportation du ruban était de   34.424.000 f.
En 1907, elle atteint..................   45.677.000
Soit une augmentation de 11,253,000 fr.

Quant à l'importation des rubans en France, qui était, en 1883, de 700,000 fr., elle a atteint, en 1907, le chiffre de 6 millions, sur lesquels 3,450,000 reviennent à la Suisse.

La prospérité de l'industrie rubanière en Allemagne et en Suisse réside d'une manière générale dans ce fait que les Suisses, comme les Allemands, peuvent vendre à meilleur compte leurs produits, et cela parce qu'ils peuvent réduire le prix de revient de leurs articles à un niveau inférieur à celui qu'atteigne les nôtres.

Ils sont favorisés d'abord par le régime douanier en ce qui concerne l'admission des matières premières afférentes à cette industrie. Exemple :

En Suisse et en Allemagne, les soies ouvrées entrent en franchise ; elles sont soumises chez nous à un droit de 3 fr. par kilo.

En Suisse et en Allemagne, les sckuppes nᵒ 150 sont affranchies de toute taxe ; elles payent à leur entrée en France 1 fr. 40 par kilo.

En Suisse, le coton nº 170 paye 0 fr. 18 par kilo.
En Allemagne, — — — 0 fr. 53 —
En France, — — — 3 fr. 38 —

En Suisse, les moteurs électriques payent 14 fr. ».
En Allemagne, — — — 11 fr. 23.
En France, — — — 80 fr. ».

Voilà pour les droits de douane.

Il y a ensuite la question de la limitation des heures de travail, qui n'est pas résolue de la même façon. Alors qu'en France, à l'heure actuelle, pour les passementiers travaillant à domicile et utilisant l'énergie électrique, la journée de travail est de 10 heures, elle est à Elberfeld et à Barmen de 11 heures, à Bâle de 15 heures.

Il est facile de comprendre à quel point, dans les moments de presse, les passementiers bâlois font une redoutable concurrence à leurs camarades français, puisqu'ils peuvent travailler pendant 15 heures, alors que chez nous la Compagnie électrique de la Loire arrête le courant au bout de 10 heures.

Le prix de vente de l'énergie électrique est aussi bien inférieur à celui qui se pratique à Saint-Etienne et dans sa banlieue. Pour actionner un métier à ruban, il faut 1/4 de cheval. Sans entrer dans le détail, on peut dire qu'à Saint-Etienne ce 1/4 de cheval revient au passementier, en moyenne par an à *100 fr.*; or, le 1/4 de cheval ne coûte à l'ouvrier bâlois que *40 fr.* environ (M. A. Coppel).

Enfin, je crois inutile d'insister sur le poids des charges publiques qui pèsent bien plus lourdement sur l'ensemble des citoyens — patrons et ouvriers — en France qu'en Suisse.

Malgré ces conditions économiques défavorables, la rubanerie stéphanoise, grâce à l'intelligence de ses fabricants, au goût de ses dessinateurs, à l'habileté de ses ouvriers, tient encore une place prépondérante sur tous les marchés pour la nouveauté et pour le velours; pour ces articles, les salaires sont en général suffisants.

C'est pour les articles courants de basse et moyenne qualités (et qui utilisent *18,000 à 20,000* métiers sur 30,000) que les salaires tombent au niveau extrêmement bas que j'ai indiqué tout à l'heure.

La cause de cet avilissement des salaires afférents à cette qualité de production réside dans la lutte acharnée que se font certains fabricants, poussés par les commissionnaires, qui maintiennent entre ceux-ci la concurrence. Ces fabricants, dans ces conditions, ne retirent leur épingle du jeu qu'en comprimant jusqu'à l'extrême limite les prix de façon payés aux ouvriers.

C'est pour empêcher le maintien de ces abus que nous demandons, M. Boudoint et moi, que les rubaniers de notre région soient admis, comme ils le réclament d'ailleurs énergiquement, au bénéfice des dispositions du projet de loi sur le salaire minimum.

On a dit que cette extension aux hommes travaillant à domicile était inutile et la principale raison qu'on en a donnée était que les hommes pouvaient se grouper, se syndiquer et que, par conséquent, cette réclamation était pour eux inutile. Or, M. Boudoint a exposé, au cours de la réunion du 7 décembre dernier, dans quelles conditions avait éclaté la longue et douloureuse grève de 1900 ; il a montré que le tarif auquel cette grève avait abouti n'avait eu qu'une existence éphémère, parce que les tribunaux s'étaient déclarés désarmés, dans l'état actuel de notre législation, pour faire respecter l'application de ce tarif. Aussi l'annonce du dépôt de la proposition de M. de Mun, organisant des comités de salaires, avait-elle été saluée par nos compatriotes avec enthousiasme.

Voici, dans un autre extrait du rapport que je signalais tout à l'heure, ce que disent les ouvriers en ce qui concerne le tarif :

« Nous en arrivons à la question la plus importante pour la vitalité de notre corporation, celle de l'institution d'un minimum de salaire et, par suite, *d'un tarif minimum.*

« Nous disons *tarif minimum* et non pas tarif tout court, parce que le tarif que nous désirons est un simple arrêt à la baisse des prix de façons et parce que nous voulons, en temps de prospérité, avoir, nous aussi, la faculté de voir s'élever nos salaires et de profiter, tout comme nos employeurs, d'une bonne saison.

« Le tarif minimum, dit la Chambre syndicale des tissus, ne peut exister parce que chaque fois qu'on a voulu l'établir il n'a eu qu'une durée éphémère, parce que cette mesure n'a pu améliorer le sort des tisseurs et parce qu'il établit un état de gêne pour les affaires.

. . . .

. . . .

« Si la fabrique, de bonne foi, voulait entreprendre sérieusement les pourparlers en vue d'établir un tarif, on aurait pu étudier les moyens d'assurer l'inviolabilité de ce tarif. Il n'en est malheureusement pas ainsi et nous n'avons pas le choix des moyens.

« M. le député Albert de Mun, qui a parfaitement compris la difficulté qu'il y a pour obtenir dans le travail à domicile des salaires rémunérateurs, ainsi que toute l'impossibilité matérielle qu'il y a pour les travailleurs en ateliers de famille de se défendre contre l'avilissement des prix de façons, a déposé une proposition de loi qui paraît donner une solution favorable à ce que nous désirons.

« Cette proposition porte qu'il doit être institué. dans les industries travaillant à domicile, des comités de salaires mixtes qui auraient à charge d'établir pour chaque industrie un minimum de salaire, d'abord, et un tarif minimum par suite, pour réglementer le travail aux pièces. Les infractions seraient poursuivies correctionnellement. »

Et les conclusions de ce rapport :

« Nous demandons l'établissement d'un tarif minimum qui sera un arrêt à la baisse des prix de façons, conçu bien entendu non d'une façon équivoque, mais avec tous les éléments indispensables à son application intégrale : nombre de fils, battant, qualité et provenance de la soie, etc. ;

. « Nous demandons instamment la constitution des comités de salaires, tels que le prévoit la proposition de loi présentée au Parlement par M. Albert de Mun. Et nous insistons d'une façon toute particulière auprès de MM. les députés et sénateurs de notre région et en général auprès de tous les parlementaires qui ont comme principe la défense des intérêts ouvriers, pour les prier de bien vouloir intervenir en notre faveur et de faire tout le nécessaire pour que le projet de Mun soit voté dans le plus bref délai possible. »

Enfin, et ce sera par là que je terminerai, je vous demande la permission de vous donner lecture de deux lettres adressées à M. le Ministre du Travail par le syndicat des passementiers de Saint-Étienne et par le Syndicat des passementiers de la commune de Saint-Just-Malmont (arrondissement d'Yssingeaux) :

CHAMBRE SYNDICALE DES TRAVAILLEURS DE L'INDUSTRIE TEXTILE

BOURSE DU TRAVAIL DE SAINT-ÉTIENNE

Saint-Étienne, le 22 janvier 1912.

MONSIEUR LE MINISTRE DU TRAVAIL,

Nous avons dans notre organisation pris connaissance du projet de loi présenté par le gouvernement portant modification des titre III et V du livre premier du Code du travail, salaires des ouvrières à domicile dans l'industrie du vêtement.

Et notre déception a été grande lorsque nous avons constaté que ce projet de loi ne s'adressait uniquement qu'aux ouvrières à domicile et que notre corporation était exclue du bénéfice de ce projet.

Ce serait de ce fait notre vœu le plus cher, la revendication que nous avons le plus à cœur de voir aboutir, celle que nous n'avons cessé depuis quelque temps d'adresser aux pouvoirs publics, ce serait cette revendication, nous permettant d'avoir la garantie légale de pouvoir vivre en travaillant, qui nous échapperait.

Nous prenons la liberté, Monsieur le Ministre, de vous adresser ci-joint un exemplaire du rapport et de l'ordre du jour d'un congrès régional tenu le 9 octobre 1910 et auquel avaient été invités tous les représentants des corps élus des deux départements : Loire et Haute-Loire.

Vous verrez que ce n'est pas d'aujourd'hui que nous demandons l'application pour notre corporation d'un minimum légal de salaire.

- Lisez ce rapport, Monsieur le Ministre, vous verrez quelle était la situation des tisseurs en 1910. Actuellement, elle est encore pire. Nombreux sont ceux qui ont quitté cette industrie qui ne peut plus faire vivre ceux qui s'en occupent.

Notre forme de travail à domicile, nos petits ateliers, disséminés sur une vaste région, ne nous permettent pas de nous défendre seuls d'une façon efficace.

Nous avons tenté d'entrer en pourparlers avec nos employeurs; nous n'avons trouvé de ce côté que refus et indifférence.

Nous avons demandé la constitution d'un conseil consultatif du travail, conformément à la loi du 17 juillet 1908. Seuls les ouvriers ont désigné leurs délégués, les fabricants se sont abstenus.

- Les ouvriers n'ont plus que l'espoir en un minimum de salaire légal. C'est cet espoir qui les empêche de déserter en masse cette industrie. S'ils étaient encore une fois déçus dans leur attente, ce serait la fin.

Vous ne voudrez pas leur ôter cet espoir, Monsieur le Ministre, et vous donnerez au projet de loi que vous présentez toute l'extension nécessaire pour que notre corporation soit comprise.

MM. Boudoint, Arbel et Chialvo, députés de la Loire, ont présenté un amendement à ce projet de loi. Nous vous prions, Monsieur le Ministre, de bien vouloir prendre cet amendement en considération et de l'ajouter au texte.

Vous aiderez de cette façon au relèvement de notre industrie en ramenant la confiance et la prospérité dans notre malheureuse corporation.

Veuillez agréer, Monsieur le Ministre...

Pour le Syndicat et p. o.,

Le Secrétaire,

Signé : J. PEYRACHE.

Le bureau de la Chambre syndicale des ouvriers passementiers de Saint-Just-Malmont (Haute-Loire), à Monsieur le Ministre du Travail et de la Prévoyance sociale.

Saint-Just-Malmont, le 21 janvier 1912.

Monsieur le Ministre,

Au moment où la commission du travail va procéder à l'examen du projet de loi présenté par le gouvernement sur le salaire des ouvrières à domicile dans l'industrie du vêtement, nous avons l'honneur d'attirer votre attention sur l'intérêt capital qu'il y aurait pour notre corporation à faire bénéficier des avantages dudit projet les chefs d'ateliers et leurs compagnons dans l'industrie de la rubanerie et de la passementerie.

Les abus inhérents au « sweating system » sévissent en effet sur notre corporation avec la dernière intensité. Disséminés dans la région stéphanoise et une partie de l'arrondissement d'Yssingeaux, il est impossible de grouper tous les ouvriers passementiers en vue de la défense de leurs intérêts. L'avilissement des salaires est devenu tel qu'un ouvrier qualifié ne peut, malgré un travail opiniâtre, subvenir aux besoins de sa famille.

A plusieurs reprises, les pouvoirs publics ont dû, par des libéralités évidemment inefficaces, se porter au secours des misères nombreuses créées par cette lamentable situation.

Presque chaque jour, on voit des ouvriers se défaire à vil prix d'un outillage coûteux pour chercher dans d'autres industries un salaire plus rémunérateur.

La population des bourgades subit de ce fait une diminution inquiétante. Les jeunes gens s'éloignent d'une profession si mal rétribuée et la rareté des apprentis ira en s'accentuant.

Si cet état de choses devait se perpétuer, on peut sans exagération prévoir à bref délai la décadence de l'industrie du ruban qui a constitué dans le passé un des plus beaux fleurons de la richesse nationale.

Une réglementation légale des conditions du travail peut, seule, amener le relèvement désirable des salaires.

Aussi croyons-nous devoir insister énergiquement auprès de vous, afin que vous vouliez bien insérer dans le texte du projet de loi en question les dispositions favorables que nous demandons.

Les doléances des ouvriers passementiers se résoudraient fatalement en violences si leur voix devait ne pas être entendue.

Daignez agréer, etc.

Le Président,
Signé : L. MATHIVET.

J'en ai fini. Et c'est sous le bénéfice de ces observations que je m'excuse d'avoir fournies si longues, que je prie l'assemblée de vouloir bien donner au vœu que j'ai eu l'honneur de présenter la sanction que je sollicite.

M. ALFASSA. — C'est la troisième séance dans laquelle nous nous trouvons appelés à discuter l'amendement que M. Néron avait déposé lors de la première séance. Cela tient à ce que M. Néron a été empêché d'assister à nos dernières réunions, et il me paraît nécessaire de résumer d'un mot les observations que nous avons présentées en son absence.

J'avais, lorsque la discussion s'est amorcée, indiqué que, dans l'amendement de M. Néron, je faisais une division : d'une part, un vœu visant les ouvriers rubaniers de Saint-Etienne dont la situation, nul d'entre nous ne le conteste, est particulièrement poignante ; et, d'autre part, l'extension du projet du gouvernement aux hommes travaillant dans certaines industries.

Les discussions se sont poursuivies longtemps et avec relativement assez de passion pendant deux séances. Mon point de vue avait été celui-ci, c'est que nous ne sommes pas en mesure, nous, Association pour la protection légale, d'émettre sur le cas des rubaniers de Saint-Etienne autre chose que ce que j'appellerai un vœu de principe, un vœu d'humanité, et je me permettrai d'ajouter, un vœu manquant d'autorité au point de vue pratique. Nous savons tous, en effet, combien, dans des situations lamentables comme celle qui vient de nous être précisée, les conditions générales de l'industrie, les conditions de la concurrence étrangère, les conditions douanières interviennent. Nous ne pouvons que souhaiter que ces conditions soient telles qu'on puisse les assouplir de manière à apporter un remède à la situation des rubaniers de la Loire. Mais je crois que nous sommes, en grande majorité, ici, dans l'impossibilité de nous faire une opinion raisonnée sur ce point et d'émettre autre chose qu'un vœu tendancieux.

Telle a été la portée de mes observations et, pour ma part, je m'étais simplement rallié à l'extension du projet du gouvernement aux hommes travaillant dans les mêmes industries que les femmes visées par le projet de loi. J'ai rencontré, pour cette extension si limitée, une telle opposition de l'assemblée, dans les deux dernières séances, que je crois bon de la rappeler. En particulier, notre Président, aujourd'hui absent, plusieurs de ses collègues du Parlement et M. le directeur du Travail ont pour ainsi dire arrêté en moi toute velléité de discussion, à tel point que j'ai retiré mon amendement.

On a dit : Si vous ne voulez pas risquer de compromettre cette réforme très limitée qui s'adresse, d'une manière générale, à une catégorie de travailleurs systématiquement sacrifiés, en dehors de toutes considérations économiques générales ; si vous ne voulez pas risquer de faire échouer cet embryon de réforme, ne demandez pas l'extension aux hommes, tenez-vous en à ce qui a été élaboré par le gouvernement. Très à contre-cœur, je dois le dire, j'ai retiré mon amendement et je me suis résigné.

J'ai cru bon d'exposer à M. Néron l'état d'esprit qui s'est manifesté pendant deux séances à l'occasion de sa proposition tendant à incorporer *de plano* et nominalement, dans le projet du gouvernement, des industries particulières qu'il vise. Et, comme le faisait observer très justement M. Fagnot, à une précédente séance, il n'y aurait peut-être pas de raisons suffisamment déterminantes au point de vue législatif pour qu'on ne cherchât pas à étendre ces dispositions à la plupart des industries qui emploient le travail à domicile et dans lesquelles des situations extrêmement pénibles se trouvent signalées.

J'ai tenu à résumer les débats antérieurs à sa communication, pour vous mettre à même de nous répondre.

M. JAY. — Je ne veux faire qu'une observation. Le texte qui va être soumis à votre vote dans un moment ne vise pas, ne l'oubliez pas, l'industrie de Saint-Étienne, de la Loire et de la Haute-Loire, ce cas tout particulièrement intéressant que vient de vous exposer M. Néron.

M. Alfassa a raison lorsqu'il dit que, si nous avions

nous prononcer sur ce cas particulier, nous pourrions, malgré les développements qui nous ont été présentés, avoir quelque scrupule à le faire immédiatement et de façon définitive.

M. Alfassa l'indiquait aussi, un autre scrupule pourrait nous arrêter. Il peut y avoir, dans d'autres industries, qui n'ont pas eu la chance de trouver des avocats aussi éloquents que M. Néron et M. Boudoint, des conditions de travail aussi déplorables, peut-être plus déplorables encore si possible. C'est pour ces raisons que, si le texte qui nous est soumis visait uniquement le cas des tisseurs de la Loire et de la Haute-Loire, je serais, comme beaucoup d'entre vous, fort hésitant à lui donner mon vote.

Mais la proposition sur laquelle vous avez à vous prononcer a un tout autre caractère. Elle donnerait simplement au gouvernement le droit d'ouvrir des enquêtes, de se renseigner sur les circonstances de fait des diverses industries qui pourraient lui être signalées. Au cas où ces enquêtes démontreraient qu'on se trouve, ici ou là, en présence de conditions de travail particulièrement fâcheuses, auxquelles on ne peut porter remède qu'en protégeant l'homme comme la femme, le gouvernement pourrait intervenir et appliquer, dans ces cas spéciaux, aux hommes comme aux femmes les règles de la législation dont nous essayons d'esquisser la forme et la portée.

Voilà tout le sens du texte que nous propose M. Néron. J'estime que, dans ces conditions, il est le corollaire logique de celui que vous avez adopté dans la précédente séance.

Vous avez, en effet, voté un texte qui permet au gouvernement, lorsque certaines conditions de travail fâcheuses lui seront signalées dans d'autres industries que celle du vêtement, d'étendre, après enquête, une fois sa con-

viction faite, d'étendre à ces autres industries les règles
du projet que nous étudions.

Quelle a été notre pensée lorsque nous avons adopté
cette première partie de l'amendement de M. Néron? Je
ne crois pas me tromper en disant que nous avons songé
aux longueurs inévitables du travail parlementaire, que
nous avons pensé qu'une fois la loi que nous discutons
votée, il ne faudrait pas, avant une époque assez loin-
taine, espérer une nouvelle intervention législative. Nous
avons pensé qu'attendre ces nouvelles et lointaines inter-
ventions législatives, lorsqu'on se trouverait en face de
misères extrêmes, serait à la fois cruel et inutile.
Et alors, qu'avons-nous fait? Nous avons eu assez de
confiance dans le gouvernement pour croire qu'il saurait
juger s'il y avait des raisons suffisamment puissantes et
urgentes d'étendre la loi, et nous lui avons donné la
faculté d'ordonner une pareille extension.

Ne peut-il pas se faire qu'au cours de ces enquêtes, le
gouvernement se trouve en face de souffrances qu'il soit
urgent de soulager et qui ne pourraient cependant être effi-
cacement soulagées qu'à la condition que l'intervention
de la loi visât les hommes comme les femmes.

Si nous repoussions la seconde partie de l'amendement,
nous dirions que si, en règle générale, devant des constatations vraiment par trop douloureuses, le gouvernement
peut étendre le texte de la loi, il y a cependant un cas
où nous lui lions les mains, où nous l'empêchons de
remplir la mission humaine que nous lui avons, dans les
autres cas, confiée, c'est le cas où, par suite de circonstances exceptionnelles, son intervention ne pourrait être
vraiment efficace qu'en visant l'homme comme la femme.

Dans les deux cas, c'est le même sentiment qui doit,
je crois, nous diriger, qui, quant à moi, me dirigera.
Nous ne voulons pas que, lorsque le gouvernement, avec

les moyens d'information et d'enquête dont il dispose, sera arrivé à cette conviction que l'intervention est nécessaire, urgente, s'impose pour des raisons supérieures d'humanité, ce gouvernement se trouve désarmé, obligé d'attendre la longue procédure qui promène une loi de la Chambre au Sénat et réciproquement.

Ce sont là les raisons qui nous ont fait voter la première partie de l'amendement ; elles doivent à mon sens, nous faire voter également la seconde partie de l'amendement.

On nous a dit, il est vrai, que nous risquons de compromettre le projet du gouvernement. Sur ce point, permettez-moi de m'expliquer très simplement et très franchement. Je suis tout à fait d'avis que, dans les votes que nous émettons ici, nous avons à nous préoccuper de ne faire que des propositions mûries, réalisables. Mais est-ce à dire, Messieurs, que nous devions nous préoccuper de toutes les difficultés que peut rencontrer une proposition, je ne dis pas dans le Parlement, mais dans une des assemblées du Parlement ? C'est au fond cette préoccupation qui a dominé les votes de quelques-uns de nos collègues et qui a inspiré surtout les observations qui nous ont été présentées dans le but de faire rejeter la seconde partie de l'amendement.

Je ne crois pas que nous devions nous laisser à ce point guider par cette préoccupation, car alors il y a bien des cas où nous ne ferions rien. Nous devons certainement agir avec modération, peser nos votes. Nous l'avons fait. M. Néron a tenu compte de cette modération nécessaire. Ce qu'on nous demandait à la première séance, c'était un vote formel et précis en faveur des tisseurs de la Loire et de la Haute-Loire. Aujourd'hui on n'en parle plus ; on a reconnu qu'il y aurait quelque chose de téméraire, d'insuffisamment réfléchi à émettre un vote de la sorte, quelque chose de contraire au caractère sérieux de nos délibérations à demander dès maintenant de façon ferme une intervention spéciale en faveur des tisseurs de Saint-Etienne et de la Haute-Loire.

En est-il de même lorsque nous demandons que le gouvernement ait la possibilité de se faire la conviction que nous ne pouvons pas nous faire ici, et la possibilité, lorsque cette conviction serait définitive, d'agir dans ce cas, comme il aurait agi dans d'autres, c'est-à-dire d'étendre la loi à des catégories de travailleurs à domicile que cette loi, restreinte à une industrie, ne protégerait pas ?

On a parlé beaucoup de méthode expérimentale; on a beaucoup affirmé qu'en pareille matière, il fallait procéder par la voie expérimentale, aller petit à petit, prendre une industrie, puis une autre et, s'appuyant sur les constatations faites dans les premières étapes, s'avancer progressivement vers des solutions meilleures et plus complètes.

L'amendement de M. Néron s'inspire de cette méthode, il permet, il facilite des expériences.

M. Razous. — S'il ne s'agissait que d'émettre un vœu dont la portée permettrait de réaliser une amélioration de la situation des rubaniers de Saint-Etienne, je crois que nous serions tous d'accord pour voter à l'unanimité la proposition qui nous est faite par M. Néron; mais je crois, ainsi que je l'ai déjà dit aux séances précédentes, qu'il faut être prudent en ce qui concerne la fixation du salaire de l'homme, que ce salaire soit à la journée — et ici ce n'est pas le cas — ou qu'il soit à la tâche, comme c'est le cas dans l'industrie à domicile.

En ce qui concerne les femmes, je suis absolument d'accord avec vous tous pour demander une réglementation des salaires, car le travail de femmes est un travail d'appoint, c'est un travail qui doit être considéré comme non soumis à la loi de l'offre et de la demande, c'est un travail dans lequel seulement la demande intervient, la plupart du temps, puisque c'est la femme qui le sollicite afin d'ajouter au salaire que lui donne le travail dans le ménage.

Mais, en ce qui concerne l'homme, je crois que, si nous commençons par édicter ou par demander que l'on édicte une réglementation du salaire à la tâche, nous risquons d'aller extrêmement loin. En dehors même de toute question d'organisation de la société, de toute question individualiste ou collectiviste sur laquelle je ne m'appesantirai pas, je ne ferai qu'essayer de faire remarquer qu'il y a une différence entre le travail à domicile et le travail à l'atelier.

A l'atelier, le patron a des frais généraux, il a l'amortissement de son matériel, il a l'amortissement de ses bâtiments; ses frais généraux existent, que l'usine travaille ou ne travaille pas. Au contraire, dans le travail à domicile il n'y a pas de frais généraux, il n'y a habituellement que le travail manuel ou à la machine de la personne qui loue ses services. Aussi que risque-t-il d'arriver ? C'est que, si vous voulez réglementer le travail à domicile de l'homme adulte, le chef d'entreprise ne vienne dire : « Le chiffre minimum que vous fixez est au delà de ma possibilité, et alors, comme je n'ai aucun avantage à faire travailler à domicile, je réduis le travail à domicile ».

Il y a un exemple, dans un département non loin de Paris, dans l'Aube; au lieu de la rubanerie, comme à Saint-Étienne, c'est de la bonneterie qu'il s'agit. Les travailleurs de l'Aube sont arrivés à avoir des salaires non pas très élevés, mais supérieurs aux salaires à domicile de la plupart des départements où des travaux analogues sont exécutés. Ils sont donc arrivés à un taux relativement élevé, mais, en revanche, ils souffrent d'un inconvénient, c'est qu'actuellement le chômage est plus élevé qu'il y a quelques années.

Vous voyez donc qu'en réglementant le salaire de l'ouvrier, vous risquez d'aller à l'encontre de ses intérêts. De plus, vous apportez dans la législation une chose extrêmement nouvelle, une chose extrêmement hardie qui est bien difficile pour un état qui vit encore sous le régime individualiste, qui n'a pas encore abordé les théories collectivistes.

M. Alfassa. — Messieurs, tout à l'heure, j'ai cru devoir, en résumant les discussions précédentes, insister sur les motifs qui avaient fait rejeter une tentative d'extension aux hommes de la législation sur le travail à domicile. Mais, maintenant que nous parlons très nettement sur le fond de la question, je viens vous demander de voter l'amendement de M. Néron, tant pour les raisons générales qu'a indiquées M. Jay que parce qu'étant donné le caractère que j'attribue à nos discussions, il me semble que l'on abuse un peu trop de l'argument : « Ne votez pas cela parce que vous iriez à l'encontre de ce que vous voulez faire ».

Nous n'avons jamais eu l'impression que, lorsque nous votions quelque chose, cela allait passer immédiatement dans le domaine de la loi; nous donnons des indications avec l'autorité que nous pouvons croire que l'on attache aux délibérations de notre Association. Il y aura assez d'adversaires pour en prendre le contre-pied. Et j'estime que, si la majorité d'entre nous, convaincue du caractère intrinsèquement pratique d'une proposition, est d'accord pour faire une manifestation dans un sens, cette manifestation restera avec la valeur qu'elle peut avoir.

Si vous lisez d'un peu près l'amendement de M. Néron, que dit-il ? Que le gouvernement est autorisé à étendre, par décret, l'application de la loi, celle relative au travail à domicile des femmes, à d'autres industries que celles du vêtement. Ceci c'est déjà adopté par nous. Conséquence : c'est que le gouvernement est en mesure, s'il cède à la pression énergique et, à tant de points de vue, justifiée des députés de la Loire, d'examiner de près l'industrie de la Loire en ce qui touche le travail à domicile et d'étendre la disposition de la loi, si cela lui semble nécessaire.

Une question se pose alors : Y a-t-il dans l'industrie de la rubanerie un nombre important de femmes travaillant à domicile ? M. Néron dit oui ; dans ces conditions, qu'est-ce qui empêchera le Gouvernement d'étendre le projet aux femmes travaillant à domicile dans cette industrie ? Et le jour où il l'aura étendu aux femmes, vous lui interdirez, par une disposition de principe que vous émettrez dans la crainte que d'autres ne soient tentés de l'émettre à votre place, vous lui interdirez de l'étendre aux hommes travaillant côte à côte avec les femmes, non plus dans des régions plus ou moins disséminées, mais dans les mêmes localités, faisant le même travail.

Allant plus au fond des choses, je vous demande : pourquoi ce projet de loi rencontre-t-il tant de sympathie en ce qui touche les femmes ? C'est parce que c'est là que la masse de l'opinion voit les plus cruels abus, c'est parce que c'est là-dessus que la campagne a été menée ; mais s'ensuit-il que chez les hommes il n'y ait pas ou ne puisse y avoir des abus aussi lamentables, et pourquoi poserions-nous en principe que la protection sera seulement pour les femmes et s'arrêtera devant la situation identique chez les hommes ?

J'estime que nos efforts doivent porter sur la répression des abus, qui ne proviennent pas tous de la dureté des hommes et qui quelquefois sont imposés par des répercussions de la situation économique ; mais c'est ici que l'intervention de la loi peut réaliser un de ses effets essentiels aux yeux de ses partisans : elle doit être un stimulant, par les barrières qu'elle oppose, pour faire agir sur des facteurs économiques qu'une sorte de laisser-aller, de veulerie auraient considérés comme inattaquables lorsqu'il était possible de recourir à des moyens plus faciles au détriment de ceux qui ne peuvent que difficilement lutter.

Mais cela veut-il dire que nous devons tout aborder à la fois ? Encore une fois, non ; et puisque c'est moi qui ai amorcé la résistance contre la première forme de l'amendement de M. Néron, je ne suis pas suspect ; je puis bien déclarer que je ne me serais pas cru le droit de voter *a priori* l'extension de la loi à la rubanerie. Mais quant à n'autoriser le gouvernement à étendre le projet à d'autres industries qu'à condition qu'il se borne aux femmes, je trouve que ce n'est pas pratique, que c'est injuste, que ce serait inique, que ce serait, permettez-moi le mot, dans son sens mathématique, que ce serait absurde.

M. NÉRON. — Mesdames et Messieurs. Un simple mot pour remercier M. Alfassa et M. Jay de l'appui qu'ils ont bien voulu me donner et dont je leur suis particulièrement reconnaissant.

Comme l'ont dit très justement ces Messieurs, il ne s'agit pas, dans le vœu que j'ai proposé, et dont lecture vous a été donnée, d'incorporer d'une façon directe, dans la loi, en les visant d'une façon plus spéciale, les ouvriers rubaniers de la Loire et de la Haute-Loire. Nous avons tourné la difficulté, comme vient de le dire M. Alfassa, en donnant au gouvernement, après enquête, le droit d'étendre le bénéfice de cette loi aux hommes employés dans l'industrie à domicile, qui se trouveraient lésés par les conditions économiques au milieu desquelles ils vivent.

Pour appuyer une observation que vient de faire M. Alfassa, je tiens à dire que l'industrie du ruban est, si je puis m'exprimer ainsi, une industrie à domicile intégrale, en ce sens que non seulement le mari travaille côte à côte avec sa femme, mais que les enfants eux-mêmes sont, dans l'immense majorité des cas, employés à cette industrie.

Il serait, par conséquent, singulier de voir le travail de la femme réglementé, tandis que celui de l'homme ne le serait pas.

C'est donc sous le bénéfice de ces observations et étant donné qu'il ne s'agit pas de voter un texte législatif, mais d'émettre un vœu, que je vous demande de la façon la plus pressante de vouloir bien nous accorder votre vote afin de donner plus de poids à nos revendications et devant la Commission du travail et devant la Chambre elle-même. Et de cela, par avance, je vous remercie, vous assurant de la reconnaissance très vive des ouvriers et ouvrières passementiers de Saint-Étienne et de la région.

M. l'abbé MÉNY. — J'ai été très impressionné par ce qu'a dit M. Alfassa, d'autant plus que je crois que, lorsqu'on fera l'enquête sur le vêtement en détail, comme on l'a fait pour la lingerie et comme déjà le laissent supposer les travaux de M. du Maroussem, on sera très étonné de voir que l'élément masculin est plus important dans cette catégorie de travail qu'on ne le pense. La même constatation pourra être faite dans plusieurs autres industries, notamment dans le jouet; je ne parle pas de la fabrication des meubles à domicile où l'élément masculin est presque seul.

Je crois donc qu'il est intéressant de ne pas être obligé de refaire toute la loi si l'expérience montre que l'on doit étendre la protection aux hommes également.

M. DE MUN. — Je n'ai malheureusement pas pu entendre toute la discussion puisque j'ai été retenu ailleurs, mais je n'ai qu'à m'associer aux paroles de l'abbé Mény.

Quant à moi, je désire vivement que la possibilité soit introduite dans la loi d'en étendre le bénéfice aux hommes comme aux femmes. Dans la dernière discussion à laquelle j'ai pris part, j'ai exposé les raisons qui nous avaient déterminés à comprendre dans la loi les deux catégories; aujourd'hui nous cherchons à nous mettre d'accord sur un terrain commun où tout le monde puisse se rencontrer. Je crois qu'en nous limitant à demander la faculté pour le gouvernement d'étendre par décret, la solution sera très bonne.

M. NÉRON. — Je vous propose une formule encore plus adoucie. J'avais proposé le texte suivant : « ... à assurer dans la même forme, par décret, dans le cas où les conditions d'exercice le feraient apparaître comme nécessaire...., etc. »

Nous pourrions substituer aux premiers mots de cette phrase la rédaction suivante : « ... étendre, dans la même forme, après enquête...., etc. », ceci pour me rallier à la proposition formulée par M. Jay avec beaucoup de justesse.

M. LE PRÉSIDENT. — Si personne ne demande plus la parole, je vais mettre la proposition aux voix.

Le vœu est adopté à la presque unanimité. Le texte est ainsi conçu :

Que le gouvernement soit autorisé

à étendre dans la même forme, après enquête, au cas où les conditions d'exercice des industries le feraient apparaître comme nécessaire, la protection du minimum de salaire aux travailleurs des deux sexes.

Mesures tendant à prévenir la constitution d'ateliers fictifs

Assemblée générale du 11 Janvier 1911

PRÉSIDENCE DE M. MILLERAND

M. LE PRÉSIDENT. — Nous arrivons maintenant à un vœu du Syndicat des ouvrières qui demande :

« Que les ouvrières travaillant en atelier soient autorisées à se faire rembourser, comme les ouvrières à domicile, la différence qu'il y aurait entre leurs salaires et le salaire minimum déterminé pour leur profession ».

Si je comprends bien, c'est l'extension du minimum de salaire aux ouvrières en atelier.

Mlle DEBRAY. — Nous trouvons, en effet, que les ouvrières qui travaillent en atelier doivent avoir autant de droit à se faire rembourser les différences de salaires que les ouvrières à domicile. Cela nous semble très logique.

M. LE PRÉSIDENT. — Oui, mais cela revient à introduire le minimum de salaire dans les ateliers.

Mlle DEBRAY. — Je vous ferai remarquer qu'il s'agit seulement des ouvrières.

M. le Président. — C'est alors que Mme Compain pourrait vous faire remarquer que, lorsque vous aurez côte à côte, dans un atelier, des hommes et des femmes, il sera difficile d'appliquer le minimum de salaire aux femmes et de ne rien faire pour les hommes.

Mlle Debray. — Nous avons été inspirées par la crainte que les patrons, une fois l'application de la loi votée, ne créent de grands ateliers où ils feront faire tout le travail qu'ils donnaient autrefois à faire à domicile.

M. le Président. — Alors, votre vœu va directement contre tout le projet de loi. Votre argument est très intéressant, et si je comprends bien, il peut se résumer ainsi : le jour où le travail à domicile sera réglementé, les patrons le supprimeront pour ne recourir qu'au travail en atelier.

Mlle Debray. — Évidemment, c'est ce que nous craignons.

Mlle Butillard. — Ce danger existe surtout pour la lingerie. Actuellement, ce qui fait baisser les salaires, ce n'est pas tant le travail des ouvrières à domicile que l'agglomération d'ouvrières travaillant dans certains ateliers-ouvroirs. Il faut se méfier de ces ateliers qui pourront se créer et qui constitueraient une concurrence énorme aux ouvrières lingères.

L'idée, en somme, n'est pas très nouvelle ; en Australie, par exemple, on n'a jamais songé que l'on pourrait appliquer le minimum de salaire uniquement aux femmes travaillant à domicile. En Angleterre, on a été obligé, de même qu'en Australie, d'arriver à réglementer le travail aussi bien en atelier qu'à domicile. Il y aurait peut-être lieu de voir comment établir cette législation de façon à ne pas effrayer trop le patronat.

On pourrait dire, par exemple, que l'ouvrière en atelier qui serait moins payée que l'ouvrière à domicile pourrait se faire rembourser la différence.

M. EXPERT-BEZANÇON. — Cela nous amènerait à bouleverser l'économie tout entière du projet. Si l'on cherche à réglementer le travail à domicile, c'est parce qu'on s'est rendu compte que c'était là qu'il y avait le plus d'abus, c'est parce qu'on veut que l'ouvrière à domicile puisse gagner autant que celle qui travaille en atelier. Si l'on veut réglementer le salaire en atelier, quelle sera alors la base que l'on prendra? Pour réglementer le travail à domicile, on suppose que le travail en atelier est payé plus cher, et on le prend comme base, mais il me semble difficile de procéder autrement.

M. l'abbé MÉNY. — Généralement, lorsque l'on parle des ateliers, on entend par là les grands ateliers tels que ceux de la rue de la Paix ou d'ailleurs; mais celui dont parle Mlle Butillard se trouvera dans une mansarde, tout aussi bien, dans laquelle on mettra sept à huit machines. Ce sera donc un atelier de constitution facile et qui sera peut-être un moyen de tourner la loi. Pour empêcher, non pas que le travail disparaisse, mais pour empêcher que la loi joue, l'entrepreneuse louera une pièce, y mettra quelques machines, y installera trois ou quatre ouvrières, et comme le travail ne sera plus fait par des ouvrières à domicile, la loi ne pourra pas s'appliquer.

M. AFTALION. — Je demande que l'on ajourne cette discussion sur un point qui est fort intéressant jusqu'à ce que nous nous soyons prononcés sur la question du salaire de base. Il me semble bien difficile de statuer sur l'extension de la loi au travail en atelier avant que nous n'ayons examiné les propositions de nos rapporteurs qui consistent à prendre précisément le salaire touché en atelier comme salaire de base pour les ouvrières à domicile.

M. FAGNOT. — Je suis du même avis que M. Aftalion en ce qui concerne l'ajournement de cette discussion. Je voudrais cependant ajouter un mot. En droit international, tous les ateliers au-dessous de dix personnes ne sont pas soumis à la loi; ils sont considérés comme ateliers de famille. Je me demande si, étant données les raisons que vient de faire valoir M. l'abbé Mény, dans la question spéciale qui nous préoccupe, il n'y aurait pas lieu de dire que la loi devra être applicable à tous les ateliers de moins de dix ouvrières.

Mme COMPAIN. — J'avais demandé la parole pour dire ce que viennent de dire ces Messieurs, c'est-à-dire que l'on pourra former des ateliers qui concurrenceront les ouvrières à domicile. Je crois aussi que la question des ouvroirs mérite d'être traitée à fond, car si, dans les ouvroirs, les ouvrières peuvent travailler à n'importe quel prix, la loi n'aura plus aucun effet utile.

M. ALFASSA. — Je crois, en effet, que c'est dans cette question que réside le nœud même de toute la discussion, et il ne semble pas qu'elle puisse être traitée comme un simple amendement, car elle soulève un certain nombre de problèmes connexes. Ce serait complètement désaxer la discussion que d'agir autrement, et il me semble que ce que nous devons étudier, c'est l'établissement d'un minimum de salaire pour une catégorie d'ouvrières qui échappe aujourd'hui à toute espèce de protection. Il est d'ailleurs exceptionnel que le travail en atelier soit moins payé que le travail à domicile. D'ailleurs, la question du travail en atelier opposé au travail à domicile est très vaste et soulève bien des problèmes que nous ne pouvons pas envisager en ce moment.

M. Arthur Fontaine. — Je ne suis pas de ceux qui pensent que le travail à domicile soit de valeur sociale supérieure au travail en atelier, car à l'atelier les conditions de gain, d'hygiène sont meilleures qu'à domicile. Je crois même qu'il est très désirable que le travail à domicile soit de plus en plus une exception. Mais cependant nous ne pouvons pas supprimer le travail à domicile, car pour préférable que soit le travail en atelier, il y a des personnes qui ne pourront pas se rendre à l'atelier. Il faut donc laisser vivre le travail à domicile.

Mais vous avez posé une question dont je reconnais toute la gravité. Où commence et où finit l'atelier? Suffira-t-il qu'une femme groupe autour d'elle sa fille et sa nièce pour former un atelier où la loi sera tournée; ou bien faudra-t-il constituer un atelier ayant les caractères que lui reconnaît la Cour de cassation ?

M. le Président. — A propos de la motion d'ajournement qui a été déposée par M. Aftalion, je crois, comme tous ceux qui viennent de prendre la parole, que la proposition déposée par le Syndicat est extrêmement importante. Les ouvrières se rendent compte que les patrons, qui jusqu'ici avaient pu favoriser le travail à domicile pour échapper à la réglementation, cesseront d'agir de la sorte lorsque celui-ci sera à son tour réglementé, c'est certain. Mais, d'autre part, il faut voir ce que nous voulons faire. Nous voulons porter remède à des abus que nous jugeons intolérables.

Le remède que nous proposons est assez hardi, je le veux bien, mais, comme Mme Compain, je regrette que l'état d'esprit français ne soit pas tel que je désirerais le voir; il ne faut pas croire que l'application d'un minimum de salaire, même pour une catégorie restreinte de travailleurs, telle que celle des ouvrières à domicile, ira toute seule. Non ! on se heurtera à de très grosses difficultés. Il s'agit seulement de savoir si nous voulons franchir cette étape.

De même que je m'associais tout à l'heure à ceux d'entre vous qui pensaient que nous irions contre notre but en étendant aux ouvriers les dispositions que nous prenons pour les femmes, de même je suis intimement convaincu que nous ruinerions le projet que nous sommes en train d'élaborer si nous décidions, sous une forme ou sous une autre, que le salaire minimum ne sera pas seulement applicable aux ouvrières à domicile, mais encore aux ouvrières en atelier.

Je crois qu'il y a intérêt à vous prononcer tout de suite sur la proposition qui vous est soumise, car, que vous la solutionniez maintenant ou lorsque vous aurez établi la base sur laquelle on tablera, si vous décidez que votre projet sera applicable à toutes les ouvrières, je suis convaincu que votre projet ne dépassera pas les murs de cette enceinte.

D'autre part, il y a lieu de prendre des précautions contre la fraude, mais il me semble que M. Fontaine nous l'a suffisamment indiqué ; le meilleur moyen de l'éviter, ce serait de définir le travail à domicile. Il importe absolument de savoir quand le travail sera considéré comme travail à domicile et comme travail en atelier.

Pour le moment, nous nous trouvons en présence d'abus graves, dont la gravité même a provoqué un certain mouvement dans l'opinion publique ; il faut que nous sachions en profiter. Lorsque nous aurons appliqué une législation au travail à domicile, nous verrons si les fraudes qui se produisent nécessitent une nouvelle intervention. Je vous le répète : prenons garde de ne pas vouloir faire trop largement les choses, parce que, à vouloir trop étreindre, nous risquerions d'échouer complètement.

M. AFTALION. — Si j'ai demandé l'ajournement de cette question, c'est parce que je pense que certains d'entre nous pourront plus facilement renoncer à l'extension de la loi au travail en atelier quand nous aurons pris parti au sujet du salaire de base. Il est certain que la concentration du travail en atelier sera favorisée par une législation qui relève les salaires du travail à domicile. Mais on peut amoindrir cette prime au développement de la production en atelier en instituant comme salaire minimum pour le travail à domicile un salaire un peu inférieur à celui qui est payé en atelier. Il restera encore ainsi pour les chefs d'entreprise un avantage à faire travailler à domicile.

Voilà pourquoi, selon moi, l'ajournement de la question après la discussion sur le salaire de base pourra amener certains d'entre nous à accepter plus tard, avec moins d'amertume, le rejet de la proposition qui étend l'application de la loi au travail en atelier. Mais je ne vois, somme toute, aucun inconvénient à ce que cette proposition soit dès maintenant repoussée.

M. JAY. — J'ai déjà défendu à plusieurs reprises le vœu aujourd'hui présenté par le Syndicat de la rue Vercingétorix ; je considère qu'il serait de sage politique de faire pénétrer dans la loi en préparation une disposition de ce genre ; mais je dois avouer que, partout, j'ai rencontré des résistances analogues à celles que je trouve ici. Il me semblerait, en tout cas, intéressant que l'association prît acte des paroles que prononçait tout à l'heure M. le Directeur du Travail.

Pour le faire, je vous proposerais le vœu suivant :

« L'Association émet le vœu que le travail à domicile soit défini de façon à éviter les fraudes qui auraient pour effet de perpétuer l'exploitation des ouvrières dans de prétendus ateliers créés tout exprès. »

M. LORIN. — On pourrait supprimer les mots « créés tout exprès », puisqu'on met dans de prétendus ateliers.

M. FONTAINE. — Je propose que l'on ajoute « ... ou dans des locaux non industriels ».

M. LE PRÉSIDENT. — Je mets aux voix le vœu ainsi rédigé :

« L'Association émet le vœu que le travail à domicile soit défini de façon à éviter les fraudes qui auraient pour effet de perpétuer l'exploitation des ouvrières dans de prétendus ateliers ou dans des locaux non industriels ».

Adopté.

DÉFINITION DU SALAIRE DE BASE

Assemblée générale du 25 janvier 1912

PRÉSIDENCE DE M. LORIN

M. JAY. — D'après le classement que nous avions établi, avec notre Président, pour les divers vœux, nous arriverions au vœu qui vise la définition du salaire.

Vous avez sous les yeux le texte du gouvernement. Nous avons sur ce point plusieurs amendements ou vœux, un vœu de notre rapporteur, un vœu de M. Aftalion, un vœu de M. Alfassa et une adjonction proposée au nom du Syndicat de la rue Vercingétorix. Je ne veux pas vous en donner lecture; il me paraît préférable que les auteurs eux-mêmes expliquent les raisons pour lesquelles ils les ont formulés.

M. ALFASSA. — Je vous prie d'abord de vouloir bien m'excuser si, au cours de cette discussion, j'aborde tour à tour des points de vue qui ont l'air quelque peu contradictoires : mais le problème est tellement complexe, et les ordres d'idées que nous avons à envisager sont si différents, qu'on peut être amené, suivant les cas, à avoir l'air d'un adversaire de la loi, ou d'un de ses plus fougueux partisans.

Je suis, en réalité, partisan de principe de la loi, mais c'est précisément parce que j'en suis un partisan de principe très résolu que je voudrais éviter qu'on pût adopter des formules qui puissent aller à l'encontre du but que nous poursuivons, soit parce qu'elles aboutissent manifestement à un résultat contraire à l'objet que l'on se propose, soit parce que leur difficulté d'application risque de rendre la loi nuisible.

C'est à ce point de vue que, d'accord avec un assez grand nombre des membres présents à nos réunions, je puis vous dire que l'article 32 (*a*) ne nous donne nullement satisfaction. Cet article est essentiellement destiné à déterminer quel sera le salaire minimum; or, j'ai à lui faire passablement de reproches.

Il pose d'une façon trop timide et comme honteuse le principe du salaire minimum, il n'ose pas prononcer le mot, il indique que les femmes travaillant dans telle et telle profession « ne pourront recevoir un salaire inférieur à ... ».

Et, par la nécessité où il s'est trouvé, probablement, d'arriver à une formule suffisamment sobre, limitée, brève et concrète, il aboutit à une formule dont le moins qu'on puisse dire est qu'elle prête à des interprétations très diverses. J'en ai entendu et j'en ai imaginé un certain nombre :

Le texte dit : « Toute femme... ne peut recevoir « une rémunération inférieure au salaire ordinaire d'une « ouvrière de la région payée à la journée ou à l'heure et « non qualifiée, c'est-à-dire exécutant communément et « sans spécialisation professionnelle déterminée les « divers travaux courants de la profession ».

In cauda venenum.

Je dois vous dire que, lorsque j'ai lu cet article, il m'est si peu venu à l'idée qu'il signifiait ce que je crois aujourd'hui qu'il signifie, que j'avais complètement passé à côté, que j'avais bâti tous mes amendements, tout mon projet de discussion d'une tout autre façon. Mais, au cours de nombreuses conversations, mon attention a été attirée sur ce point.

Je crois que l'idée générale a été que les femmes travaillant à domicile reçoivent, par suite de circonstances qui sont en quelque sorte classiques, une rémunération dérisoire, au-dessous du minimum que n'importe quel esprit réfléchi, ou quel cœur tant soit peu généreux peut admettre. On s'est dit : puisqu'il n'y a pas d'autre moyen de remédier à cette situation, il faut que la loi intervienne pour assurer à ces femmes un salaire qui ne soit pas trop différent de celui que gagne toute femme n'ayant d'autre ressource que sa bonne volonté et ses dix doitgs, et qui n'est pas obligée, par les circonstances, de travailler chez-elle.

Voilà quelle m'avait semblé être l'idée dominante du projet de loi, et j'avais pensé qu'on interprétait l'ouvrière non qualifiée comme l'ouvrière définie ainsi que je le disais, il y a un instant. Or, à la fin du paragraphe, on nous dit que l'ouvrière non qualifiée, c'est celle exécutant communément, et sans spécification professionnelle déterminée, les divers travaux courants de la profession.

Le commencement de l'article vise toute une série d'industries pour lesquelles on en est encore, à dire vrai, à la période de la documentation individuelle et fragmentaire. Deux enquêtes sont en préparation à l'Office du travail ; mais une seule a paru, celle sur la lingerie et il est indiscutable que ce sont les résultats de cette enquête qui ont provoqué le projet de loi, qui, sans être seuls en cause, dominent toute cette discussion.

Or, lorsqu'il s'agit de la lingerie, qu'est-ce qu'on entend par l'ouvrière non qualifiée de la profession ? On nous a dit, à deux des séances précédentes : il faut réagir contre cette idée fausse que c'est la non-qualification, l'inhabileté de l'ouvrière qui est cause des bas salaires. D'accord, si on veut en faire la cause essentielle ; mais nous ne sommes plus d'accord, si on n'en veut faire qu'une cause relative. Je n'ai pas la prétention de parler de l'ensemble de l'enquête sur la lingerie de l'Office du travail, parce que je n'en ai fait qu'une fraction, mais ce que j'ai constaté partout dans le travail de mes collègues, c'est qu'il y a des degrés dans les salaires de la lingerie, et que c'est dans le travail de la lingerie commune, dans le travail exécuté « par toute femme qui sait tenir une aiguille », que c'est là que sont surtout les conditions lamentables contre lesquelles on veut réagir.

Mais encore faut-il préciser ce qu'on veut faire par ce projet de loi. Veut-on réaliser un rêve de justice générale, de justice économique ? Non, les dernières discussions nous ont suffisamment prouvé qu'on était dans l'impossibilité même de l'envisager. On veut porter un remède à des abus particulièrement terribles de la lutte économique, contre lesquels on n'en voit d'autre qu'une intervention de la loi, c'est-à-dire, en d'autres termes, que l'on veut relever les très mauvais salaires.

Or, vous avez peut-être voulu viser l'ouvrière qui « va en journées », mais si vous appliquez à la lettre le texte de l'article 32 (a) du projet du gouvernement, vous arrivez simplement à stabiliser par la loi les très bas salaires ; vous stabilisez le salaire de 20 sous par jour à Paris, gagné par les malheureuses ouvrières qui savent tenir une aiguille, enfiler des points, faire le travail non qualifié sans spécialisation. Ou alors, voulez-vous dire qu'elles ne sont pas de la profession ? ou que la finisseuse de chemises sera considérée comme ayant une spécialisation parce qu'elle finira toujours des chemises ? S'il en était ainsi, nous n'en finirions plus, car l'ouvrière qui pique à la machine aurait une spécialisation professionnelle, parce que tout le monde ne pique pas à la machine.

Et, dans ce cas, votre projet n'a qu'un défaut, c'est qu'il

n'existe plus, car vous ne trouverez pas d'ouvrière qui n'ait pas de spécialisation. Or, pour celle-là, il n'y aura pas prise à l'application de votre projet.

Voilà une critique fondamentale que j'ai à faire au projet. Je n'examine pas ses intentions, j'examine son texte, j'examine la signification que je me crois en droit de lui attribuer. Il me semble que c'est un texte de loi qui aura le grand inconvénient ou de ne pas s'appliquer du tout, ou d'aboutir à l'inverse de ce que vous proposez.

Il est incontestable, du moins je le crois, que l'idée dominante, c'est qu'il faut tâcher d'arriver par la loi à une base au-dessous de laquelle le salaire ne pourra pas descendre, et qu'on devra tendre à rapprocher le salaire de l'ouvrière à domicile du salaire normal d'une femme n'ayant pas de métier bien déterminé.

Vous appuyant sur ces considérations, allez-vous, du premier coup, prétendre faire passer, par la loi, le salaire d'un franc par jour à 3 fr. 50 par jour, par exemple, si l'on prend comme base la femme de ménage ou l'ouvrière de l'aiguille allant en journée? C'est extrêmement scabreux. Peut-on le faire sans étapes? Ne risque-t-on pas d'apporter des répercussions très graves dans certaines industries? Comprenez bien ce que je veux dire. Je me place uniquement au point de vue qui nous préoccupe, celui de la protection de l'ouvrière. Il n'est pas contestable que les très bas salaires se rencontrent surtout dans la confection de la lingerie commune, de la lingerie qui est vendue bon marché; mais, si vous triplez brusquement le coefficient main-d'œuvre, vous ne savez pas quelles conséquences vous allez entraîner. Vous risquez que cette loi de protection n'ait pour résultat que d'accentuer le mouvement qui, sous l'influence de la concurrence de la province, de l'étranger, des ouvroirs, des prisons, etc., a déjà pour résultat de diminuer le travail à domicile.

Quand nous avons commencé notre enquête sur la lingerie, la grande difficulté que nous avons éprouvée a été de trouver des sujets à interroger. Je fréquentais, à cette époque, une Université populaire, à Belleville : elle avait son siège dans une de ces immenses casernes à six ou sept cours successives contenant quelque 4 ou 500 locataires. Là, on m'a répondu : « C'est dommage, vous arrivez trop tard : il y a encore deux ans, nous avions 70 ouvrières dans la maison, mais maintenant il n'y en a plus une seule qui fasse de la lingerie à domicile, parce qu'à cause de la province, le travail est trop mauvais ». Je vous cite cet exemple, parce que le plus concret ; mais tous, nous l'avons rencontré sur les divers points de Paris. La lingerie est un métier qui disparaît à Paris ; je ne dis pas qu'on ne fait plus du tout de lingerie à domicile à Paris, mais c'est un travail qui émigre vers les régions où les salaires sont plus bas.

Alors, il ne faudrait rien faire ? Vous pensez, au contraire, qu'il faut essayer de réagir, qu'il y a toute une catégorie de femmes travaillant à domicile pour lesquelles le salaire de la lingerie est utile, indispensable, vous pensez qu'il faut essayer de dresser une barrière. Encore faut-il que cette barrière soit dressée de façon à ce qu'on n'aille pas à l'encontre du but que l'on se propose.

Si vous adoptez le texte du gouvernement, même en supprimant les derniers mots, en donnant simplement comme base de salaire celui de l'ouvrière non qualifiée de la région, celui de l'ouvrière sans spécification, vous allez vous heurter à une très grosse difficulté, qui est précisément de trouver des ouvrières sans spécification professionnelle. Vous avez des régions où on ne fait qu'une certaine partie du travail de lingerie ; où trouverez-vous une base de salaire ? Je le reconnais, c'est peut-être cela qui a inspiré le projet du gouvernement, lorsqu'il a dit : « L'ouvrière de la profession ». Mais les inconvénients que l'on peut redouter n'en subsistent pas moins.

Que faire alors ? Je n'ai pas la prétention de vous apporter un texte qui réponde à tous les desiderata, parce qu'ils sont trop complexes. Ce que j'ai essayé, c'est de vous présenter un texte très différent de celui du gouvernement, qui puisse servir de base à vos discussions, pourra être complété par vous.

J'ai été frappé d'autre part de voir en dehors de Paris que presque partout — j'insiste sur le mot « presque » — où le travail de la lingerie existe, où coexistent le travail en atelier et le travail à domicile, à ma connaissance il n'y a pas de différence très appréciable entre les salaires aux pièces suivant que le travail se fait à l'atelier ou à domicile. Il n'y a de différences assez profondes que sur des détails tenant, par exemple, à ce que dans l'atelier le patron paie les fournitures, tandis qu'à domicile c'est l'ouvrière qui en a la charge ; il y a des différences relativement à la malfaçon, en ce sens qu'à l'atelier le travail peut être constamment surveillé ou arrêté quand il commence à être mal fait, tandis que si une ouvrière travaille à domicile, elle peut se tromper dans tout un travail et alors il faut régler la question de la malfaçon. Il y a là des questions à côté, auxquelles un projet de loi parera difficilement.

Une autre considération encore m'a guidé, c'est l'importance qu'attachent les partisans du projet de loi à ce qu'il soit bien dit que la rémunération minimum dont il s'agit sera une rémunération quotidienne. Je n'ai pas besoin d'en discuter le pourquoi.

Dans le texte que je vous propose, je me suis permis

de modifier l'ordre des deux paragraphes du projet du gouvernement en posant en premier un principe :

« Toute femme exécutant à domicile... » — suit l'énumération du projet — « ... ne pourra recevoir une rémunération inférieure à un minimum déterminé par le conseil des prud'hommes, en se basant sur les indications portées à l'article 32 (*b*). »

Puis vient immédiatement l'article 32 (*b*) :

« Le tarif aux pièces appliqué aux travaux à domicile ci-dessus visé devra être le même que celui payé en atelier pour les mêmes travaux exécutés avec le même outillage quand les deux modes de travail coexistent. Dans le cas contraire, le tarif aux pièces devra permettre à l'ouvrère d'habileté moyenne de gagner en 10 heures un salaire équivalent au salaire à la journée payé dans la région aux ouvrières d'industrie non qualifiées.

M. AFTALION. — Le texte du projet gouvernemental sur le salaire de base m'avait paru, au premier abord, très acceptable. J'avais compris que l'article 32 (*a*) visait à assurer à l'ouvrière à domicile un salaire qui fût celui de l'ouvrière d'atelier sans profession déterminée, celui de la femme de ménage, un salaire correspondant à peu près à ce qu'est pour l'homme le salaire de l'homme de peine.

Mais on m'a affirmé que, d'après diverses interprétations officieuses, le texte proposé par le gouvernement n'entendait garantir à l'ouvrière qu'un salaire beaucoup plus réduit, un salaire de très jeune fille, un salaire de débutante, le salaire de la petite main, par exemple, dans la couture. S'il en est ainsi, je renonce à défendre le texte même du projet gouvernemental. Mais je vous demande cependant d'accepter le principe qu'il semblait consacrer, d'adopter un texte qui, plus clairement, établisse comme salaire minimum de l'ouvrière à domicile le salaire de l'ouvrière d'atelier sans spécification professionnelle.

Je ne puis pas, en effet, aller aussi loin que notre rapporteur, M. l'abbé Mény, qui émet le vœu « que la définition du salaire de base s'inspire des termes des décrets du 10 août 1899 et vise le salaire normal et courant du travail au temps dans la profession et la région. »

Le texte de M. l'abbé Mény présente sans doute l'avantage d'une assez grande précision. L'application des décrets Millerand, du 10 août 1899, a déjà habitué l'administration, dans les divers départements, à dresser les tables du salaire courant dans diverses professions et spécialement dans la confection de vêtements militaires. Mais, d'autre part, le texte a un grand inconvénient, et je m'en veux d'être obligé de le signaler : il donne un salaire trop élevé aux ouvrières qu'il entend protéger.

Le salaire normal et courant prévu par les décrets Millerand constitue, en effet, ce qu'on peut appeler *un bon salaire d'atelier*. En fait, les salaires, dans plusieurs établissements, sont souvent inférieurs à ce salaire-type. C'est parce qu'ils sont inférieurs que M. Millerand a cru utile d'édicter ses décrets. C'est parce qu'ils sont inférieurs que dans le Nord, lorsque nous avons demandé au département de vouloir bien insérer dans les cahiers de charges de ses marchés les clauses des décrets Millerand, le vœu de notre section du Nord n'a pas été adopté. Le département a estimé que la mesure entraînerait une dépense de quelque cinquante mille francs, dépense à laquelle il s'est refusé.

Si le salaire normal prévu par les décrets Millerand est un *bon* salaire d'atelier, il me semble dangereux de proposer comme salaire de base pour les ouvrières à domicile un tel salaire, un salaire supérieur à celui de nombre d'ouvrières travaillant en atelier.

Nous examinons aujourd'hui, en effet, un sujet particulièrement délicat. S'il est une matière où les abus criants de l'exploitation de l'ouvrière appellent le plus impérieusement l'intervention législative, c'est bien celle du travail à domicile. Cette intervention, cependant, doit être très prudente, car il nous faut prendre garde aux répercussions que la protection légale pourra avoir sur l'étendue du travail à domicile. Déjà, en face du travail à domicile se dresse la fabrique. Il a été parfois exposé que le domaine de la fabrique se restreint devant les empiétements du travail à domicile. L'affirmation est inexacte, au moins dans sa généralité. C'est au contraire, dans l'ensemble, plutôt le travail en atelier qui se développe au dépens du travail à domicile, malgré qu'il existe quelques exemples du phénomène inverse. Je ne veux pas dire par là que nécessairement le domaine du travail à domicile se rétrécit. Il regagne souvent, d'un autre côté, du côté de la petite industrie indépendante, de la production familiale, ce que la fabrique lui fait perdre. Ce n'est pas le lieu d'insister ici sur des questions que j'ai étudiées dans un livre sur le *développement de la fabrique et le travail à domicile*. Il suffit d'appeler votre attention sur ce fait qu'actuellement déjà la fabrique existe, qu'elle parvient à subsister et même à se développer, malgré la concurrence du travail à domicile.

Si le travail à domicile résiste, néanmoins, c'est pour plusieurs raisons dont la principale, malheureusement, consiste dans les bas salaires auxquels se résigne l'ouvrier en chambre. L'aveu m'en a été fait fréquemment par des industriels qui, convaincus de la supériorité théorique du travail en atelier, ajoutaient cependant qu'ils continueraient à faire travailler à domicile tant qu'ils trouveraient des ouvrières consentant à travailler à bas prix. Les bas salaires sont assurément un des principaux facteurs du maintien du travail à domicile.

L'amélioration de la situation des ouvrières à domicile affaiblira donc une des armes grâce auxquelles le travail à domicile tient tête à la fabrique.

Je sais bien qu'il en est d'autres, qu'il reste encore aux chefs d'entreprise d'autres raisons de faire travailler à domicile. Avec le travail en chambre, pas de frais d'installation pour l'industriel, pas de frais de matériel coûteux, de chauffage ni d'éclairage. Les frais généraux sont réduits au minimum. Pas de réduction légale de la durée du travail journalier. Guère non plus de risque de grève. De même dans les périodes de crise, dans les périodes de chômage, l'entrepreneur peut laisser ses ouvrières sans ouvrage sans subir, comme en atelier, les pertes résultant des frais qui continuent à courir.

Voilà pour l'industrie à domicile des facteurs de résistance. Mais il ne faut pas oublier les facteurs contraires de la fabrique qui lui permettent, dès maintenant, d'exister et de se développer. C'est la surveillance du travail en atelier, grâce à quoi une ouvrière moyenne arrive à faire un ouvrage de meilleure qualité qu'à domicile. C'est surtout la division du travail. C'est aussi le machinisme. Encore une fois, je ne puis insister ici sur des points que j'ai examinés ailleurs.

Fabrique et travail à domicile ont tous deux ainsi leurs facteurs respectifs. Si vous énervez l'un d'eux, si vous augmentez trop le salaire de l'ouvrière en chambre, le travail en atelier croîtra aux dépens du travail à domicile. Ce n'est pas là une idée *a priori*. En Australasie, dans la colonie de Victoria, pour l'industrie du vêtement, l'une des conséquences de l'établissement d'un salaire minimum assez élevé a été de très fortement réduire le domaine du travail à domicile. S'il faut payer de bons salaires, les industriels préfèrent le travail en atelier où, grâce à une technique supérieure, on peut faire produire davantage, arriver à une plus grande productivité. On peut, en atelier, abaisser le coût de la main-d'œuvre par unité produite, tout en versant à l'ouvrier d'assez hauts salaires quotidiens.

Tout relèvement du salaire à domicile est susceptible de restreindre ainsi le domaine du travail à domicile. Et, sans doute, c'est une conséquence de l'intervention légale qu'il faut accepter. On peut soutenir qu'il n'y a pas un grand inconvénient à ce que le travail à domicile perde du terrain. A bien des égards, le travail à l'atelier constitue un mode de production très supérieur au travail à domicile. Actuellement, il n'est pas douteux que c'est le travail en atelier qui émancipe, tandis que le travail à domicile asservit. Il n'est pas douteux que le travail à domicile oblige à d'interminables journées de travail pendant certaines périodes de l'année et à un chômage intense pendant la morte-saison. Il n'est pas niable qu'il entraîne de longues pertes de temps pour les livraisons. Il est certain que souvent l'ouvrière travaille à domicile dans des conditions hygiéniques déplorab' s que l'on peut éviter en atelier, grâce au contrôle de ,inspection du travail.

Si ces faits doivent nous déterminer à ne pas regretter une certaine diminution du travail à domicile, je ne crois pas que nous puissions, de gaîté de cœur, accepter sa décroissance trop rapide ou trop large. Il est des ouvrières qui ne peuvent aller travailler en atelier parce qu'elles habitent dans des campagnes éloignées des centres industriels ou parce qu'elles ont la charge d'enfants en bas âge ou de vieux parents. Il serait cruel que, sous prétexte de les défendre, on arrive à faire perdre leur gagne-pain à un grand nombre des ouvrières à domicile qu'on veut protéger.

Nous devons donc proposer, pour l'ouvrière à domicile, un salaire plutôt légèrement inférieur aux salaires payés en atelier, afin d'empêcher une trop forte restriction du travail en chambre, afin de laisser encore à l'employeur un certain avantage à faire travailler à domicile.

C'est pourquoi je demande à M. l'abbé Mény de renoncer au texte qu'il nous avait présenté et qui tend à assurer à l'ouvrière à domicile un bon salaire d'atelier, un salaire supérieur aux salaires touchés en fait par beaucoup d'ouvrières en atelier.

C'est pourquoi aussi le texte du projet gouvernemental m'avait, à la lecture, paru suffisant. J'étais tout prêt à le défendre contre le projet de notre rapporteur. Mais puisqu'il a prêté, paraît-il, à des interprétations qui en affaiblissent la portée, je voudrais que nous adoptions un texte qui ait à peu près le sens que, pour ma part, j'attribuais au projet gouvernemental.

Aussi, acceptant la suggestion de M. Lorin, je vous propose le texte que voici :

« L'Association émet le vœu que la définition du salaire de base prévu à l'article 32 (*a*) vise le salaire courant au temps en atelier d'une ouvrière ordinaire de la région sans spécification professionnelle. »

Le salaire que nous voudrions voir prendre comme salaire de base, c'est le salaire de la ménagère, c'est le salaire non pas d'une débutante, d'une petite main, mais celui d'une femme faite non spécialiste. C'est le salaire que, dans la région, on estime devoir être le salaire d'une ouvrière ordinaire travaillant en atelier sans qualification professionnelle bien déterminée.

Il faut à l'ouvrière à domicile un salaire supérieur à celui auquel elle parvient actuellement. Mais il faut aussi que ce salaire soit plutôt inférieur aux bons salaires d'atelier, afin que le patron continue à trouver un léger avantage à faire travailler à domicile.

Mme COMPAIN. — Dans le texte qui avait été présenté tout d'abord, on avait introduit le mot de « journalière » ou de « manœuvre » ; c'est un mot extrêmement clair et je ne vois pas pourquoi on recule maintenant devant son emploi. Le salaire d'une journalière est, en effet, celui qui peut être suffisant pour une femme qui veut gagner sa vie ; il a le mérite d'être clair, tandis qu'il me semble que toutes les définitions que nous allons essayer de donner demanderont de grands efforts pour qu'on puisse arriver à leur compréhension.

M. ALFASSA. — Je voudrais, avant que la discussion se prolongeât, expliquer que le desideratum exprimé par M. Aftalion n'est pas si différent de celui du texte que je vous ai proposé. Je n'ai nullement pris comme base le salaire payé à la journée dans l'atelier, le bon salaire d'atelier ; j'ai pris comme base le tarif aux pièces payé à l'atelier. Or, vous l'avez très justement fait observer tout à l'heure, en raison de la surveillance, de l'entraînement, en atelier avec un tarif supérieur on peut quand même retrouver son bénéfice, parce que la productivité est plus considérable.

Par conséquent, je ne vois aucune antinomie entre le desideratum que vous exprimiez d'avoir comme base un salaire légèrement inférieur au salaire d'atelier pour que les patrons ne soient pas tentés de supprimer complètement le travail à domicile, et que cependant ce salaire soit normal. Nous ne pouvons pas faire que si, à l'atelier, la femme produit plus que chez elle, on la paie chez elle autant qu'elle est payée à l'atelier. Ce serait l'arrêt de mort du travail à domicile. Nous devons chercher à arriver à ce que la base de sa rémunération ne soit pas une exploitation.

J'ajouterai que, pour l'ouvrière à domicile, l'infériorité de salaire se trouve compensée par ce fait qu'elle a moins de dépenses que l'ouvrière qui est obligée de se rendre tous les jours à l'atelier.

Dans ces conditions, je ne crois pas qu'il y ait lieu de considérer comme opposées les propositions de M. Aftalion et les miennes.

Quant à l'observation de Mme Compain, je dirai qu'en ce qui me concerne, je suis de son avis. Avant la séance, discutant avec quelques-uns de mes collègues, j'avais suggéré cette formule ; je me suis rendu compte, par la suite de la conversation, que cette formule avait des inconvénients, qu'elle avait rencontré certaines hostilités. Il m'a semblé que c'était une question de détail et je n'ai pas voulu retarder la discussion en m'y appesantissant ; mais, pour ma part, je serais très porté à me rallier à la proposition de Mme Compain. Si l'on dit « ouvrière sans spécification », on arrive à quelque chose qui a besoin d'être commenté; il m'est apparu que, grammaticalement, journalière est le féminin de journalier, c'est l'ouvrière qui va travailler de ses bras partout où on en a besoin, et je crois donc que le mot « journalière » est très clair.

M. l'abbé MÉNY. — Je ne tiens pas particulièrement au texte que j'avais proposé, mais je m'y étais arrêté parce que je reconnaissais la très grande difficulté d'arriver à une définition précise. J'y voyais un avantage, celui de fournir un texte qui pourrait simplement servir de base de discussion.

Quant au mot « journalière » que vient d'indiquer Mme Compain, je crains au contraire que ce texte ne complique encore les choses. Je crois qu'il ne faut pas oublier que la journalière est souvent plus payée que l'ouvrière même, celle qui travaille en atelier.

Ce que j'ai surtout voulu éviter, c'est le mot « non qualifiée », parce qu'il m'a semblé que c'était un terme dont on ne saurait jamais le sens exact et sur la portée duquel on n'arriverait que très difficilement à s'entendre.

M. DELMAS. — Messieurs, je n'abuserai pas de vos instants, et je vous demande tout de suite de m'excuser parce que je n'ai pas assisté aux réunions précédentes.

Je constate qu'actuellement, vous discutez au sujet des mots « journalière » ou « profession », mais il y a quelque chose que j'aurais voulu vous voir étudier, ce sont les moyens d'existence et surtout les impôts. Vous savez qu'ils varient d'une commune à l'autre, et il me semble que vous arriverez difficilement à un bon résultat parce que vous n'en tenez pas compte. Parfois, une simple rue sépare deux communes, dans l'une d'entre elles il est plus facile de vivre avec un salaire bas que dans l'autre ; que se passera-t-il si vous établissez le même salaire pour les travailleurs de leur région ?

Il aurait fallu poser la question sur un terrain plus élevé et rechercher l'intervention non pas d'hommes politiques, qui mêlent la politique à tout... (*Rires*). Excusez-moi, Messieurs...

M. JAY. — Ce sont des législateurs qui vous approuvent (*Sourires*).

M. DELMAS. — Il aurait fallu avoir recours à des hommes de science. J'aurai préféré voir venir ici des docteurs qui nous auraient dit : « Il faut à l'homme tant de pain, tant de viande ; par conséquent, il ne peut pas recevoir un salaire inférieur à telle somme. »

Mme COMPAIN. — Généralement, lorsque dans une région on étudie le salaire des ouvrières, instinctivement on le compare à celui de la journalière. J'ai fait une enquête personnelle sur l'industrie du gant, je suis arrivée à cette conclusion que l'ouvrière gagnait à peu près ce que gagnait la journalière, que l'ouvrière à domicile gagnait environ 1 fr. 50 à 2 francs. Je crois que, si on a repoussé le mot de journalière, ç'a été par crainte que les salaires ne devinssent trop élevés parce qu'il y a certaines régions où la journée est relativement bien payée, par exemple en Bourgogne, au moment des vendanges ; cette femme qui n'est pas spécialisée gagne des journées de 5 et 6 francs. Mais, en général, le mot de journalière me paraît conduire au minimum qu'il est nécessaire de gagner.

M. AFTALION. — J'accepte volontiers l'introduction dans le texte du terme de « journalière ». J'ajoute, pour répondre à M. Alfassa, que, si nous sommes d'accord quant au fond, le dernier alinéa du texte proposé par lui et où il demande que le tarif aux pièces payé en atelier soit étendu aux ouvrières à domicile ne me satisfait pas. Nous ne pouvons pas laisser le salaire de l'ouvrière à domicile abandonné aux variations si fréquentes que peut subir le tarif aux pièces en atelier. En outre, et surtout, il faut prendre garde que, par suite d'une augmentation de la productivité, par suite des progrès de la technique en atelier, les tarifs aux pièces en atelier peuvent être fort réduits et cependant assurer à l'ouvrière qui produit beaucoup, un bon salaire quotidien. Ces mêmes tarifs aux pièces peuvent ne donner à l'ouvrière à domicile qui ne bénéficie pas de la même technique, qui produit beaucoup moins, qu'un salaire misérable.

Si le texte de M. Alfassa ne doit s'appliquer que dans les cas où tous les détails de la technique sans exception sont absolument identiques en atelier et à domicile, il ne s'appliquera pour ainsi dire jamais, car cette identité absolue de technique n'existe pas. Division du travail, organisation du travail, outillage, autant de causes de différences entre le travail en atelier et le travail en chambre. Dans mes enquêtes sur le vêtement, la chaussure, la lingerie, la bonneterie, j'ai toujours rencontré une technique différente en atelier et à domicile.

M. LORIN. — On pourrait introduire dans le texte le mot de « journalière ».

M. LE PRÉSIDENT. — En effet, j'aimerais mieux que l'on employât le mot qui convient, car je trouve dangereux de mettre « sans spécification professionnelle ».

M. l'abbé MÉNY. — Il faudrait, au préalable, que nous nous mettions d'accord sur le sens du mot « journalière » et je crois que c'est une complication nouvelle.

Mᵐᵉ COMPAIN. — Je ne le crois pas, car il est généralement admis que la journalière, c'est la femme qui n'a pas de métier.

M. LE PRÉSIDENT. — M. de Mun vient de nous faire une proposition que je serais tout disposé à appuyer : qu'après l'échange de vues d'aujourd'hui, les rapporteurs nous présentent une nouvelle rédaction en tenant compte des opinions qui se sont fait jour. Je crois qu'il est extrêmement difficile d'arriver en séance à établir un texte donnant toute satisfaction et nous sommes précisément au point le plus délicat, au nœud de la loi.

M. ALFASSA. — C'est dans cet ordre d'idées que j'avais présenté mon texte pour qu'il puisse servir de base à une discussion d'où sortirait un texte définitif.

Vous comprenez que je n'ai aucun amour-propre d'auteur et que je ne cherche pas à défendre ma rédaction elle-même. Mais j'ai tenu à exposer deux ordres d'idées très différents. A partir du moment où on renonce à la seule formule claire et pratique de dire : il doit y avoir un salaire minimum, il y aura une autorité compétente qui fixera ce salaire minimum en toute indépendance, du moment qu'on renonce à cette formule, qu'avaient adoptée les partisans du comité de salaire.

M. JAY. — C'est une formule qui peut s'adapter au système qui fait appel au concours des prud'hommes, et vous pouvez la proposer et la défendre ici.

M. ALFASSA. — J'en ai cherché une autre parce qu'il m'a semblé que l'on voulait avant tout fixer les bases sur lesquelles on devrait s'appuyer.

Je ne crois pas qu'il soit possible d'avoir une base unique ; si nous prenons celle prévue par le projet du gouvernement, nous risquons de tomber trop bas ; si, d'autre part, nous prenons le salaire de la journalière — c'est la philosophie qui se dégage de la séance d'aujourd'hui — nous risquons, non pas au point de vue de nos sentiments d'humanité, mais au point de vue pratique, d'arriver trop haut.

Que faut-il donc ? Il faut dire aux gens qui seront chargés de fixer le minimum de salaire : vous vous inspirerez d'un point de vue pratique, de divers éléments (*nombreuses approbations*), du salaire le moins payé dans la profession, et — pour les nombreux cas que je persiste à considérer comme existants — du tarif aux pièces payé à l'atelier, lorsque les travaux que vous envisagerez se feront de cette manière en même temps qu'à domicile.

Je vous avoue qu'il m'a été impossible de mettre cela sur pied sans commentaires. Je vous livre le fond de ma pensée. Si ces messieurs les rapporteurs peuvent en tirer un texte — et je ne doute pas qu'ils y parviennent — j'en serai très heureux.

M. Aftalion. — Ce qui vient d'être dit est un argument de plus en faveur de la proposition de M. de Mun qui consiste à demander à nos rapporteurs de nous présenter un texte nouveau à la prochaine séance.

M. Jay. — Il ne faudrait pas cependant demander à nos rapporteurs une tâche impossible; ne serait-il pas possible de fixer quelques points?

Il y a un premier point sur lequel nous sommes, je crois, d'accord. Je prie ceux qui ne seraient pas de mon avis de m'interrompre immédiatement. Nous ne voulons pas qu'on puisse prendre comme étalon, comme point de comparaison, le salaire d'une ouvrière débutante, d'une petite main, c'est-à-dire d'une personne qui peut normalement ne pas recevoir un salaire lui permettant de vivre.

Il y a un second point sur lequel je serais peut-être disposé à formuler des réserves, mais sur lequel la majorité me paraît faite ici : cette majorité ne veut pas prendre comme base le *bon salaire d'atelier*.

La majorité considère qu'il serait pour l'avenir du travail à domicile dangereux de prendre comme base le bon salaire d'atelier. Il s'agit donc pour nos rapporteurs de définir un sala intermédaire entre le salaire de la petite main et l bon salaire, le salaire particulièrement élevé payé à certaines ouvrières de l'atelier.

Il est un troisième point auquel j'attache une grande importance et qui a été quelque peu perdu de vue, c'est que, sauf peut-être pour les cas spéciaux que prévoit M. Alfassa, cas où il y aurait identité entre les tarifs aux pièces à l'atelier et les tarifs aux pièces à domicile, le point de comparaison doit nécessairement être pris dans un salaire au temps.

On a parlé des délibérations du Conseil supérieur du travail. L'idée qui a inspiré sa majorité et l'a sortie d'embarras a été celle-ci : habituellement, le salaire payé à l'ouvrière à la journée sera suffisant à la faire vivre ; on peut, par suite, le prendre comme une estimation concrète du salaire vital.

M. LE PRÉSIDENT. — Je voulais dire ce que vient de dire M. Jay. Je crois qu'il y aurait quelque chose de très heureux, ce serait de mettre : le conseil des prud'hommes s'inspirera, etc. Je crois qu'il y a lieu d'indiquer qu'il ne s'agit pas d'une formule précise, invariable, mais simplement d'un guide.

Nous ne pouvons pas ce soir établir une forme géométrique absolument définie, sur laquelle on ne pourra pas revenir.

M. JAY. — Il y a une partie du texte de M. Alfassa qui m'inquiète, c'est celle où il parle du salaire aux pièces. M. Alfassa dit : « Le conseil des prud'hommes devra s'inspirer... notamment des salaires payés aux pièces, lorsque ces mêmes salaires sont payés aux pièces en atelier et à domicile ». Je considère qu'il est absolument nécessaire que le conseil de prud'hommes détermine un minimum qu'il y aura un salaire au temps. Le texte prévoit la journée de dix heures pour une ouvrière de capacité moyenne, il s'agit d'établir ce qu'une femme de capacité moyenne, travaillant pendant une journée de dix heures, doit gagner.

M. Arbel. — Comment vérifierez-vous le nombre d'heures pendant lequel elle travaille?

M. Jay. — Voici le système. Je suppose que le conseil des prud'hommes déclare qu'une ouvrière de capacité moyenne qui travaille à domicile doit gagner 2 francs par jour. Cela n'empêchera pas que l'ouvrière à domicile pourra être payée suivant son travail, suivant l'efficacité de son effort; mais, lorsque le conseil des prud'hommes aura à examiner si elle a été suffisamment payée, c'est à cet étalon de 2 francs par dix heures de travail pour l'ouvrière de capacité moyenne qu'il devra se reporter.

Assemblée générale du 12 février 1912

PRÉSIDENCE DE M. LORIN

M. le Président. — Messieurs, vous vous rappelez qu'à la dernière séance, on a remis à une commission, composée de M. Alfassa, de M. Aftalion et de M. l'abbé Mény, le soin de rédiger l'article relatif au minimum de salaire. Voici le texte que proposent ces Messieurs :

Toute femme exécutant à domicile des travaux de confection de lingerie... — suit l'énumération du projet de loi — ne pourra recevoir une rémunération inférieure à un minimum déterminé par le conseil de prud'hommes, qui, pour l'établir, prendra en considération : 1° le gain journalier d'une ouvrière de capacité moyenne de la profession, travaillant en atelier, sans spécialisation professionnelle; 2° le salaire de la journalière dans la région.

M. Jay. — Il a été entendu qu'on voterait, sans discussion, ce texte; c'est le résumé des longues explications échangées à la séance précédente.

M. LE PRÉSIDENT. — Nous nous étions mis d'accord, en effet, pour qu'on ne prît pas une définition précise, mais que l'on indiquât simplement une suggestion pour le conseil de prud'hommes. C'est ce qui résulte du texte des rapporteurs qui ont dit : « ... qui, pour l'établir, prendra en considération... etc ».

M. ALFASSA. — Nous avons trouvé que, d'une part, la définition du projet du gouvernement était rigide et impérative, et que, d'autre part, elle prêtait à des inter-prétations un peu trop vagues et assez opposées. Nous nous étions mis d'accord sur ce point, à savoir : qu'il valait mieux que l'autorité chargée d'établir le salaire minimum s'inspire d'un certain nombre de considérations particulières de manière à ne pas aboutir à un salaire trop bas ou trop élevé, risquant de ne pas apporter d'atténuation au mal ou de faire disparaître totalement le travail à domicile dans les régions où il peut encore rendre des services.

Mlle BUTILLARD. — On parle de la journalière, mais il faudrait peut-être définir exactement ce que vous entendez par là.

M. ALFASSA. — Je ne crois pas qu'il puisse y avoir de doute sur ce point : la journalière, c'est la femme qui travaille de ses dix doigts, soit à domicile, soit chez des particuliers; c'est toute femme qui n'a pas un métier bien déterminé.

M. LE PRÉSIDENT. — Dans ces conditions, je vous propose de voter le texte présenté par la commission. Je vous rappelle encore une fois que la commission a été chargée d'élaborer, non pas un texte qui pourrait servir de base à une discussion, mais un texte sur lequel vous auriez à vous prononcer tout de suite.

Le texte des rapporteurs est adopté.

PUBLICITÉ DU TAUX DU SALAIRE DE BASE

Assemblée générale du 12 février 1912

PRÉSIDENCE DE M. LORIN

M. LE PRÉSIDENT. — Nous arrivons alors au deuxième vœu de l'abbé Mény, qui est celui-ci :

« Qu'antérieurement à toute contestation, les conseils de prud'hommes soient tenus de constater le taux de salaire normal et courant et de publier le résultat de leurs constatations ».

M. l'abbé MÉNY. — Il me semble que ce vœu, sur lequel vous êtes appelés à vous prononcer, est très important et qu'il contient en quelque sorte le sort de la loi. En effet, si l'on établit simplement pour les conseils de prud'hommes la possibilité d'établir, antérieurement à la demande, les tarifs qui paraissent normaux, ou si, d'autre part, on les laisse intervenir seulement dans les espèces qui pourront se produire, il en résulte pour l'ouvrière une très grande difficulté, non seulement parce qu'elle aura toujours le fardeau de la preuve — et que la jurisprudence établira très difficilement — mais encore parce qu'elle n'aura aucune garantie, elle ne saura pas sur quelle base sérieuse elle doit réclamer.

Il me semble que la loi sera une loi ou de paix sociale ou de lutte, ou simplement une loi qui ne sera pas appliquée, suivant qu'on se prononcera dans un sens ou dans l'autre. Il s'agit, en somme, de multiplier, dans la mesure où on le peut, tout ce qui sera la publicité donnée aux salaires normaux auxquels l'ouvrière doit avoir droit. Il est évident que ce n'est pas la simple possibilité pour chacun de prendre connaissance des chiffres qui auront été donnés comme normaux dans les jugements d'espèce qui donnera à l'ouvrière le courage nécessaire dont elle a besoin pour soutenir une instance.

Voilà pourquoi, pour ma part, je crois qu'il faut attacher la plus grande importance à la fixation préalable du salaire normal.

M. ALFASSA. — Il me semble que l'amendement que le rapporteur présente au texte du gouvernement est le corollaire direct du nouveau texte sur lequel nous nous sommes mis d'accord. La question ne peut pas se poser, étant donné le texte que nous avons adopté; nous avons dit que « toute femme ne peut recevoir un salaire inférieur à un minimum », il va de soi que cette fixation ne peut pas se faire dans chaque espèce particulière.

Il ne faut pas se dissimuler que la détermination de ce salaire, dans chaque région, sans être impossible, est très difficile, très délicate, et qu'on ne pourra pas la faire sur le siège, chaque fois qu'un litige se présentera. La nécessité d'imposer par la loi une élaboration préalable de ce tarif est évidente, d'autant plus que, rompant avec le principe des comités de salaire, la loi confie aux conseils de prud'hommes le soin d'établir ce minimum de salaire. Le conseil de prud'hommes a énormément d'autres tâches à remplir, il n'est pas outillé pour pouvoir, à tout moment, se livrer à des investigations approfondies. Il faudra que, dès l'entrée en vigueur de la loi et périodiquement, en quelque sorte, le conseil de prud'hommes se livre à des investigations. Sera-t-il en mesure de le faire ? C'est une autre question.

Nous avons jugé à propos de ne pas soulever la question du comité de salaires opposé au conseil de prud'-

hommes ; et nous sommes quelques-uns à croire que le conseil de prud'hommes est très mal désigné pour remplir la mission qui lui sera confiée. Mais, enfin, le Conseil supérieur du travail s'est arrêté au choix du conseil de prud'hommes ; on nous a demandé de toucher le moins possible à son œuvre ; nous respectons donc le principe des conseils de prud'hommes. Mais il me paraît qu'avec cet organisme la nécessité s'imposera bien plus de procéder à la détermination préalable du salaire de base.

M. JAY. — Avec le vœu que nous discutons, nous entrons dans ce que je considère comme la partie essentielle de notre tâche. Nous allons chercher comment on pourrait rendre plus efficace le mécanisme qui est proposé par le gouvernement. La question que nous examinons en ce moment et celles que nous examinerons ultérieurement aujourd'hui sont des questions qui se posent quel que soit le système adopté. On a rappelé ici qu'il y avait encore quelque controverse parmi nous, les uns demandant qu'on crée des comités de salaires, les autres, qu'on fasse appel aux conseils de prud'hommes. Dans l'un et l'autre cas, il sera essentiel, si l'on veut que le système donne son rendement maximum, qu'une publicité aussi large que possible apprenne aux ouvrières et à leurs patrons quel est le salaire de base, le minimum sur lequel doivent, s'il s'agit de travail à domicile, se modeler les salaires aux pièces.

La question est de savoir si l'on doit faire connaître d'avance aux ouvrières et aux patrons la règle qui va être, pour les unes, la mesure des revendications judiciaires possibles, pour les autres, la mesure de leur responsabilité civile, peut-être même pénale.

La question a été discutée au Conseil supérieur du travail. Une partie de l'assemblée ne voulait entendre parler que de la fixation *a posteriori* du minimum de salaire; elle ne voulait pas que le conseil de prud'hommes se transformât, à aucun moment, en un organe de réglementation; elle voulait le maintenir dans son rôle purement judiciaire, ne tranchant que des espèces. Cependant la majorité du Conseil supérieur a cru qu'il était nécessaire de faire connaître d'avance aux ouvrières le minimum auquel elles auraient droit, comme d'avertir d'avance les patrons de leurs obligations légales.

Le texte voté au Conseil supérieur disait : « Les conseils de prud'hommes constatent le taux du salaire journalier visé ci-dessus. Ils publient le résultat de leurs constatations ». Il n'a pas été reproduit dans le projet déposé par le gouvernement.

Je ne discuterai pas les raisons par lesquelles l'exposé des motifs de ce projet cherche à justifier cette disparition. Cela nous entraînerait trop loin, mais vous me permettrez de dire qu'elles ne me paraissent pas du tout décisives.

Je crois que nous pourrions déclarer tout de suite, tant la chose est simple, que le conseil de prud'hommes devra publier, porter à la connaissance des ouvrières qui peuvent avoir à s'en faire une arme, et à la connaissance des patrons qui ont à se soumettre à la règle ainsi posée, le salaire minimum jugé nécessaire.

Il faut ajouter que la proclamation préalable du minimum obligatoire pourra avoir, dans bien des cas, un effet moral, un effet préventif considérable, rendre, dans bien des cas, inutiles les sanctions civiles ou pénales.

M. CAMPREDON. — J'appuie la proposition de M. l'abbé Mény et de M. Jay; je crois que la fixation préalable est indispensable à la bonne marche de la loi. Et comme nous sommes un très grand nombre ici qui ne trouvons pas que les conseils de prud'hommes sont bien indiqués pour établir le salaire de base, je crois qu'il y a lieu de voter l'a.nendement de M. l'abbé Mény, car il constituera un frein à ce conseil de prud'hommes, dont nous nous défions un peu. Ayant affiché et publié un salaire de base, il ne pourra pas aussi facilement, quand il y aura une contestation, refuser de l'accorder.

M. ALFASSA. — Je voudrais m'élever contre une des paroles de M. Campredon : jamais il.n'est entré dans l'esprit de personne, je crois pouvoir le dire, d'émettre une suspicion quelconque à l'égard des conseils de prud'-hommes.

On a dit que les conseils de prud'hommes n'étaient pas matériellement outillés pour jouer le rôle qu'on leur confie, mais pas autre chose...

M. CAMPREDON. — Je ne prétends pas suspecter les conseils de prud'hommes, mais, comme vient dé le dire M. Alfassa, nous savons qu'il leur sera difficile d'appliquer les salaires de base ; nous savons que les occupations dont ils sont chargés ne leur permettront pas facilement de faire la fameuse enquête générale nécessaire pour établir les salaires de base pour toute la France.

En outre, je fais remarquer, en passant, qu'il y a beaucoup de localités où il n'y a pas de conseils de prud'-hommes. Et cependant, là aussi, il faudra bien qu'on détermine un salaire de base, d'où apparaît encore qu'il y a nécessité à le fixer préalablement.

M. LE PRÉSIDENT. — Puisque personne ne demande plus la parole, je vais vous redonner lecture du vœu proposé :

« Qu'antérieurement à toute contestation, les conseils de prud'hommes soient tenus de constater le taux de salaire normal et courant et de publier le résultat de leur constatation ».

A ce propos, je me permets de vous faire remarquer qu'il y aurait peut-être lieu de modifier les mots *salaire normal et courant*; ils allaient avec l'ancienne rédaction; mais, après les modifications qui y ont été apportées, je crois qu'il serait préférable de mettre, par exemple : *le salaire de base*. Ce serait meilleur.

Je mets aux voix l'article ainsi modifié.

L'amendement est adopté. Le texte en est ainsi conçu :

Qu'antérieurement à toute contestation, les conseils de prud'hommes soient tenus de constater le taux du salaire de base et de publier le résultat de leur constatation.

FORCE OBLIGATOIRE DES TARIFS AUX PIÈCES ÉTABLIS OU HOMOLOGUÉS PAR LE CONSEIL DE PRUD'HOMMES.

Assemblée générale du 12 février 1912

PRÉSIDENCE DE M. LORIN

M. LE PRÉSIDENT. — Nous passons au troisième article :

« Qu'au cas où un tarif aux pièces aura été établi ou homologué par un conseil de prud'hommes, l'ouvrière puise dans ce tarif même le droit de réclamer la différence entre les prix fixés par ce tarif et ceux payés par l'employeur ».

M. ALFASSA. — Avant que M. l'abbé Mény ne défende son texte, je voudrais lui demander s'il considère que c'est bien un amendement à l'article 32 (*a*), ou s'il ne serait pas préférable de discuter d'abord l'article 32 (*b*). Jusqu'ici il n'a été question que de salaire de base, et l'abbé Mény parle maintenant de salaire aux pièces. Il faudrait d'abord savoir s'il y aura des tarifs aux pièces, si des tarifs aux pièces seront homologués.

M. JAY. — Il y a un malentendu. M. Alfassa part de cette idée que nous allons discuter tous les articles du texte du gouvernement ; cela nous paraît absolument impossible. Nous avons cru d'une meilleure méthode, plus rapide, plus claire, de ne viser par des vœux que les points les plus importants. Je reconnais cependant que le vœu, tel qu'il est formulé, a besoin d'être expliqué. M. l'abbé Mény peut nous donner les explications nécessaires.

M. Alfassa. — Auparavant, j'ai une objection personnelle à formuler. J'ai déposé deux amendements à l'article 32 (*b*) du projet du gouvernement, et ils me paraissent devoir être discutés avant l'amendement de M. l'abbé Mény, sans quoi, je ne vois plus à quoi ils se rattacheraient. Je demande donc qu'on les discute immédiatement.

M. Jay. — Au contraire, le vœu de l'abbé Mény soulève des questions préalables à votre vœu. D'abord, celle de savoir si le conseil des prud'hommes pourra établir et homologuer des tarifs aux pièces.

Il nous a paru que le système du gouvernement était beaucoup trop lâche, que l'application de ce système serait très difficile, que dans bien des cas même, cette application serait rendue impossible par les difficultés qu'opposeraient à l'initiative des ouvrières plusieurs des dispositions de ce projet. Nous voulons que la loi soit appliquée, voilà le sens de tous les vœux déjà votés ou proposés par nous ; nous voulons un mécanisme plus énergique.

Nous avons dû, après avoir établi la publicité à donner au salaire de base, salaire au temps, nous préoccuper des salaires aux pièces. Ce sont des salaires aux pièces, en effet, qui seront, en réalité, seuls payés aux ouvrières à domicile ; nous ne pouvons pas, par conséquent, ne pas nous en préoccuper.

Dans le système du gouvernement, auquel fait allusion M. Alfassa, les salaires aux pièces portés aux tarifs ne seraient que des salaires facultatifs, non obligatoires. Le projet indique que les conseils du travail ou, à leur défaut, les conseils de prud'hommes pourront établir des tarifs aux pièces...

M. Alfassa. — Non.

M. Jay. — ... Mais ces tarifs aux pièces ne seront pas obligatoires en ce sens que les conseils de prud'hommes eux-mêmes, qui les auront établis, ne seront pas forcés de s'y conformer. C'est là le sens certain du texte du projet du gouvernement.

Supposons — car c'est là le point qui m'inquiète le plus — supposons que les conseils du travail ou les conseils de prud'hommes aient pour un certain article porté au tarif 1 franc. Une ouvrière payée, pour cet article, 75 centimes, poursuit son patron. Avec le projet gouvernemental, alors même que le tarif prévoit 1 franc, l'ouvrière n'est pas certaine d'obtenir la différence entre ce franc et le salaire réel qu'elle a reçu.

Il a été dit et répété que les tarifs établis par les conseils du travail ou conseils des prud'hommes ne seraient que des tarifs indicatifs. Je ne crois pas qu'il y ait de doute possible. Et cela nous semble grave ; c'est pour cela que, quoique ne voulant pas toucher à tous les détails du projet, il nous a paru indispensable de formuler ici un vœu très net.

Nous voulons que les tarifs que pourra établir ou homologuer le conseil des prud'hommes aient une valeur légale. Il est bien entendu que le conseil des prud'hommes pourra y apporter, quand il le jugera utile, des modifications, mais, tant que ces tarifs n'auront pas été changés, l'ouvrière pourra s'appuyer sur eux pour exercer une action avec la pleine sécurité ; si elle n'a pas reçu ce qui est inscrit dans ces tarifs, elle aura certainement gain de cause devant le tribunal. Voilà ce que nous voulons,

M. Alfassa. — Il me paraît qu'entre la conception de l'interprétation du projet telle que vient de l'indiquer M. Jay et celle que je m'en étais faite, il y a une antinomie absolue.

Il m'était apparu que le projet du gouvernement posait comme base du salaire minimum un salaire au temps. Quant à l'article 32 (*f*) il a été rédigé dans le but de faciliter, de simplifier l'application de la loi. On a voulu dire : « Pour les travaux les plus courants, en même temps que vous aurez constaté le salaire minimum au-dessous duquel on ne devra pas descendre, vous constaterez quels sont les tarifs usuels qui permettent d'arriver à ce salaire. »

Il me semble qu'il y a antinomie absolue entre le système qui consiste à fixer un salaire minimum au temps, global, et en même temps à fixer des salaires aux pièces. Il faut choisir entre les deux systèmes : ou le conseil de prud'hommes sera chargé de fixer les tarifs aux pièces, et alors, à mon sens, c'est une tâche qui est surhumaine, c'est une voie dans laquelle je demanderai instamment que l'on ne s'engageât pas, ou bien il faut que ce conseil constate ou établisse le salaire au-dessous duquel on ne devra pas descendre et s'assure si les tarifs aux pièces payés permettent à l'ouvrière moyenne d'atteindre ce salaire minimum.

Je ne vous dissimulerai pas que, de prime abord, la définition de l'ouvrière moyenne m'effrayait considérablement ; mais, à la réflexion, il m'est apparu que ce ne serait peut-être pas un problème si difficile qu'on se l'imaginait, à la condition que l'on se mette d'accord sur la possibilité de prendre connaissance, sous une forme quelconque, des carnets de paie : La preuve sera faite qu'un tarif assure le salaire minimum à l'ouvrière moyenne, si l'on peut apporter la preuve que la généralité des ouvrières payées à ce même tarif reçoit le salaire minimum. Le petit nombre de celles qui ne l'auraient pas reçu seraient des ouvrières inférieures. Je ne m'arrête donc pas à la définition de l'ouvrière moyenne. Mais je considère qu'il serait extrêmement dangereux de poser le principe que le conseil de prud'hommes ou le comité de salaire doit fixer les tarifs aux pièces et, même, allant jusqu'au bout de ma pensée, qu'il doit homologuer des tarifs aux pièces, et je ne suis nullement choqué et effrayé que le projet du gouvernement ne donne qu'une faculté aux conseils de prud'hommes.

Ce n'est plus un amendement que nous apporte le rapporteur, c'est un principe nouveau essentiellement différent de celui qui est à la base de la loi. Je crois qu'il est pratiquement impossible de demander aux conseils de prud'hommes d'élaborer des tarifs aux pièces. C'est pourquoi j'estime que nous ne devons pas entrer dans cette voie avant d'avoir discuté au préalable quelles conséquences pourrait avoir l'établissement de ces salaires aux pièces. Si ce que vous demandez est peut-être possible dans les industries courantes, il peut y avoir des difficultés considérables dans d'autres professions, et ce point mérite d'être examiné attentivement.

M. ZAMANSKI. — Vous venez de dire que vous ne voyiez pas de difficulté, dans les industries normales courantes, dans les fabrications d'objets courants, à ce que le conseil de prud'hommes fasse cette transposition du salaire au temps en salaire aux pièces. Vous admettez que, si l'on veut aller jusqu'au bout, la tâche sera surhumaine, mais vous réservez les cas les plus généraux et les plus fréquents. Or, nous nous plaçons uniquement dans ces cas-là.

Nous ne demandons pas une transposition générale du salaire au temps en salaire aux pièces ; nous demandons que, dans les cas visés par la loi, où le conseil de prud'hommes pourra établir ces tarifs aux pièces, nous demandons qu'alors seulement ces tarifs aux pièces aient une réelle valeur pour l'ouvrière qui pourra s'appuyer sur eux comme sur une base légale pour demander, non point le respect de ces tarifs aux pièces, mais des tarifs au temps que ces tarifs aux pièces exprimeront.

M. Motteau. — Il faut que les salaires de base soient des salaires au temps, car, si vous voulez prendre des salaires à la tâche, vous n'arriverez pas à un bon résultat. Dans les fleurs, entre autres, vous aurez des difficultés, parce qu'il y a des variétés extraordinaires. Il faut absolument se baser sur un salaire au temps.

M. Campredon. — Il me semble que, si nous élaborons une loi sur un minimum de salaire pour le travail à domicile, et si, d'autre part, les conseils de prud'hommes peuvent descendre au-dessous de ce minimum, il n'y en aura plus du tout puisque les conseils de prud'hommes seront libres de faire ce qu'ils voudront.

J'estime qu'il faut que l'on décide un tarif minimum, qu'on l'affiche, et qu'en cas de contestation le conseil de prud'hommes ne puisse pas descendre au-dessous de ce tarif.

M. Alfassa. — Je ne fais pas obstacle à ce que l'on donne la faculté aux conseils de prud'hommes de pouvoir établir dans un certain nombre de cas qui, à mon avis, seront, en fait, très peu fréquents, d'une manière précise quelques tarifs. Mais ces tarifs seront toujours une exception extrêmement rare (*protestations*). C'est une opinion qui m'est personnelle, je vous l'expose.

Je ne vois pas d'ailleurs l'avantage que vous attendez de votre texte. Lorsque des tarifs auront été constatés et homologués, il n'est pas matériellement possible ni admissible que les prud'hommes jugent habituellement en s'inspirant d'autre chose. En fait ils useront de cette faculté, mais ne les ligotez pas dans des prescriptions impératives.

Au fond, cette discussion peut paraître ne pas avoir une grande importance ; mais je vois un très réel inconvénient à ce que l'on introduise dans la même loi le principe de la fixation du salaire minimum de base au temps et celui d'une fixation de salaire minimum aux pièces.

Si vous indiquez les deux modes de fixation, vous semblez donner la faculté, soit aux prud'hommes, soit au demandeur, d'appliquer tantôt l'un, tantôt l'autre.

Dans le projet du gouvernement, il y a quelque chose qui me semble être logique et à quoi je me rallie personnellement; il faut que, dans une journée de dix heures, une ouvrière ordinaire arrive à gagner une certaine somme. Les tarifs aux pièces qu'on lui paiera, et qui seront innombrables suivant la variété et la diversité des pièces à faire, devront être tels qu'ils lui permettent de gagner le salaire minimum. Vous ne pouvez pas aller plus avant dans la détermination des tarifs. Voilà mon opinion absolument formelle.

M. l'abbé MÉNY. — Je crois que nous sommes plus d'accord que nous n'en avons l'air. Nous sommes tous d'avis que la règle devra être un tarif au temps. Mais il arrivera que, dans certains cas, d'accord avec le conseil de prud'hommes, un patron établira un tarif aux pièces. Cela pourra se faire très facilement, par exemple, dans la confection pour garçonnets, c'est dans le vêtement que le cas se produira le plus fréquemment ; je reconnais que pour la lingerie ce sera plus difficile. Je suppose le cas d'un patron confectionneur, qui viendra dire au conseil de prud'hommes: « Je vous propose d'homologuer les tarifs qui sont affichés chez moi ; vous pouvez vérifier, d'après les carnets de paie, qu'ils correspondent bien au minimum que vous désirez. » Dans ce cas-là, s'il y a une contestation, le conseil de prud'hommes prendra pour base ce tarif spécial qu'il a sanctionné.

Ceci aurait pour but, en somme, de rendre l'application de la loi de plus en plus facile, de rendre le droit de l'ouvrière de plus en plus précis, de plus en plus clair.

M. FAGNOT. — Nous pourrions nous mettre d'accord avec le rapporteur s'il abandonnait le mot, très gros de conséquences, qu'a prononcé M. Jay, à savoir que le tarif serait obligatoire pour le juge...

M. JAY. — Alors il n'y a plus d'amendement.

M. FAGNOT. — Mais alors, toutes les objections indiquées par M. Alfassa subsistent. Il n'y a qu'un système dans le projet du gouvernement, tandis que vous, vous en établissez deux. Permettez-moi de vous expliquer les inconvénients de ce double système...

M. LE PRÉSIDENT. — M. Jay voudrait au préalable vous démontrer qu'il n'y a qu'un seul système.

M. JAY. — Ce que nous essayons de faire, à l'aide de l'amendement, c'est purement et simplement de rapprocher le système français de celui qui fonctionne dans les autres pays. Partout, on a pris comme base le salaire au temps ; mais, une fois cela fait, on est bien obligé de se rendre compte que ce n'est pas ce salaire au temps qui va être payé à l'ouvrière...

M. FAGNOT. — Non, le salaire au temps est une norme.

M. JAY. — ... Mais pour tirer de cette norme des conclusions précises, il faut faire un effort de déduction qui ne va pas sans difficultés. Et, tout naturellement, on en arrive à désirer que, toutes les fois que ce sera possible, l'ouvrière, au lieu d'être obligée de faire elle-même cette espèce d'adaptation, de transposition du salaire au temps en salaire aux pièces, la trouve toute faite dans un document authentique qui lui permette de marcher en toute sécurité jusqu'au but qu'elle est sûre d'atteindre.

Remarquez que les patrons sont aussi intéressés dans la question. Vous dites au patron : « Il faut que tu donnes un salaire aux pièces qui représente au moins, par exemple, deux francs par jour pour dix heures de travail de l'ouvrière moyenne. » Ce patron est d'ordinaire plus apte que l'ouvrière à faire la transposition dont je vous ai parlé ; il n'en est pas moins vrai qu'elle sera encore difficile pour lui dans certains cas. Il ne faut pas un effort d'imagination bien extravagant pour supposer des cas où, même avec beaucoup de bonne volonté, le patron pourra se tromper, pourra voir sa responsabilité légale engagée, sans qu'il y ait véritablement faute morale de sa part. Il se pourra qu'il n'ait pas calculé exactement comme calculera le conseil de prud'hommes.

Notre désir à tous est d'éclairer patrons et ouvrières, de leur donner, toutes les fois que ce sera possible, les indications les plus précises.

Admettons avec M. Alfassa, et avec un certain nombre des patrons qui prirent la parole au Conseil supérieur du travail, admettons que les cas seront peu fréquents où l'établissement du tarif légal aux pièces sera possible. Serait-ce une raison pour ne pas, dans ces cas là, prévoir le tarif aux pièces obligatoire, renseignant avec certitude l'ouvrière et le patron.

M. Zamanski s'est expliqué tout à l'heure avec une très grande netteté. Nous nous plaçons dans le projet du gouvernement. Le projet du gouvernement prévoit que des tarifs aux pièces seront dressés, soit par les conseils du travail, soit par les conseils de prud'hommes. Dans le vœu de M. l'abbé Mény, le mot « homologué » a été introduit pour que le conseil de prud'hommes puisse faire siens — nous espérons que ce sera souvent le cas — les tarifs présentés par les conseils du travail ou encore par des patrons.

Je suppose que le conseil de prud'hommes ait affirmé que tel tarif aux pièces pour tel objet est suffisant et nécessaire; nous pensons que cette affirmation doit avoir une valeur. Il nous paraît quelque peu extraordinaire que le conseil de prud'hommes, après qu'il aura affirmé, qu'il aura affiché que tel salaire aux pièces répond au salaire minimum au temps, puisse, le jour où l'affaire se présentera contentieuse, avec une condamnation ou un acquittement comme conséquence, écarter l'action que l'ouvrière aura basée sur le tarif établi, ou condamner le patron qui aura payé le tarif fixé par lui, conseil de prud'hommes.

La solution contenue dans le texte du gouvernement, soulignée par l'exposé des motifs, me paraît contraire à tous les principes, et pouvant conduire, je ne dis pas dans des hypothèses nombreuses, n'exagérons pas, mais dans certaines hypothèses, à des solutions qui ne seraient équitables, ni pour les ouvrières, ni pour les patrons.

Nous demandons que lorsque le conseil de prud'hommes aura fait sien un tarif — nous n'obligeons pas le conseil à dresser des tarifs — mais lorsqu'il en aura adopté ou dressé un, nous voulons qu'il ait la valeur d'un tarif légalement obligatoire.

M. FAGNOT. — J'avoue, Messieurs, qu'à mon grand regret, je ne puis me laisser convaincre par les arguments si chaleureux de M. Jay. Sans doute, il ne faut pas s'exagérer l'importance de la question qui nous occupe, car, ainsi que l'a constaté M. Jay lui-même, l'amendement pourrait bien ne jamais jouer, mais je crois pourtant qu'il serait imprudent d'adopter cet amendement.

Le projet du gouvernement établit, à l'avance, une norme, c'est le salaire au temps, puis, pour les multiples cas d'espèces, il laisse aux parties le soin de prouver au juge si cette norme a été respectée, d'abord dans le tarif en cause, ensuite dans le cas d'espèce soumis au conseil de prud'hommes.

Le juge doit successivement statuer sur deux points. La norme étant connue, le tarif invoqué devant lui par le demandeur, par l'ouvrière, permet-il d'assurer l'équivalence avec cette norme? Ce premier point étant résolu, même par l'affirmative, il se peut que l'ouvrière n'obtienne pas satisfaction, parce que le juge estimera, par exemple, qu'elle n'est pas une ouvrière de capacité moyenne, selon la définition du projet de loi.

Si vous ajoutez les considérations de M. Alfassa sur la diversité presque infinie des travaux dans l'industrie du vêtement ou dans la fleur, vous reconnaîtrez qu'il sera presque impossible d'appliquer l'amendement.

J'ai eu l'occasion, il y a un mois, de m'occuper d'une grève d'ouvrières en confection et de causer à de nombreuses ouvrières; j'ai pu me rendre compte des difficultés que soulève un tarif aux pièces. Il suffit de modifier la division du travail sur un point quelconque pour que le tarif tout entier ne tienne plus. Ainsi, dans le cas visé, les ouvrières affirmaient que le nouveau tarif comportait une baisse de salaire, alors que le patron déclarait qu'elles ne perdaient rien, parce que, la division du travail étant plus grande, ce qu'elles perdaient d'un côté, elles le regagnaient d'un autre.

Vous voyez combien il est difficile d'établir à l'avance

des tarifs aux pièces. Dès lors pourquoi ne pas s'en tenir simplement au salaire normal préalablement fixé et laisser aux parties le soin de démontrer au juge si ce salaire normal est ou n'est pas obtenu?

D'ailleurs, il va sans dire que, lorsqu'un conseil des prud'hommes aura décidé une première fois que le tarif payé par un patron déterminé n'assure pas à l'ouvrier ordinaire l'équivalence avec le salaire minimum, ce conseil de prud'hommes, si une seconde affaire contentieuse lui est soumise, maintiendra sa première décision à l'égard du tarif et donnera raison à l'ouvrière si celle-ci rentre bien dans la définition légale. A ce point de vue, l'amendement ne peut pas augmenter les garanties que le projet donne à l'ouvrière.

Il est probable que le ministère du Travail n'aurait pas hésité à s'engager dans la voie que vous indiquez, s'il ne s'était rendu compte que cette méthode soulevait de réels inconvénients. Elle donnerait au conseil de prud'hommes un pouvoir excessif au point de vue juridique, pouvoir dont il serait ordinairement fort embarrassé.

En examinant de près le travail dans la fleur, on voit qu'il présente des variations incessantes...

M. Motteau. — A chaque saison.

M. Fagnot. — Non seulement à chaque changement de saison, mais même dans le cours d'une saison, pour le même article. Alors, comment voulez-vous établir des tarifs obligatoires? Vous vous exposez à tromper l'ouvrière que vous voulez protéger. Voici, par exemple, un tarif établi par le conseil des prud'hommes. Une ouvrière se présente devant lui. Elle prétend que le tarif n'est pas observé, mais le juge constate que l'article fabriqué par elle n'est pas prévu par le tarif. Elle échoue, elle est déboutée. Quelle déception pour cette ouvrière ! Dans le système du gouvernement, au contraire, le tarif n'étant qu'indicatif, cette déception très pénible ne peut pas se produire.

L'amendement est donc dangereux pour les ouvrières elles-mêmes. D'autre part, il ne paraît pas utile, car il est impossible qu'un tarif, qui n'a pas été redressé après une première décision, après un premier jugement, revienne avec la moindre chance de succès devant le conseil de prud'hommes.

En outre, il importe beaucoup dans une matière aussi neuve et aussi variable, de ne pas lier le conseil de prud'hommes par un tarif obligatoire qu'il aurait lui-même établi et, par suite, de ne pas toucher à la règle d'après laquelle la décision du juge ne vaut que pour l'espèce qui lui est soumise. Si vous voulez tout régler d'avance, vous risquez, non seulement de compromettre le projet devant le Parlement, mais de rendre son application très difficile dans un grand nombre de cas.

Une autre considération est à retenir : M. l'abbé Mény nous disait à la précédente séance qu'il craignait, notamment dans les Vosges, que les ouvrières n'osent pas faire valoir leur droit et intenter une action en justice.

M. JAY. — C'est pour cela qu'il faut leur faciliter la tâche.

M. FAGNOT. — Le moyen ne me paraît pas efficace. Vous l'avez trouvé dans la loi anglaise ; mais le système anglais est tout autre. Il repose tout entier sur l'idée d'un contrat collectif établi non par le juge, mais par les représentants des deux parties.

M. CAMPREDON. — C'est ce qu'il faut faire,

M. Fagnot. — Il nous faut choisir. On ne peut pas conserver une partie du système anglais alors que nous en avons abandonné le principe. S'il pouvait y avoir des tarifs collectifs, je serais d'accord avec vous, mais vous savez que ce n'est pas ce qui se produira. Au surplus, vous pouvez être assurés que, dans chaque localité où il y a des articles pour lesquels il existe une certaine fixité, des tarifs seront bientôt établis pour ces articles courants. Il serait mauvais, à mon avis, d'introduire dans la loi une disposition qui découle d'un système, celui du contrat collectif, que nous avons cru devoir abandonner. Dans notre système, qui a pour base un salaire au temps, nous pouvons inviter le conseil de prud'hommes à dresser des tarifs pour les articles courants, à titre d'indication, mais il convient de maintenir entière sa liberté d'appréciation dans chacun des litiges qui lui seront soumis.

M. Broda. — Je crains qu'on n'ait pas tenu suffisamment compte, dans la discussion, des expériences concrètes que l'on vient de faire dans les pays britanniques.

Quel problème discutons-nous ? Nous voulons savoir s'il vaut mieux fixer seulement d'une manière générale le salaire et laisser au conseil de prud'hommes le soin de juger, dans chaque cas individuel, si le patron a payé un salaire convenable ou non, ou bien si ce conseil de prud'hommes doit, dans un grand nombre de cas, fixer les salaires à la pièce.

Ce problème, Messieurs, n'est plus à résoudre ; il vient d'être résolu par l'expérience australienne. J'ai groupé, à ce point de vue, un grand nombre de documents que je tiens à votre disposition. En Australie, tous les comités de salaires viennent de fixer un salaire aux pièces, sauf pour la lingerie. Tous les comités de salaires ont obtenu des résultats excellents ; tous les rapports des inspecteurs du travail sont unanimes à dire que les résultats ont été conformes aux espérances, à l'exception de la confection du linge de femme. Dans cette branche, le résultat a été déplorable ; rien n'a été fait. Pourquoi ? Parce qu'il n'a pas été possible de vérifier d'une manière précise si ce salaire aux pièces correspondait bien au salaire au temps.

Dans la loi française le résultat sera encore pire, puisque vous n'avez pas dans la loi un paragraphe donnant aux inspecteurs du travail le soin matériel de vérifier les faits.

Au lieu d'encourager les pauvres ouvrières à soutenir leurs droits, à intenter des procès civils, vous ne les aidez pas suffisamment et elles n'oseront jamais intenter de procès, tandis qu'au contraire vous leur faciliteriez la tâche si vous entriez dans la voie qui a été indiquée d'une façon si éloquente par M. Jay.

Il faut que les conseils de prud'hommes fixent, au moins tant qu'ils le peuvent, les salaires aux pièces. De cette façon, l'ouvrière aura une base précise, quelque chose de concret et, de cette façon, elle pourra aller devant les juges. Je crois, au contraire, que ce serait une utopie que de croire qu'elle ira devant le tribunal s'il faut qu'elle se tienne un raisonnement compliqué, s'il faut qu'elle se dise : « Si j'étais une ouvrière moyenne, je pourrais, avec ce salaire à la pièce, gagner tel salaire au temps. Puisque je ne gagne pas ce salaire, je suis lésée et j'irai devant le tribunal ». C'est un raisonnement tout à fait au-dessus de ses forces. Je m'associe donc de tout cœur aux paroles excellentes de M. Jay, mais j'ajouterai qu'à mon avis, il faut aller plus loin.

Il dit : « Nous voulons simplement que le tarif qui aura été homologué par les prud'hommes soit observé ;

mais, ajoute-t-il, je ne demande pas que l'on ordonne aux conseils de prud'hommes d'homologuer des tarifs. Il n'y a que dans le cas où il en homologuerait qu'il serait obligé de les observer ».

Ce qu'il dit, c'est le bon sens même. Si le conseil facultatif du travail établit un tarif, il serait déraisonnable — si j'ose employer un mot aussi fort — il serait déraisonnable de dire que le conseil de prud'hommes pourrait baser son jugement sur autre chose. Donc, ce que dit M. Jay est plein de bon sens ; mais, à mon avis, il faudrait aller plus loin. Il ne faudrait pas se contenter de dire : « Le conseil de prud'hommes peut dresser des tarifs... », il faudrait dire qu'il « doit » le faire dans tous les cas où ce sera possible.

Je considère qu'à ce point de vue le système anglais est bien supérieur ; je ne suis pas Anglais, Messieurs, je suis continental, mais cela n'empêche pas que je trouve le système anglais meilleur que le système français. La règle, en Angleterre et en Australie, c'est la fixation d'un salaire à la pièce.

En résumé, je dis donc que vous devez adopter l'excellente idée exprimée par M. Raoul Jay et la compléter en disant que les conseils de prud'hommes doivent homologuer, doivent fixer des tarifs aux pièces toutes les fois où cela sera possible.

Quel est l'argument qui se présente contre ma thèse ? J'ose dire que c'est un argument de paresse. En Angleterre, le comité de salaires chargé de fixer les salaires pour la lingerie a délibéré pendant une année et, n'étant pas arrivé à un résultat satisfaisant, il s'est dit : « Nous n'arriverons à rien ». Ils sont allés exposer leur manière de voir au ministre, qui a eu le tort de leur donner raison.

On devrait dire, au contraire : « Cette fixation de salaire est tellement importante qu'il ne faut pas marchander ses mots; si 20 séances ne suffisent pas, il faut lui en consacrer 40 et si ces 40, à leur tour, ne suffisent pas, il faudra en mettre 60 ou 80 jusqu'à ce que l'on soit arrivé au résultat désiré. » Si vous voulez y mettre le temps nécessaire, vous arriverez certainement à avoir satisfaction, mais il ne faut pas laisser le travail de côté dès la première difficulté.

Je termine donc en disant que nous devons adopter la formule proposée par M. Jay en ajoutant le mot « doit » au lieu de « peut ».

M. ALFASSA. — Je suis d'accord avec M. Broda sur la supériorité des comités de salaires; mais, puisque ce système n'est pas proposé, puisqu'au contraire nous avons recours aux conseils de prud'hommes, c'est sur ce terrain-là uniquement que je veux me placer.

M. Broda nous a dit qu'en Australie, il n'y avait qu'une seule industrie pour laquelle on avait renoncé à établir des tarifs aux pièces, c'était la lingerie. Quelle rencontre! Et combien cette exception doit, pour nous, avoir d'importance, puisque parmi les industries qui sont visées dans le projet de loi la lingerie est une des principales et puisque c'est la situation révélée par l'enquête sur la lingerie qui a, pour beaucoup, déterminé le projet de loi que nous discutons actuellement!

M. Broda, dans son éloquente envolée, à la fin de son exposé, vous disait : « Il y a là une simple manifestation de paresse; si 20 séances, si 40 séances ne suffisaient pas, il fallait en consacrer 60 ou 80, ou plus, jusqu'à ce qu'on ait obtenu des résultats ».

Cela me faisait penser — M. le comte de Mun excusera cette irrévérence — cela me faisait penser au Dictionnaire de l'Académie (Rires) auquel on travaille constamment et qu'il faut recommencer dès qu'il est achevé. Cela prouve tout simplement que vous ne vous doutez pas des conditions du travail de la lingerie.

Je vous demande pardon de revenir toujours sur ma petite expérience personnelle ; mais c'est que, dans les propositions qui sont faites ici, je vois parfois, si je rappelle mes souvenirs personnels, une méconnaissance absolue de la réalité. J'ai trouvé dans une seule maison 640 tarifs différents, dans lesquels les rémunérations varient du simple au double ; cela tient à des considérations, à la différence de dureté des tissus, par exemple. Et combien de fois arrive-t-il qu'avec des tarifs plus élevés le salaire quotidien est plus faible qu'avec un tarif plus bas. Et vous voudriez établir des tarifs préalablement et les rendre obligatoires ? Je ne crois pas que vous arriviez jamais à vous tirer de ce problème.

Je suis persuadé que le système défendu par M. Jay, ou bien présentera les inconvénients qui vous ont été indiqués, ou bien qu'il sera inutile.

Votre système revient, en somme, à dire : « On érigera en loi la jurisprudence ». Lorsqu'un tribunal aura établi une jurisprudence, il sera obligé de juger d'après cette jurisprudence...

M. ZAMANSKI. — Pas du tout.

M. ALFASSA. — Alors, plus nous allons, moins je comprends ; c'est ma faute, évidemment, et je vous en demande pardon. Toutefois, lorsqu'un conseil de prud'hommes aura homologué un tarif, ce tarif devra emporter sa décision dans l'avenir. Or, cette homologation, c'est une jurisprudence qu'il aura établie. C'est pourquoi je disais que le système proposé était ou inutile parce que le tribunal jugera forcément selon cette jurisprudence jusqu'à ce qu'il juge bon de la modifier ; ou dangereux parce qu'il sera obligé de s'y conformer, même si elle ne répond plus à la réalité des faits, si elle ne correspond plus au tarif de base.

D'ailleurs, si vous donnez aux conseils de prud'hommes la faculté d'établir à l'avance des tarifs aux pièces, je ne crois pas qu'ils en useront beaucoup, non pas tant par paresse, comme disait M. Broda, mais par un sentiment bien humain : parce que la difficulté sera tellement considérable qu'ils n'oseront pas s'y attaquer à l'avance.

C'est pourquoi, contrairement à M. Broda, je vous demande de ne pas voter la proposition soutenue par M. Jay.

M. Salmont. — C'est en qualité de conseiller prud'homme que je prends la parole. Je crois que vous voulez leur donner une tâche qu'ils sont incapables de remplir. La qualité de conseiller prud'homme n'entraîne pas toujours la supériorité professionnelle. Généralement les conseillers prud'hommes sont des hommes de profession ayant une certaine sympathie de la part de leurs confrères, puisqu'ils ont été nommés par eux, des hommes ayant une certaine honorabilité, un certain sens de la justice, une certaine somme de sang-froid, mais, comme valeur professionnelle, ils peuvent ne pas avoir de supériorité sur leurs collègues ; je vous l'avoue franchement, quoiqu'entrepreneur de serrurerie, je reconnais qu'il y a beaucoup de serruriers plus capables que moi au point de vue professionnel.

Je ne vois pas bien le conseil de prud'hommes établissant lui-même les tarifs ; faites-les faire, si vous le voulez, par certaines organisations que vous désignerez, mais ne lui demandez pas une besogne semblable...

M. CAMPREDON. — Quelles organisations feront les tarifs, si ce ne sont pas les conseils de prud'hommes ?

M. SALMONT. — Encore une fois, je vous parle en qualité de conseiller prud'homme ; j'ai un de mes collègues à côté de moi, je suis sûr qu'il ne me démentira pas ; de même tous les conseillers prud'hommes de bonne foi — et ils le sont tous — vous diront que ce n'est pas possible que nous nous chargions de l'établissement des tarifs.

Il y a à cela de multiples difficultés. Pour ne vous rappeler qu'un exemple, celui des vestes de pâtissier, dans lesquelles ma mère a travaillé. Il y en avait qui étaient payées 17 sous et d'autres qui étaient payées 22 sous. J'ai constaté que l'on gagnait plus à faire des vestes de 17 sous qu'à faire des vestes de 22 sous. Vous voyez tout de suite l'inconvénient qu'il y aura à faire établir des tarifs par des collectivités. Pourquoi gagnait-on plus à faire des vestes de pâtissier à 17 sous ? Parce qu'elles étaient mieux coupées que celles à 22 sous, l'ouvrière n'avait qu'à coudre, tandis que, pour les vestes à 22 sous, elle était obligée de donner des coups de ciseaux, de rectifier la coupe à chaque instant.

Je vous cite cet exemple parce qu'il se rencontre très fréquemment. Et s'il s'agit de moyens de fabrications que le patron ne voudra pas dévoiler, comment nous y prendrons-nous ?

J'insiste auprès de vous pour que vous ne donniez pas une mission si difficile aux conseillers prud'hommes qui ont déjà bien du mal à s'en tirer avec les tarifs qu'on leur apporte tout faits. Ce n'est pas par suite de leur capacité, mais c'est parce qu'ils ne peuvent pas se renseigner davantage.

M. ZAMANSKI. — Il me semble que la discussion a dévié

depuis quelques instants. La discussion qui vient de s'établir entre les précédents orateurs porte sur l'article du projet de loi qui permet, dans certains cas, aux conseils de prud'hommes d'homologuer des tarifs. Mais la discussion, telle qu'elle doit se poursuivre entre nous, telle qu'elle avait commencé, ne porte pas sur cet article. Elle suppose que cet article est voté et que nous y apportons un amendement.

Les arguments très frappants, très forts, je le veux bien, de M. Alfassa et de M. Fagnot vont bien, en effet, contre le vote de cet article du projet.

Tout à l'heure, au contraire, M. le docteur Broda estimait que l'article n'allait pas assez loin. Vous voyez donc qu'en réalité nous discutons cet article du projet au lieu de discuter l'amendement que nous voudrions lui apporter.

Les exemples de M. Alfassa et de M. Fagnot ne vont pas contre un effet possible de cet article, contre un effet qui serait, comme l'a indiqué M. l'abbé Mény, illogique, qui serait injuste, et je dirai volontiers scandaleux. Prenons, par exemple, l'industrie du vêtement ; le conseil de prud'hommes aura homologué un tarif aux pièces correspondant au tarif au temps. Que demandons-nous ? Nous demandons purement et simplement que, dans ce cas-là, l'ouvrière puisse se dire : « Je n'ai pas besoin de faire le calcul, la transposition du salaire au temps en salaire aux pièces, cette transposition a été faite et je n'ai qu'à me reporter aux tableaux aux pièces homologués par le conseil de prud'hommes ». Voilà ce que se dira certainement l'ouvrière. Il serait scandaleux que le jour où elle viendra apporter au contentieux une contestation, elle voie la base sur laquelle elle s'est appuyée s'écrouler.

Tout à l'heure, M. Alfassa et M. Fagnot nous disaient : « Mais vous demandez que la jurisprudence devienne la loi, que la jurisprudence une fois établie ne puisse plus être changée ». Pas du tout, nous demandons précisément le contraire, car cette homologation des tarifs n'est pas précisément un jugement d'espèces. Or, la jurisprudence n'est faite que d'une collection d'espèces. Nous voulons véritablement une forme légale et non pas donner à une collection d'espèces une forme légale. Voilà pourquoi nous disons que M. Alfassa n'interprétait pas exactement notre pensée..

Je suppose le cas où le conseil de prud'hommes aurait homologué un tarif. L'ouvrière, en toute tranquillité, se sera imaginée qu'elle pouvait s'y fier et, lorsqu'elle se présentera devant les prud'hommes, elle se verra peut-être condamnée, parce qu'il y aura eu quelque chose de changé. Eh bien, nous voulons que, pour qu'elle voie sa prétention repoussée, il y ait eu un autre tarif aux pièces homologué et détruisant le premier. Nous demandons que, dans les cas où la loi le permet et où le conseil de prud'hommes aura pu le faire, nous demandons que le tarif homologué ait force de loi jusqu'à ce qu'un autre tarif soit venu le détruire. Si le conseil de prud'hommes trouve à l'user, que ce mode d'établissement des tarifs aux pièces homologués est véritablement impossible, est trop compliqué, il n'établira pas de tarifs.

Nous ne vous demandons pas grand'chose, mais ce petit peu est logique ; il éviterait des faits scandaleux et de nature à porter un grave discrédit à la loi. Accordez-nous donc ce peu de chose, qui ne va pas contre vos idées de fond ni vos principes.

M. CAMPREDON. — L'argumentation de M. Fagnot ne me convainc pas du tout. D'après lui, le tarif de base sera fixé par chaque affaire contentieuse qui arrivera devant le conseil des prud'hommes. Mais, si ce conseil de prud'hommes ne peut pas fixer un salaire de base normal, comment arriverez-vous à quelque chose?

M. FAGNOT. — Un mot pour éclairer le débat et, si possible, le raccourcir. Ne confondez pas salaire de base et tarif aux pièces; le salaire de base, c'est la normale préalablement fixée; le tarif aux pièces, c'est l'objet du débat. Le premier point est tranché : nous voulons un salaire de base préalablement fixé. Mais nous ajoutons : une fois que le salaire de base sera fixé, laissez le juge statuer sur les espèces. Ces Messieurs, au contraire, disent : « Nous voulons que le tarif aux pièces puisse être établi à l'avance par le conseil de prud'hommes et, dans ce cas, nous voulons que ce tarif soit obligatoire. »

M. CAMPREDON. — Je trouve qu'il est tout naturel que l'on établisse un tarif aux pièces.

M. le conseiller prud'homme qui a pris la parole tout à l'heure nous disait qu'il ne croyait pas que les conseillers prud'hommes seraient capables d'établir des tarifs aux pièces; mais on pourrait, par exemple, leur adjoindre des inspecteurs du travail qui seront capables, eux, de faire cela.

M. FAGNOT. — Ils ne manqueront pas de besogne !

M. CAMPREDON. — Lorsque j'étais inspecteur du travail, je me serais bien chargé d'établir un tarif aux pièces pour deux, trois catégories...

M. COUPAT. — Il est déjà bien difficile pour l'ouvrier d'une profession de dresser un tarif pour un travail qu'il ne fait pas lui-même, à plus forte raison serait-ce difficile pour quelqu'un qui n'est pas absolument du métier. On s'est rendu compte que, chaque fois que l'on avait voulu faire un prix d'après un dessin, d'après un plan; il y avait des erreurs, car il n'y a que lorsqu'on a fait soi-même le travail que l'on se rend compte du prix qu'il peut valoir.

M. LE PRÉSIDENT. — Voulez-vous me permettre de vous rappeler que nous discutons en ce moment-ci un vœu à propos de l'article 32 (*f*), qui pose le principe suivant :

« A défaut de ces constatations, les conseils de prud'hommes peuvent, sans préjudice des attributions contentieuses qui leur appartiennent en vertu de la loi, faire des enquêtes avec ou sans expertise, en vue d'établir les mêmes données. »

La proposition présentée par M. l'abbé Mény et soutenue par M. Jay ne propose pas de donner quelque chose de nouveau en dehors de ce que vise le vœu du gouvernement. Ils demandent purement et simplement pour les conseils de prud'hommes la faculté d'établir des tarifs aux pièces. Le gouvernement a reconnu que dans ceratines circonstances les conseils de prud'hommes pouvaient se croire pourvus des lumières suffisantes pour établir des tarifs aux pièces ; c'est uniquement dans les cas visés par le gouvernement que se placent M. Mény et M. Jay afin d'éviter à l'ouvrière, lorsque cela sera possible, la transposition du salaire au temps en salaire aux pièces.

Je vous demande pardon, Messieurs, de prendre part à la discussion, mais il me semble qu'il était nécessaire de rappeler exactement ce sur quoi nous discutions. M. l'abbé Mény et M. Jay demandent simplement que, dans le cas où le conseil de prud'hommes, usant de la faculté que lui donne le gouvernement, aura établi un tarif ou en aura homologué un, ce tarif ait force de loi tant que le conseil de prud'hommes n'en aura pas adopté un autre. Ceci pour éviter que la discussion générale ne s'engage à nouveau sur chaque espèce qui serait soumise au conseil de prud'hommes.

M. Fagnot. — Encore une fois, Messieurs, si le tarif n'a pas été rendu obligatoire, c'est parce que, la première question que je vous indiquais tout à l'heure étant résolue, il y en a une seconde qui se présente nécessairement à l'esprit du juge : « cette ouvrière qui réclame rentre-t-elle dans la définition de la loi ?... »

M. Campredon. — Alors quelles sont les ouvrières qui rentrent dans la définition de la loi ?

M. Fagnot. — C'est le juge qui l'établira. C'est un point tout à fait délicat. Il faut que le conseil des prud'hommes soit libre de rendre la décision qu'il jugera convenable, car il peut se trouver en présence d'une ouvrière affoiblie, d'une ouvrière inférieure ; c'est pourquoi il ne faut pas donner au tarif établi force exécutoire. Il pourrait en résulter, dans le cas contraire, ou bien un déni de justice à l'égard du patron, ou bien une amère déception pour l'ouvrière.

Si l'on admettait que le tarif établi sera obligatoire, nous ferions tout simplement une loi dont l'application serait pour ainsi dire automatique, ce qui paraît contraire à l'équité et à la complexité des cas d'espèces.

M. Zamanski. — Nous réservons le second point.

M. Alfassa. — Je suis pleinement d'accord avec M. Fagnot, à quelques détails près, sur ce qu'il a dit et je voudrais vous faire toucher du doigt les inconvénients de ce que vous proposez.

Vous vous placez dans cette hypothèse que le jeu automatique du tarif ne peut que favoriser l'ouvrière et que cela est nécessaire pour défendre l'ouvrière. Votre idée est celle-ci : lorsqu'un tarif aura été homologué, il jouera jusqu'à ce qu'il ait été modifié par une délibération spéciale du conseil de prud'hommes. Tout d'abord l'élaboration d'un tarif sera longue, ce sera une besogne très difficile que le conseil de prud'hommes n'entreprendra pas volontiers et surtout ne recommencera qu'à son corps défendant, s'il lui est démontré que ce tarif, qui a permis à un moment le salaire de base, ne le permet plus par suite de modifications de fait que le réseau des mailles du tarif n'aura pas pu empêcher.

Je vous demande alors de vous placer dans l'hypothèse suivante : le patron, voulant, à tort, bénéficier, plus qu'il ne le doit du travail de l'ouvrière, introduira dans son travail des pièces d'un tissu beaucoup plus dur, comme dans l'exemple des vestes de pâtissier que l'on vous citait tout à l'heure. Le conseil de prud'hommes, lié par votre texte, n'ayant pas modifié son tarif, sera obligé de donner tort à l'ouvrière, et pareil fait se reproduira jusqu'à ce que ces cas de violation du salaire de base aient été assez nombreux pour vaincre son manque d'entrain à changer un tarif.

Il me semble que cette hypothèse compense toutes les hypothèses favorables que vous pouvez avoir à l'esprit.

M. JAY. — Je voudrais arriver à m'entendre avec M. Fagnot, au moins sur la position de la question que le juge aura à examiner en second lieu. Cette question est de savoir si l'ouvrière qui réclame est l'ouvrière de qualité moyenne pour laquelle le tarif a été fait.

Il est impossible de refuser au juge le droit d'examiner cette seconde question ; nous n'avons pas cette prétention. Mais, parce que nous ne pouvons pas donner à l'ouvrière, sur ce point, des garanties complètes, est-ce une raison pour que, sur la première question, nous ne lui donnions pas toutes les sécurités qu'il nous est possible de lui donner ?

M. FAGNOT. — Je crois qu'elle les a ?

M. JAY. — Non, elle ne les a pas dès lors que le tarif que prévoit le gouvernement, comme l'a fait remarquer notre Président, n'est pas un tarif qui s'impose au conseil de prud'hommes.

Personne n'a proposé de supprimer l'article 32 (*f*); par conséquent, il subsiste et il ne peut pas avoir d'autre but que celui d'éclairer les ouvrières et de donner aux patrons une plus grande sécurité. Mais, pour que les tarifs qu'il prévoit aboutissent aux résultats que l'on est en droit d'espérer, il est indispensable que le tribunal ne puisse pas, le jour où il sera saisi contentieusement de la plainte de l'ouvrière et où se posera la question de la condamnation du patron, appliquer une autre règle que celle qui aura été établie préalablement.

M. Alfassa nous a objecté qu'il ne pouvait que dans une hypothèse le tarif le gêne. Eh bien ! je préfère que, dans une espèce donnée, on applique une loi même défectueuse, mais une loi connue, qui a fait la règle des parties, plutôt que de voir cette loi se modifier selon chaque espèce.

Ce que j'invoque là, ce sont des principes généraux de notre constitution politique et sociale. Lorsqu'une loi est édictée, le juge n'a pas le droit, parce qu'elle lui paraît mauvaise, de la changer dans un cas donné. Si cette solution peut être défectueuse dans un cas donné, elle est protectrice des intérêts généraux dans l'immense majorité des cas. Nous ne demandons pas autre chose.

Je dis que, dans la réalité des choses, on trompera l'ouvrière ou le patron, si, après avoir affiché que telle camisole serait payée 40 sous, le juge peut dire qu'elle sera payée 30 sous ou 2 fr. 50.

Personne ne pourra croire, ni patron ni ouvrière, que vous affichez un tarif pour ne pas l'appliquer.

Messieurs, j'ai un peu honte d'insister pour arriver à cette vérité de La Palisse...

M. ALFASSA. — Vous avez raison d'insister parce que vous soulignez l'écart qui existe entre nous.

M. JAY. — Je ne crois pas que, parce que l'on a remplacé le comité de salaires par le conseil de prud'hommes, on doive modifier l'orientation de la législation ; je crois que dans les deux systèmes on peut donner les mêmes garanties à l'ouvrière et aux patrons. Encore une fois, faire un tarif préalable et dire qu'on pourra ne pas s'y conformer, c'est tromper les uns et les autres.

M. ALFASSA. — Je répète qu'il est excellent que M. Jay ait insisté parce que cela nous démontre qu'il y a plusieurs manières d'interpréter les propositions dont nous nous occupons. Après les explications que nous a données tout à l'heure M. le Président, j'avais eu l'impression que nous ne jouions que sur une question de faculté ou d'obligation, mais après celles de M. Jay, je vois qu'il s'agit d'un renversement de tout le projet tel que nous sommes quelques-uns à l'avoir conçu.

Actuellement, le projet du gouvernement dit qu'aucune femme travaillant dans certaines industries ne devra recevoir un salaire inférieur à 2 francs, par exemple, pour fixer les idées. Ce salaire de 2 francs par jour devra être obtenu quel que soit le travail qu'elle fera, quels que soient les tarifs aux pièces qui lui seront payés. Le rôle du juge sera de statuer si, en fait, les tarifs qu'on lui paie lui permettent d'arriver à ce salaire de 2 francs. Le juge dressera, pour sa commodité personnelle, un barème parce qu'il ne lui est pas possible, dans chaque espèce, de refaire une enquête très longue et très pénible; mais, si au cours de l'exercice de ses fonctions, le juge se rend compte que les tarifs payés dans telle profession ne permettent pas d'arriver au salaire de 2 francs par jour, il aura la faculté, parce que c'est son œuvre, de modifier, sur le siège, son tarif parce qu'il viole le principe fondamental de la loi sur le salaire minimum.

Voilà au nom de quel principe je m'élève avec énergie contre la proposition de M. l'abbé Mény et de M. Jay qui me paraissent — c'est peut-être eux qui ont raison, mais je suis ici pour défendre mes conceptions personnelles — qui me paraissent ruiner complètement l'économie du projet et ses dispositions tutélaires pour les malheureuses ouvrières à domicile que nous avons l'intention de protéger. Je reprends ce que je vous disais tout à l'heure : ou votre disposition ne jouera pas et sera inutile, — et c'est toujours un inconvénient que d'avoir une disposition impérative inutile — ou votre disposition jouera, et elle sera dangereuse.

C'est pourquoi je demande à l'assemblée de la repousser, d'autant plus que je ne vois pas les avantages qu'elle procurera.

M. JAY. — Vous allez à la suppression des tarifs.

M. ALFASSA. — Je ne conçois pas le jeu de la loi sans tarifs, mais je vous demande de ne pas lier d'une manière impérative le conseil de prud'hommes.

M. LE PRÉSIDENT. — Quelqu'un demande-t-il encore la parole ?

DANS LA SALLE. — Aux voix, aux voix.

M. LE PRÉSIDENT. — Je vous fais remarquer que tout le monde est d'accord sur ce point : qu'il faut assurer à l'ouvrière le salaire minimum — disons 2 francs par jour, par exemple, pour fixer les idées — et qu'il n'y a de discussion que sur la manière de l'assurer. M. Alfassa croit qu'il est nécessaire que le juge garde son entière liberté vis-à-vis des tarifs qui ont pu être faits préalablement ; d'autre part, M. l'abbé Mény et M. Jay croient que, si vous avez affiché sur les murs un tarif établi par le conseil de prud'hommes, il serait extraordinaire que vous ne l'appliquiez pas.

Voilà, Messieurs, la question qu'il faut trancher : il faut que vous disiez si vous préférez le système de MM. Alfassa et Fagnot ou celui de M. l'abbé Mény et de M. Jay.

Mlle BUTILLARD. — Je voudrais avoir une explication. Si le tarif doit être appliqué, le sera-t-il à tous les travaux ? Dans la chemise, par exemple, est-ce que le tarif s'appliquera, même s'il y a des changements d'étoffes ?

M. JAY. — C'est une question de fait. Si vous avez un tarif et que vous vouliez qu'il ne s'applique pas à toutes les catégories de chemises, vous ferez un tarif pour les objets faits avec telle étoffe, puis un autre tarif pour ceux faits avec telle autre étoffe. Le conseil de prud'hommes aura toute faculté de prévoir quelles seront les étoffes employées. Je suis d'accord avec M. Broda sur ce point : je désire que le conseil de prud'hommes fasse le plus possible de tarifs. Et lorsqu'il constatera qu'un tarif n'est pas équitable, il n'y aura pas besoin de nombreuses formalités, il n'y aura qu'à changer l'affiche faisant connaître le tarif appliqué. Ce que je demande, c'est que l'on applique le tarif qui aura été établi et qu'on le change

chaque fois que l'on en trouvera un meilleur. (*Applaudissements*).

M. LE PRÉSIDENT. — Je vais vous donner lecture à nouveau de la proposition de M. l'abbé Mény :

« *Qu'au cas où un tarif aux pièces aura été établi ou
homologué par un conseil de prud'hommes, l'ouvrière puise
dans ce tarif même le droit de réclamer la différence entre
les prix fixés par ce tarif et ceux payés par l'employeur.* »

L'amendement est adopté par neuf voix contre huit.

RÈGLES DIVERSES

RELATIVES A LA FIXATION DES SALAIRES

Assemblée générale du 12 Février 1912

PRÉSIDENCE DE M. LORIN

M. LE PRÉSIDENT. — Je vais vous donner connaissance des vœux déposés par M. Alfassa et qui sont destinés à compléter l'article 32-b, qui est ainsi conçu :

« Le tarif aux pièces appliqué aux travaux à domicile... »

Voici le projet d'adjonction de M. Alfassa :

« *Lorsque les mêmes travaux seront effectués avec le même outillage à l'atelier et à domicile, les tarifs payés à l'atelier seront applicables au travail à domicile.* »

M. ALFASSA. — Je vous ai longuement expliqué, à la séance précédente, ce que j'entendais par là ; je n'y reviendrai pas.

M. SALMONT. — Dans ces conditions, le patron aura tout intérêt à faire travailler à l'atelier parce que plus le patron concentrera de monde dans son atelier, plus ses frais généraux diminueront, et vous risquez de faire diminuer notablement le travail à domicile. (*Quelques protestations*).

M. ALFASSA. — Cela nous ramène à la discussion générale, à la question de savoir si la réglementation du travail à domicile ne risque pas de le supprimer plutôt que de l'assainir. Nous dirons simplement à M. Salmont que nous nous sommes longuement occupés de cette question dans nos séances précédentes et que nous avons pensé qu'il y aurait un inconvénient énorme, de nature à amener la disparition du travail à domicile si l'on fixait législativement des minima de salaire trop élevés. Nous avons voulu avant tout éviter qu'on ne profite de l'isolement de la femme travaillant à domicile pour lui payer des prix d'exploitation. Si le travail à domicile comporte quelques inconvénients, quelques inégalités par rapport au travail en atelier, il est impossible de les redresser toutes, parce que, d'autre part, la femme qui travaille chez elle ne bénéficie pas de l'entraînement qu'elle aurait à l'atelier, et sa production est moindre. Tout ce que nous sommes en droit de demander, c'est que la pièce, pourvu qu'elle soit faite avec le même outillage les mêmes produits, soit payée au même prix à l'atelier comme à domicile.

Mlle BUTILLARD. — Est-ce que le vœu qu'on nous propose actuellement ne nous fait pas revenir sur ce qui a déjà été fait ?

M. l'abbé MÉNY. — Il me semble à moi aussi que nous votons un peu deux fois la même chose. A la dernière séance, à laquelle assistait M. Fontaine, il a été décidé que le tarif minimum s'appliquerait à tous les ateliers qui ne sont pas des ateliers à proprement parler.

M. CAMPREDON. — Je voterai le vœu de M. Alfassa parce qu'il demande que le tarif soit égal pourvu que l'outillage soit le même. Cela encouragera les ouvriers à s'acheter des petits moteurs ou autres outillages pour que le travail à domicile rapporte davantage.

Mlle BUTILLARD. — Ce n'est pas que je voie des inconvénients au vœu que M. Alfassa nous présente, mais je crains que ce soit un peu revenir sur ce qui a été fait.

M. JAY. — Au fond, y voyez-vous des inconvénients ?

Mlle BUTILLARD. — Non, mais je préférerai la première formule qui disait que le conseil de prud'hommes devrait s'inspirer de certaines considérations.

M. ALFASSA. — A la dernière séance, vous nous avez priés de mettre d'accord les divers rapporteurs et les diverses propositions. C'est une tâche assez difficile, et nous sommes obligés de vous présenter un texte qui ne satisfait absolument ni l'un ni l'autre des rapporteurs ou des auteurs d'amendement.

J'ai renoncé à introduire cette disposition dans la détermination du salaire minimum, parce qu'il ne fallait envisager que des salaires au temps. Mais les éléments d'appréciation du conseil des prud'hommes avaient, selon moi, besoin d'être mieux précisés; et c'est pourquoi j'apporte ici ce qui a évidemment les apparences d'une restriction, mais ce qui me paraît bien conforme aux idées qui nous ont guidé à travers cette longue discussion.

M. MOTTEAU. — Au nom de la Fédération de la mode, je me rallie à la proposition de notre honorable collègue.

La proposition est adoptée.

Assemblée générale du 9 Mars 1912

PRÉSIDENCE DE M. LIÉBAUT

M. ALFASSA. — J'ai été préoccupé de définir les mots « ouvrière d'habileté moyenne », qui se trouvent employés dans la loi, à l'article 32 b. Il me paraît que la définition de ce terme est à peu près impossible à donner d'une façon suffisamment concise. Mais il m'est apparu que, dans la pratique, la solution serait assez facile si l'on décidait tout simplement que toute ouvrière est présumée moyenne jusqu'à preuve du contraire.

On dit : « Il faut que les tarifs permettent à l'ouvrière moyenne de gagner le salaire minimum. Si la généralité des ouvrières payées à ce tarif gagne le salaire minimum, c'est que cela permet à l'ouvrière moyenne d'y arriver. Donc toute ouvrière sera présumée moyenne jusqu'à ce que le patron prouve que le tarif payé pour un article permet à la généralité des ouvrières d'arriver au salaire minimum et que, si l'ouvrière en question n'y parvient pas, c'est parce qu'elle est d'habileté inférieure à la moyenne. J'ai donné à mon amendement la forme suivante :

« *La preuve de l'infériorité professionnelle de l'ouvrière est à la charge du patron.* »

M. Motteau. — Je trouve que le seul contrôle possible, c'est de mettre cette preuve à la charge du patron, parce qu'autrement, nous ne pourrions pas nous en sortir. M. Alfassa a très bien compris et su éviter la difficulté.

Lorsqu'il faudra faire la preuve, le patron apportera ses livres, ses carnets de paie, ses livres de façon. Je crois que cet amendement donne satisfaction à tout le monde.

L'amendement est adopté.

SANCTIONS PÉNALES ET CONSTATATION DES INFRACTIONS PAR LES INSPECTEURS DU TRAVAIL

Assemblée générale du 9 Mars 1912

PRÉSIDENCE DE M. LIÉBAUT

M. JAY. — Nous abordons maintenant la capitale question des sanctions et du contrôle. Nous sommes saisis sur ce point de deux amendements : l'un dont l'auteur est absent, celui de M. Broda, demande, d'une part, « que les inspecteurs du travail soient chargés de vérifier l'application de la loi, non seulement pour empêcher les fraudes, mais pour contrôler si les salaires payés aux ouvrières sont conformes aux dispositions des conseils de prud'hommes ; et, d'autre part, « que les patrons contrevenant à ces dispositions soient passibles, pour la première contravention, d'une amende aussi faible soit-elle, mais qui doublera avec chaque condamnation jusqu'à ce qu'elle atteigne 500 francs. »

M. Aftalion a déposé un amendement dont je laisse de côté la première partie, parce qu'un texte analogue a été voté à la dernière séance, mais qui se termine ainsi :

« Que les inspecteurs du travail soient chargés d'assurer l'obéissance au tarif et que la violation de ce tarif soit sanctionnée par des amendes. »

M. AFTALION. — Mesdames et Messieurs, vous savez la ligne de conduite que nous nous sommes imposée au cours de cette discussion. On nous a dit que nous devions faire preuve de beaucoup de modération, renoncer à nos préférences en faveur du système général de réglementation du travail à domicile, nous tenir tout près du système du projet gouvernemental et proposer simplement des amendements à ce projet sur quelques points indispensables. De cette façon seulement, nous pourrions faire œuvre utile. Pour ma part, j'ai été très docile à ces conseils, j'ai voté contre l'extension de la loi aux hommes. En ce qui concerne le salaire de base, c'est moi-même qui vous ai mis en garde contre les dangers d'un salaire trop élevé, qui vous ai demandé de ne pas proposer une augmentation trop considérable de salaire pour l'ouvrière à domicile. Nous sommes donc jusqu'ici demeurés assez fidèles au projet gouvernemental. Nous nous sommes contentés d'une réforme de portée modeste, à la fois quant au nombre de personnes qui en bénéficieront et quant au montant de l'amélioration du salaire qu'elle comporte.

Mais si nous avons borné ainsi nos desiderata à une réforme de portée modeste, nous avons d'autant plus d'autorité pour réclamer avec plus de force que la réforme soit effective, qu'elle ne soit pas une réforme de façade. Nous demandons peu. Mais ce peu doit être une réalité. Il ne nous suffit pas qu'un principe platonique soit inscrit dans notre législation. Ce qui nous importe, c'est qu'il soit appliqué.

Or, une expérience maintenant séculaire, confirmée par l'histoire des législations ouvrières de tous les pays, nous apprend qu'en matière de protection des travailleurs, les meilleures lois demeurent lettre morte si elles ne prévoient pas des pénalités contre ceux qui contreviennent aux règles qu'elles édictent et un contrôle par des fonctionnaires spéciaux.

Pour la réglementation du travail à domicile, le projet

gouvernemental tient-il compte de cette vérité d'expérience? Si nous jetons un regard sur le texte du projet, nous voyons qu'à l'article 99 (a), il est question de pénalités. A l'article 107, il est questions du contrôle par les inspecteurs du travail. Il semble donc que le projet n'a pas méconnu l'enseignement donné par l'histoire de toutes les législations ouvrières dont je parlais tout à l'heure.

Mais attendez ! Quelles sont les dispositions qui sont ainsi sanctionnées par les pénalités et dont l'application est contrôlée par les inspecteurs du travail ? Ce sont les dispositions relatives à la tenue de registres où l'on devra inscrire le nom des ouvrières. Ce sont encore les dispositions relatives à la remise à l'ouvrière d'un bulletin où l'on inscrira les prix de façon.

Mais personne ne peut estimer que ce soient là les dispositions essentielles du projet, que la tenue d'un registre ou que la remise d'un bulletin contenant certaines mentions puissent améliorer grandement le sort des ouvrières. Il est entendu depuis longtemps que la question fondamentale en notre matière, c'est la question du salaire. Les seules dispositions importantes du projet sont les dispositions destinées à amener un relèvement du salaire, les dispositions interdisant de payer des salaires trop faibles.

En ce qui concerne ces salaires minima, quelles sont les sanctions, quel est le contrôle qui sont prévus par le projet gouvernemental?

Tout d'abord, l'ouvrière qui aura reçu un salaire inférieur au salaire qu'elle devrait légalement recevoir, au salaire de base, pourra poursuivre l'employeur, dans un délai de huit jours, et lui réclamer le supplément qui lui est dû.

J'ai à peine besoin de vous dire que voilà une première sanction, sanction civile, qui ne jouera guère, qui est quasi inexistante. L'ouvrière ne poursuivra pas l'employeur devant les tribunaux pour de multiples raisons dont la principale est qu'elle craint à juste titre de ne plus recevoir de lui dans l'avenir d'ouvrage à exécuter. Lorsqu'elle se présentera chez l'entrepreneur, il lui sera répondu que, malheureusement, il n'y a provisoirement pas de travail pour elle. Et ce provisoire se perpétuera.

Mais voici d'autres dispositions, moins dénuées de toute efficacité. Le projet gouvernemental porte que des associations et des syndicats ouvriers pourront exercer les actions civiles résultant de la loi. Je ne sais pas, car le projet n'est pas suffisamment explicite sur ce point, je ne sais pas si le syndicat devra agir au nom des ouvrières et des seules ouvrières syndiquées. S'il en était ainsi, nous reviendrions à la situation précédente. L'ouvrière craintive suppliera le syndicat de ne pas intervenir.

En outre, il ne faut pas espérer que se constitueront des syndicats puissants comprenant d'importantes fractions de la population ouvrière à domicile. Le mouvement syndical s'est toujours peu développé dans les industries à domicile. Les syndicats, d'autre part, ont toujours eu beaucoup de difficultés à recruter des adhérentes féminines et à les conserver. Double raison ainsi pour qu'il n'y ait qu'un petit nombre d'ouvrières à domicile syndiquées, c'est-à-dire un petit nombre d'ouvrières au nom de qui un syndicat pourrait agir en justice.

Mais admettons que le projet gouvernemental implique que le syndicat puisse agir en son propre nom, qu'un syndicat de la profession puisse agir pour une violation des prescriptions légales intéressant même des ouvrières non syndiquées de la région. Dans ce cas, on peut s'attendre à ce que certains efforts soient faits en vue de l'application de la loi. Mais je ne crois pas que ces efforts puissent être suffisants pour faire entrer le salaire minimum dans le domaine des réalités.

Je ne vois pas — et c'est la première objection que je présente à l'efficacité de l'intervention syndicale — comment le syndicat pourrait être un excellent organe de contrôle en une matière aussi délicate. Les ouvrières à domicile sont éparpillées dans de multiples quartiers des grandes villes en même temps que dans les villages et dans les plus humbles hameaux. Les violations de la loi sont fort nombreuses et très difficiles à saisir. Il faudrait, pour les atteindre, tout un corps d'inspecteurs du travail. Or, les syndicats ouvriers n'ont, le plus souvent, pour représentants, que des ouvriers qui travaillent encore pendant la journée, qui ne peuvent consacrer à l'action syndicale que quelques heures de loisir. Comment quelques rares secrétaires de syndicats pourront-ils, dans ces quelques heures de loisir, remplir, en outre de leur besogne syndicale ordinaire, une besogne qui serait déjà passablement malaisée pour un certain nombre d'inspecteurs du travail? Comment pourront-ils connaître toutes les fraudes et trouver le temps nécessaire pour poursuivre leur répression? La tâche est vraiment trop écrasante pour les syndicats.

Une seconde crainte que j'émets au sujet de l'efficacité de l'intervention syndicale, c'est que bientôt le syndicat ne se décourage, non seulement il peut difficilement agir. Mais bientôt, il ne voudra plus agir. Si, en effet, il aboutit par une action énergique et incessante à quelque résultat en quelque endroit, dans tel quartier d'une grande ville ou dans telle bourgade, comme une semblable action n'aura pu se faire sentir partout, comme les patrons des autres quartiers, des autres bourgades échapperont à la loi, des déplacements se produiront dans la distribution géographique de l'ouvrage à domicile. Les employeurs que le syndicat aura contraints à l'obéissance des prescriptions légales, concurrencés par les employeurs des quartiers ou des villages voisins où la loi n'est pas appliquée, enverront l'ouvrage à accomplir dans ces derniers endroits. S'ils ne peuvent le faire eux-mêmes, ils auront recours aux sous-entrepreneurs qui iront dénicher les ouvrières dans des hameaux, dans des quartiers où le syndicat ne peut pas intervenir. Devant des faits pareils, si contraires aux intérêts des ouvrières qu'il voudrait défendre, le syndicat renoncera bien vite à toute action.

On ne peut demander aux employeurs de respecter la loi que si en même temps on leur donne l'assurance que cette loi sera respectée ailleurs. Une loi ne peut être appliquée que si l'uniformité d'application existe, de sorte qu'est évitée dans une très large mesure la concurrence de ceux qui sont tentés d'échapper aux prescriptions légales. Il ne faut pas croire, comme on l'a dit parfois, que les bas salaires distribués aux malheureuses ouvrières à domicile aient quelque chose d'exceptionnel, qu'ils soient le fait de quelques rares patrons, de quelques forbans de l'industrie. La concurrence pousse, sinon peut-être certains patrons qui vendent eux-mêmes aux consommateurs de détail, sinon les grands magasins, du moins les autres patrons à payer d'après des tarifs aussi bas que leurs confrères qui paient le plus mal.

C'est pourquoi une loi établissant un minimum de salaire ne peut produire d'effets que s'il existe un organisme capable d'en assurer partout l'application, de façon à empêcher les méfaits d'une concurrence qui tend à généraliser les plus bas salaires.

Cet organisme ne peut être le syndicat. La sanction des violations de la loi ne peut être une simple action civile.

Il faut ici comme dans les autres parties de la législation protectrice des travailleurs, en venir aux sanctions pénales et au contrôle par l'inspection du travail.

Je sais bien que l'intervention des inspecteurs du travail, armés de sanctions pénales, en notre matière présente plus de difficultés que dans d'autres sections de la législation ouvrière. Tandis que la loi fixe le nombre d'heures de travail, elle ne fixe pas et elle ne peut pas fixer le tarif d'après lequel les ouvrières devront être payées. Elle se contente de poser des règles générales pour le salaire de base.

Il n'existe donc pas en principe de tarif obligatoire établi, et dont l'inspecteur du travail puisse exiger l'application. Or, il est aisé de dresser procès-verbal pour une durée de travail qui dépasse tant d'heures. Il est moins aisé de dresser procès-verbal pour un salaire insuffisant, quand il n'est point de tarif légal, quand on n'a pas simplement à constater qu'il a été payé pour tel ouvrage un salaire inférieur au salaire prescrit par le tarif.

C'est pourquoi, pour éviter les critiques fondées sur les difficultés des constatations demandées aux inspecteurs du travail en notre sujet, me paraît-il prudent de ne pas proposer l'intervention de l'inspection du travail dans tous les cas où elle croirait violées les prescriptions relatives aux salaires. Je me borne à réclamer cette intervention dans les cas où précisément un tarif existe, où il sera facile à l'inspection du travail de contrôler l'obéissance aux prescriptions de ce tarif, aussi bien que l'obéissance aux règles relatives à la durée du travail. Ces cas sont ceux où le conseil de prud'hommes aura dressé ou homologué des tarifs aux pièces. Mon amendement porte :

« Qu'au cas où un tarif aux pièces aura été établi ou

homologué par le conseil de prud'hommes..., les inspecteurs du travail soient chargés d'assurer l'obéissance au tarif... ; que la violation du tarif soit sanctionnée par des amendes. »

Il est vrai que l'objection que je faisais tout à l'heure en ce qui concerne l'efficacité de l'action des syndicats ouvriers pourrait m'être retournée pour ce qui touche le contrôle par l'inspection du travail des tarifs institués par les conseils de prud'hommes. Si le conseil de prud'hommes, dans telle région, établit un tarif et si, dans la région voisine, il n'en est pas de même, ce fait favorisera les employeurs de cette dernière région, facilitera la concurrence qu'ils font aux autres employeurs et, par suite, entravera l'application de la loi. Sans doute ! Et il y a là une conséquence du système gouvernemental qui a recours aux conseils des prud'hommes au lieu d'établir partout des comités de salaires. Mais on peut espérer que, par une intervention auprès des conseils de prud'hommes, on arrivera en France, dans la plupart des centres, à faire établir des tarifs, de manière à généraliser l'application de la loi.

Quoi que vous pensiez de mon amendement, ce qui me paraît surtout indispensable, c'est que nous demandions énergiquement l'introduction dans le projet gouvernemental de dispositions susceptibles de faire que le salaire minimum devienne une réalité. Je crois que c'est là le point sur lequel notre Association doit le plus insister pour amender le projet gouvernemental. Réforme modeste, mais réforme effective. Pas de réforme effective sans sanctions pénales et sans un contrôle par l'inspection du travail ; voilà les idées dont nous devons désirer que le Parlement s'inspire pour la correction nécessaire du projet qui lui a été soumis par le gouvernement.

M. Motteau. — J'avais préparé un amendement dans le même sens que celui de M. Aftalion. J'avais même ajouté : « Les inspecteurs dresseront procès-verbal, avec appel devant les conseils de prud'hommes qui jugeront avec amendes et sanctions suivant le cas, et surtout lorsqu'il y aura récidive ».

M. Jay. — Il y a une différence assez sensible, capitale même, à certains égards, entre le texte proposé par M. Aftalion et, je le crois, le texte de M. Motteau, en tout cas, avec le texte que nous propose M. Broda.

Cette différence a été, d'ailleurs, très clairement mise en relief par les explications que M. Aftalion vient de nous fournir. M. Aftalion part de cette idée qui nous est commune à tous, que si on se contente pour le moment, d'intervenir en faveur d'un petit nombre de travailleurs, il faut, au moins, que la protection accordée à ce petit nombre soit effective, il faut que la loi puisse être réellement appliquée, qu'elle donne dans le domaine étroit auquel nous la restreignons tous les résultats qu'on est en droit d'espérer.

M. Aftalion, je le comprends fort bien, — se trouve, à ce point de vue, gêné par certaines des dispositions du projet. Je crois, cependant, qu'il exagère lorsqu'il nous dit que c'est à la construction même du projet gouvernemental, à son orientation, que les difficultés doivent être attribuées.

M. Aftalion ne propose de sanction pénale et ne donne à l'inspecteur du travail le droit d'intervenir que lorsque des tarifs aux pièces auront été soit dressés, soit homologués par le conseil de prud'hommes. Il lui paraît très difficile d'édicter des sanctions pénales comme aussi de faire appel au concours de l'inspection du travail toutes les fois que de pareils tarifs aux pièces n'auront pas été dressés ou homologués.

Je reconnais que, dans cette hypothèse, l'intervention de l'inspecteur du travail ou l'application d'une sanction pénale présente de grandes difficultés ; mais, remarquez-le bien, ces difficultés ne sont pas une conséquence du système gouvernemental, elles ne disparaîtraient pas avec les comités de salaires. La loi anglaise, notamment, a dû les prévoir. Elles peuvent être peut-être plus ou moins grandes suivant le système adopté, mais toujours, dans une certaine mesure, elles résulteront de la nature des choses. Pourquoi ? Parce qu'il y aura toujours des cas plus ou moins nombreux, dans lesquels le tarif aux pièces n'aura pu être établi et cela, quel que soit l'organisme que vous chargiez de fixer les minima de salaires.

Le comité de salaires anglais se trouve devant des hypothèses où il n'est pas possible de dresser un tarif aux pièces. Que fait-il ? Il fait ce que, d'après le projet gouvernemental, ferait le conseil de prud'hommes : il se contente de déterminer un salaire au temps, que le tarif aux pièces dressé par chaque industriel doit en fait assurer à l'ouvrière à domicile de capacité moyenne. Mais le législateur anglais a été plus hardi que ne le serait M. Aftalion. Il n'a pas pensé que, dans l'hypothèse où l'on n'a pas pu établir de salaire aux pièces obligatoire, on dût nécessairement renoncer à la sanction pénale. D'après la loi anglaise, le juge qui constate que le tableau dressé par l'industriel ne donne pas à l'ouvrière de capacité moyenne le salaire minimum fixé au temps par le comité de salaires, condamne le patron absolument comme si celui-ci a violé un tarif aux pièces déclaré obligatoire par le même comité. La loi anglaise décide que c'est au patron à faire la preuve que son tarif donne bien aux ouvriers —

je dis aux ouvriers, parce qu'en Angleterre la loi s'applique aux ouvriers et aux ouvrières — le minimum légal au temps. Et, à défaut de cette preuve, le patron est condamné à une amende qui peut aller jusqu'à 500 fr.

Voilà, Messieurs, comment se pose la question. Je ne prétends pas la trancher immédiatement. M. Aftalion l'a soulevée, je voulais la souligner; je voulais vous demander si nous ne pourrions pas, même dans le cas où il n'y a pas de tarif aux pièces obligatoire, faire jouer la sanction pénale et faire appel au concours de l'inspecteur du travail.

M. ALFASSA. — Parmi toutes les questions que nous avons eu à envisager, il n'y en a pas de plus délicate que celle que soulève l'amendement de M. Aftalion.

Que le projet du gouvernement soit un projet complètement désarmé, cela ne me paraît pas discutable. Que la plupart des critiques qui ont été formulées par M. Aftalion contre les palliatifs que le projet prévoit puissent éventuellement s'appliquer aux sanctions telles que les établit le projet, cela me paraît moins indiscutable, mais il y a cependant lieu de l'envisager.

Faut-il — comme c'était presque mon sentiment jusqu'à la fin de la dernière séance — ne rien faire? Faut-il dire : « Abstenons-nous, nous verrons ce que le projet donnera? » Je ne le crois pas, et les arguments exposés par M. Aftalion et par M. Jay me poussent à chercher un moyen de ne pas nous en tenir à l'expectative. Je ne me dissimule pas tout ce qu'a de grave et d'un peu aléatoire, je dirai même d'improvisé, l'idée que j'apporte devant vous; je vous prie de m'en excuser. Je vous l'apporte simplement comme élément de discussion; il n'est pas de trop des bonnes volontés de tous pour sortir de cette impasse.

Je me demande si M. Aftalion n'est pas timide dans sa hardiesse, s'il ne s'arrête pas trop tôt dans la voie où il s'engage, s'il ne faudrait pas poser en principe, si l'on admet la nécessité d'une sanction pénale, que l'inspecteur sera chargé de l'application de toute la loi, que l'inspecteur sera qualifié pour en appeler devant le tribunal des prud'hommes de tout ce qui lui paraît une violation de principe de la loi.

A la dernière séance, je me suis élevé contre l'idée que soutenait M. Jay, qui est, dans une certaine mesure, celle à laquelle se rallie M. Aftalion, l'obligation pour le conseil de prud'hommes d'établir un tarif. Mais il ne me semble même pas nécessaire d'imposer cela. Il me paraît beaucoup plus simple que, lorsque l'inspecteur aura constaté que des ouvrières reçoivent un salaire inférieur au tarif de base, il soit qualifié pour saisir, par son procès-verbal, à la fois le conseil des prud'hommes et le juge de paix. Si le conseil des prud'hommes maintient son tarif, c'est-à-dire s'il déclare qu'il n'y avait aucune raison pour ne pas appliquer les tarifs qui eussent fourni le salaire de base, le juge de paix interviendra et sera qualifié pour infliger une amende à l'industriel coupable d'avoir violé la loi.

Voulez-vous qu'il soit dit que l'amende ne sera applicable qu'en cas de récidive, voire même en cas d'habitude, la bonne foi étant toujours mise hors de cause pour une infraction habituelle ? Je le veux bien, je n'y vois pas d'objection. Mais plus je réfléchis et moins je vois de motifs pour dire que, lorsqu'une loi comme celle dont nous nous occupons sera adoptée, des patrons puissent ne pas s'en préoccuper ; j'en vois d'autant moins que c'est cette catégorie de patrons que M. Honoré et ses collègues rendent responsables du « Sweating System ». Il me paraît que la meilleure chose à faire est d'autoriser les

inspecteurs du travail à s'inscrire contre un salaire défec-
tueux.

J'irai plus loin. Je suis très douloureusement frappé,
chaque fois qu'une loi est votée, de ce simple petit paragraphe : « l'inspection du travail est chargée de l'application de la loi ». On augmente continuellement les attributions des inspecteurs du travail, sans en augmenter le
nombre, comme il le faudrait pour qu'ils puissent arriver
à s'acquitter de la tâche qu'on leur donne. Les inconvénients qu'il y a à charger d'autres officiers de police judiciaire que les inspecteurs de l'application des lois, ont
été affirmés ici, à maintes reprises, et par notre Président
et par M. le Directeur du travail. On s'est cependant
trouvé contraint d'entrer dans cette voie pour la loi sur
le repos hebdomadaire. Je ne vois pas de raison de principe pour ne pas y entrer lorsqu'il s'agit d'une loi qui
doit avoir des assujettis sur tout le territoire.

Pour ma part, j'aimerais — je ne me dissimule pas les
objections que ma proposition rencontrerait — j'aimerais que les maires des communes soient autorisés à soutenir la cause des ouvrières devant le conseil des pru-
d'hommes. Le maire exerce une magistrature familiale,
il est le vrai défenseur, dans mon esprit et dans celui de
quelques personnes, des intérêts des incapables de sa
commune ; or, l'ouvrière à domicile est une incapable
dans une certaine mesure. Je ne verrais donc, pour ma
part, aucun inconvénient à ce que la loi donne cette faculté
aux maires.

On m'a objecté que des lois récentes, et en particulier
la loi sur les retraites, avaient mis à la charge des maires
un si grand nombre d'obligations que réellement ils recevraient ce cadeau avec mauvaise humeur. Libre à eux de
ne pas utiliser ce cadeau, mais il me semble qu'il n'y a
aucun inconvénient à le leur faire.

Messieurs, je crois que ma proposition est assez simple et assez claire et qu'il n'est pas besoin que je la résume.

M. LE PRÉSIDENT. — J'aurais désiré qu'une personne appartenant à l'administration voulût bien nous dire un peu quelle a été, à ce sujet, la pensée des auteurs du projet qui nous a été soumis.

Monsieur Fagnot, voulez-vous prendre la parole ?

M. FAGNOT. — Je ne me crois pas autorisé à vous donner un avis sur ce point important.

M. LE PRÉSIDENT. — Nous avons trois amendements : un amendement de M. Aftalion :

« Qu'au cas où un tarif aux pièces aura été établi ou homologué par le conseil des prud'hommes, les inspecteurs du travail soient chargés d'assurer l'obéissance au tarif, et que la violation du tarif soit sanctionnée par des amendes. »

Puis un amendement de M. Motteau :

« Les inspecteurs du travail dresseront procès-verbal avec appel devant les conseils de prud'hommes qui ju, ront avec amendes et sanctions, suivant le cas, et surto.. quand il y aura récidive. »

Enfin un amendement de M. Broda :

« L'Association émet le vœu :

« 1° Que les inspecteurs du travail soient chargés de vérifier l'application de la loi non seulement pour empêcher les fraudes, mais pour contrôler si les salaires payés aux ouvrières sont conformes aux dispositions des conseils de prud'hommes ;

« 2° Que les patrons contrevenant à cette disposition soient passibles, pour la première contravention, d'une amende aussi faible soit-elle, mais qui doublera avec chaque condamnation, jusqu'à ce qu'elle atteigne 500 francs. »

Faisant partie de la Commission supérieure du travail, j'ai toujours saisi toutes les occasions de rendre hommage aux inspecteurs du travail. Il n'est pas possible de voir un service qui se fasse dans de meilleures conditions, avec plus de dévouement et de compétence. Mais il me semble aussi que nous ne devons pas trop surcharger ce service, si important et si utile, en lui donnant des attributions qu'il ne pourrait pas remplir. C'est uniquement cela qui me préoccupe, car les inspecteurs du travail nous inspirent plus de confiance que toute autre espèce de fonctionnaires. Mais, encore une fois, ils sont déjà surchargés, et c'est pourquoi j'aurais voulu que ceux d'entre nous qui savent ce qu'on pense de cette question au ministère puissent nous le dire, car il serait inutile d'exprimer un vœu qui ne pourrait pas être réalisé.

M. MOTTEAU. — Il n'y a qu'à augmenter le nombre des inspecteurs du travail, ou à créer des sous-inspecteurs.

M. FAGNOT. — Devant l'insistance de M. le Président, permettez-moi de vous indiquer les raisons qui, à mon avis, justifient le texte du projet du gouvernement.

L'inspection du travail intervient dans le projet pour constater quoi ? La tenue des registres, des carnets de paye, l'affichage des tarifs, c'est-à-dire les faits apparents, les faits objectifs, les faits au sujet desquels il ne peut y avoir que des contestations faciles à vérifier par le juge. D'autre part, rappelons-nous que les faits énoncés par un inspecteur sont admis comme exacts par le juge, sauf inscription en faux par leur auteur responsable.

Sans doute, la législation anglaise réalise pleinement la pensée exprimée par M. Jay et par M. Aftalion, mais, dans notre législation, on n'a donné jusqu'ici à l'inspecteur que le pouvoir de verbaliser à l'occasion de faits déterminés par la loi et dont la constatation peut se faire le plus souvent avec précision.

L'amendement va infiniment plus loin. Il donne à l'inspecteur un très grand pouvoir d'appréciation. L'inspecteur devra apprécier des choses très complexes : les travaux si variés d'une ouvrière en lingerie ou en couture. Il devra vérifier la production de l'ouvrière et apprécier si celle-ci est d'une capacité ordinaire, puis il lui faudra déterminer si le tarif aux pièces payé par le patron permet à cette ouvrière de gagner le salaire de base adopté par le conseil de prud'hommes.

Il suffit d'énumérer les difficultés de la tâche et de souligner ainsi la nature des questions à résoudre par l'inspecteur pour comprendre les raisons prudentes et sages, à mon avis, pour lesquelles les auteurs du projet du gouvernement n'ont pas admis, en matière d'appréciation du salaire, l'intervention des inspecteurs du travail. Je ne parle ni du surcroît de travail que l'amendement imposerait à l'inspection, ni du nombre d'inspecteurs qu'il faudrait pour assurer son application, même partielle. J'indique simplement que l'amendement proposé est de nature à nuire beaucoup au projet devant le Parlement.

Le projet fait intervenir l'inspection pour relever les infractions portant sur des faits simples et évidents. On peut ajouter d'autres faits du même ordre, mais, dans l'intérêt même du projet, l'assemblée devrait s'en tenir là et repousser l'amendement.

M. Aftalion. — Les arguments présentés par M. Fagnot

justifient la timidité de ma proposition. Le système de généralisation du contrôle et des sanctions pénales défendu par M. Jay et, je crois, aussi par M. Alfassa, me paraît, certes, préférable en soi. Mais je me demande si, pour être écoutés, suivis, il ne serait pas d'une bonne politique que nous nous en tenions à un vœu plus modeste.

Je rappelle, pour M. Fagnot qui n'était pas présent au moment où j'ai soutenu mon amendement, que cet amendement ne fait intervenir l'inspecteur du travail que lorsqu'un tarif aux pièces aura été établi ou homologué par le conseil de prud'hommes. M. Jay va plus loin. Il propose que l'inspecteur du travail intervienne même lorsqu'il n'y a pas de tarif aux pièces établi par le conseil de prud'hommes, chaque fois que le salaire payé est inférieur au salaire de base prescrit par la loi.

M. Fagnot, qui a plus que moi l'oreille parlementaire, estime-t-il que ma proposition plus timide — puisque timidité il y a — offre plus de chances d'être adoptée par le Parlement ?

Si l'inspecteur ne doit intervenir que dans le cas où un tarif aux pièces aura été dressé ou homologué, par le conseil des prud'hommes, M. Fagnot ne pense-t-il pas que disparaissent les objections qu'il a présentées ? Je trouve aussi que, dans ce cas, la tâche de l'inspecteur n'est pas aussi écrasante que dans l'autre hypothèse.

M. FAGNOT. — Dans la précédente séance, l'assemblée a voté que, lorsque le conseil de prud'hommes jugerait bon d'établir un tarif, celui-ci devrait être rendu obliga- toire. Si je ne m'étais pas prononcé contre cette proposi- tion, je serais plus à l'aise pour répondre à la question telle que vous la posez aujourd'hui. Toutefois, bien qu'ayant été dans l'opposition, mon devoir est de m'incliner devant l'opinion de la majorité, d'ailleurs très faible, de l'assemblée.

Je crains fort que les conseils de prud'hommes ne donnent satisfaction ni à M. Jay, ni à vous, ou ne vous donnent satisfaction que dans une mesure extrêmement limitée. Si le législateur admet, selon votre désir, que le tarif sera obligatoire et si, en outre, il admet l'intervention des inspecteurs du travail en ce qui touche le salaire, j'ai des raisons de croire que, dans ce système, la plupart des conseils de prud'hommes de France seront quelque peu effrayés par la responsabilité morale qu'ils assumeraient en vous donnant satisfaction.

Prenons comme exemple Châteauroux, centre de lingerie, où se confectionne une grande partie des chemises d'hommes. Dans cette ville, il y a de grandes fabriques et, à côté, de nombreuses ouvrières à domicile, en ville et dans les communes environnantes. Des tarifs étant établis, tant pour les ouvrières des fabriques que pour les ouvrières à domicile, il semble que le Conseil de prud'hommes de Châteauroux pourrait assez aisément établir un tarif et le rendre obligatoire. Il rencontrerait, cependant, des difficultés techniques dont se rendraient compte immédiatement des gens de métier. La plus grosse difficulté proviendrait du fait que le travail à domicile n'est pas organisé comme le travail en fabrique. La division du travail est en général très différente et l'outillage mécanique, qui, dans la fabrique, est plus ou moins développé, n'existe pas dans le travail à domicile ou se réduit à la machine à coudre actionnée au pied par l'ouvrière.

Dans ces conditions, même à Châteauroux ou à Argenton, contrairement à ce que l'on pourrait croire, le conseil de prud'hommes n'établirait pas un tarif aux pièces pour les ouvrières àdomicile, sans rencontrer des difficultés très réelles qui, d'ailleurs, ne seraient peut-être pas insurmontables pour des hommes compétents ayant la volonté d'aboutir.

Il y a pourtant des cas moins compliqués. C'est ainsi que, dans le vêtement pour hommes et garçonnets, il existe un certain nombre d'articles courants. Il se peut que, dans ce domaine, des conseils de prud'hommes plus audacieux, ou très éclairés, très compétents, élaborent des tarifs aux pièces.

Je dis un conseil de prud'hommes très compétent. Or, dans la plupart des cas, le conseil de prud'hommes hésitera à assumer la lourde responsabilité que votre système lui ferait assurer, justement. parce qu'il n'est pas compétent qu'il ne peut guère l'être, dans la mesure où il le devrait, pour établir un tarif obligatoire. Sur les 20 ou 24 membres d'un conseil de prud'hommes, même dans un pays où le travail à domicile est très répandu, quel peut être le nombre des compétents ? En général, 2 ou 3 patrons et 2 ou 3 ouvriers. Les autres conseillers appartiennent à des industries tout à fait étrangères aux travaux de l'aiguille : les industries du bois, des métaux, du livre, de l'alimentation, etc. N'ayant aucune compétence dans le travail à domicile, ils n'établiront un tarif que s'il doit être facultatif. Ils ne consentiront pas à établir un tarif qui serait obligatoire et dont l'application serait soumise au contrôle de l'inpecteur du travail.

Cependant, dans l'hypothèse de M. Aftalion, c'est-à-dire dans les cas particuliers, très rares en pratique, où le conseil de prud'hommes aura pu établir un tarif, on peut admettre à la rigueur que ce tarif soit placé sous le contrôle de l'inspection. Aller jusque-là, c'est aller très loin ; on peut s'y résoudre dans le but de limiter, autant que possible, les abus du travail à domicile.

Mlle BUTILLARD. — Il me semble, en effet, que le conseil de prud'hommes pourra difficilement, sauf dans quelques cas particuliers, établir des tarifs aux pièces ; mais, d'autre part, les patrons n'auront-ils pas le désir de faire homologuer leurs tarifs ? Ne peut-on pas penser qu'au début de la saison, ils présenteront des tarifs et tâcheront de faire accepter par le conseil de prud'hommes le salaire qu'ils proposent.

D'autre part, je crains que, si nous adoptions l'amendement présenté par M. Aftalion, tendant à donner le droit aux inspecteurs du travail d'intervenir chaque fois qu'un tarif aura été établi ou homologué par le conseil de prud'hommes, cela n'empêche beaucoup de patrons de déposer des tarifs ?

Pour l'établissement des tarifs, je compte surtout sur les patrons qui viendront faire homologuer leurs tarifs, et je crois qu'il y en aura très peu qui oseront le faire si l'on donne le droit d'intervenir aux inspecteurs chaque fois qu'un tarif aura été déposé. L'amendement aboutirait, en quelque sorte, à une diminution des articles classés.

M. JAY. — Le projet du gouvernement tranche déjà l'hypothèse que vous indiquez dans le sens que nous demandons. En effet, dès aujourd'hui, le patron est obligé d'afficher son tarif ou tout au moins de porter les prix par lui payés sur le bulletin individuel remis à l'ouvrière. Dès aujourd'hui aussi, d'après le texte du projet, le patron qui ne paie pas le tarif qu'il a porté à l'affiche ou au bulletin doit être poursuivi et condamné pénalement. La situation ne sera donc en rien changée si, au lieu de se borner à afficher son tarif sur sa muraille ou à l'inscrire sur le bulletin de ses ouvrières, il l'a porté au conseil de prud'hommes et fait homologuer.

Je voudrais ajouter quelques mots pour répondre à M. Fagnot.

Revenant quelque peu sur une discussion précédente, M. Fagnot a affirmé que les conseils de prud'hommes dresseraient très peu de tarifs aux pièces. Je n'en suis pas si sûr que lui.

Je comprends très bien qu'un conseil de prud'hommes recule devant la responsabilité de dresser à lui tout seul, à l'aide des seules lumières de ses membres, un tarif aux pièces obligatoire. Mais sera-t-il toujours réduit à cette nécessité?

Je sais bien que les contrats de travail collectifs sont rares dans l'industrie à domicile ; mais est-ce que l'un des buts de notre législation — et ce n'est pas ici que M. Fagnot se séparera de moi, ni moi de lui — mais est-ce qu'un des buts de notre législation n'est pas de donner aux ouvrières à domicile le sentiment qu'elles peuvent faire quelque chose pour améliorer leur situation? Est-ce que notre législation n'a pas pour but d'aider à leur groupement, de leur donner le sentiment des nécessités sociales qui imposent ce groupement?

Nous pouvons espérer nous trouver de plus en plus en face de tarifs élaborés par les organisations patronales et les organisations ouvrières. Si j'ai défendu avec insistance le droit pour les conseils de prud'hommes de faire des tarifs obligatoires, c'est parce que je suis convaincu qu'ils se trouveront de plus en plus en face de contrats collectifs qui leur fourniront des tarifs tout faits.

J'ai vu avec plaisir M. Fagnot accepter la sanction pénale et l'intervention de l'inspecteur du travail lorsque des tarifs aux pièces obligatoires ont été établis.

Dès lors que l'on s'incline devant la décision prise à notre dernière séance, il est impossible de ne pas sanctionner ces tarifs obligatoires par des amendes, de ne pas donner aux inspecteurs le droit de les faire appliquer.

Il ne faut pas, d'ailleurs, oublier que les inspecteurs du travail ont déjà actuellement l'occasion de s'occuper des salaires. Il ne faut pas oublier que la loi de 1909 leur donne déjà l'obligation de constater les infractions touchant au paiement du salaire.

Les inspecteurs ont à vérifier si le salaire est bien payé en argent. Pour constater si le salaire est payé, l'inspecteur est évidemment obligé de connaître le montant du salaire. Vous paraît-il excessif que l'inpecteur qui rencontre un industriel qui, de l'aveu de tous, a l'habitude de payer des salaires inférieurs, puisse intervenir et saisir le tribunal de répression ?

Je ne vois aucun inconvénient à ce qu'il en soit ainsi, je n'y vois même que des avantages. C'est pourquoi je suis disposé à suivre l'exemple que nous ont donné toutes les législations qui sont intervenues en la matière, je veux parler des législations australasienne et anglaise. Toutes les deux ont cru nécessaire et point du tout excessif qu'une sanction pénale frappât non seulement l'industriel qui ne paie pas le tarif défini, mais encore celui qui ne paie pas des salaires correspondants aux tarifs au temps fixés comme base par le comité de salaire, et cependant on parle souvent de l'esprit pratique et modéré anglo-saxon.

M. Alfassa. — Voici la rédaction que je vous soumets pour les propositions que j'ai formulées tout à l'heure :

« Des sanctions pénales devront être établies contre les patrons qui ne paieraient pas habituellement le salaire minimum établi par le conseil de prud'hommes. Les inspecteurs du travail ont qualité pour constater ces contraventions. Ils pourront dresser des contraventions pour paiement de salaire inférieur au minimum établi par le conseil de prud'hommes. Dans ce cas, avant d'être porté devant le tribunal de répression, le procès-verbal sera soumis au conseil de prud'hommes pour justification de l'infériorité du salaire. »

Il y a deux façons d'envisager les choses : ou se rallier au système présenté par le gouvernement et qui ne veut voir dans le fait d'un paiement inférieur au minimum qu'une sorte de délit civil, ou bien poser le principe tel que je l'indiquais, c'est-à-dire que l'habitude pour le patron de payer un salaire inférieur au salaire minimum, sans s'occuper du principe introduit dans la loi, doit, au même titre que toute violation d'une loi, être passible d'une contravention.

L'inspecteur peut-il facilement constater ces contraventions sans violer le secret du domicile ? C'est là qu'est la grosse question.

Si l'ouvrier veut bien révéler son salaire, ce qui ne se produira pas toujours, car nous nous trouvons souvent en face de mentalités un peu spéciales, si l'ouvrier révèle son salaire et si l'inspecteur du travail constate que ce salaire est inférieur à celui pris comme base, il attirera l'attention du conseil de prud'hommes sur ce fait. Si le conseil estime — se basant sur les tarifs qu'il aura homologués ou établis ou sur tous éléments à sa disposition — s'il estime que véritablement le salaire est inférieur au minimum sanctionné par lui, il donnera un avis qui servira de base à la décision qui interviendra. Cela ne me paraît pas très révolutionnaire, cela ne me paraît pas soulever des difficultés très considérables.

Il est évident qu'avec la loi, telle qu'elle se présente dans le projet du gouvernement, les ouvrières hésiteront à aller réclamer les quelques sous dont on leur aura fait tort. D'autre part, les syndicats ouvriers ne sont pas assez forts ni assez nombreux pour faire utilement cette œuvre à leur place. Les inspecteurs seraient chargés de rappeler à l'ordre les patrons réfractaires.

Pour d'autres lois sur le travail, des dispositions analogues existent; on a même prévu des contraventions. Beaucoup les trouvent insuffisantes, mais, telles qu'elles sont, elles ont en tout cas aidé à répandre un principe utile. Il en sera de même dans le domaine du travail à domicile. Il est certain que la pénétration d'une telle loi dans les mœurs sera longue et difficile, mais il me semble qu'en adoptant un système dans le genre de celui que nous examinons, nous aiderons à cette pénétration, nous ferons disparaître la plupart des objections que l'on fait au projet sans soulever des difficultés de pratique insurmontables.

M. LE PRÉSIDENT. — Je serais très heureux que M. Aftalion nous dise ce qu'il en pense.

M. AFTALION. — Le temps me manque pour discuter le texte présenté par M. Alfassa. Mais, en ce qui concerne le principe défendu par M. Jay et par lui, je répète que leur système me paraît en soi préférable au mien. Uniquement pour des raisons d'opportunité, je me demande si une proposition plus modeste de notre part n'aurait pas plus de chances d'être accueillie par le Parlement que le système plus radical préconisé par MM. Jay et Alfassa. Ce à quoi je tiens, c'est que la loi qui sera votée comporte des sanctions efficaces et un contrôle effectif. Plus loin le Parlement acceptera d'aller dans cette voie et plus ma satisfaction sera grande.

Mlle BUTILLARD. — Il me semble qu'il faut adopter la proposition de M. Alfassa, car il est nécessaire que, lorsque l'ouvrière n'a pas de syndicat pour la défendre, elle

puisse avoir recours à l'inspecteur du travail qui poursuivra le patron.

Il me semble aussi nécessaire que l'inspecteur du travail puisse défendre l'ouvrière non pas seulement quand
il y a des tarifs homologués, mais aussi quand le salaire
payé aura été reconnu inférieur. J'aime mieux la proposition de M. Jay et de M. Alfassa que celle de M. Aftalion.

M. Failliot. — Mais il n'y a pas de conseils de
prud'hommes partout?

M. le Président. — C'est une autre question.

M. Jay. — Le projet du gouvernement prévoit l'intervention du juge de paix, là où il n'y aura pas de conseils
de prud'hommes.

M. le Président. — En relisant le texte, nous venons
de remplacer le mot « contraventions » par « procès-
verbaux. »

M. Fagnot. — Il faudrait rectifier la rédaction en ce
sens :... « Les inspecteurs du travail ont le droit de relever les infractions. Ils pourront dresser des procès-verbaux... », etc.
Vous dites qu'au préalable les contestations seront
soumises au conseil de prud'hommes, c'est très sage,
mais dans la pratique la disposition ne jouera pas souvent, car les conseils de prud'hommes sont plutôt rares
dans les centres du travail à domicile.

M. Alfassa. — Cette objection tient aux bases mêmes
du projet de loi, et c'est en partie pourquoi nous ne
sommes pas très partisans des conseils de prud'hommes
en cette matière, mais elle ne peut pas s'adresser aux

dispositions que nous présentons en ce moment. On pourrait ajouter, après les mots « conseil de pru-d'hommes » « ou au juge de paix, dans le cas où celui-ci connaîtrait du tarif en l'absence de conseil de pru-d'hommes. »

L'amendement est adopté à l'unanimité, moins deux voix.

Le texte en est ainsi conçu :

« *Des sanctions pénales devront être établies contre les patrons qui ne payeraient pas habituellement le salaire minimum établi par le conseil de prud'hommes. Les inspecteurs du travail ont qualité pour relever ces infractions. Ils pourront dresser des procès-verbaux pour paiement de salaires inférieurs au salaire de base établi par le conseil de prud'hommes. Dans ce cas, avant d'être porté devant le tribunal de répression, le procès-verbal sera soumis, pour justification de l'infériorité du salaire, au conseil de pru-d'hommes, ou au juge de paix dans le cas où celui-ci connaî-trait du tarif en l'absence du conseil de prud'hommes.* »

DROIT D'ACTION DES SYNDICATS

Assemblée générale du 9 mars 1912

PRÉSIDENCE DE M. LIÉBAUT

M. JAY. — Il reste maintenant deux vœux de notre rapporteur, que j'excuse auprès de vous. Il habite Epinal et n'a pu être présent aujourd'hui.

Les deux vœux proposés par notre rapporteur touchent à l'action syndicale. Nous avons, d'ailleurs, été saisis d'autres vœux visant au même but, notamment d'un vœu formulé par le Syndicat des ouvrières à domicile de la rue Vercingétorix.

La question est celle-ci — vous me permettrez d'aller un peu vite, car l'heure s'avance — la question est celle-ci : le projet du gouvernement reconnaît aux syndicats professionnels et à certaines associations le droit de poursuivre en justice les actions civiles résultant de l'application de la loi. Mais, dans les deux cas, syndicats ou associations, l'action est subordonnée à l'autorisation du gouvernement, plus exactement, il faut que le syndicat ou l'association ait reçu une autorisation du gouvernement pour pouvoir agir.

Notre rapporteur — et beaucoup d'autres avec lui — pense que, s'il est juste d'exiger une autorisation en ce qui concerne les associations de caractère indéterminé, cette autorisation est inutile pour les syndicats professionnels.

M. Mény propose, par conséquent, que le droit d'agir soit de plein droit reconnu à tous les syndicats.

UN AUDITEUR. — Aux syndicats du métier ?

M. JAY. — C'est entendu.

Je sais qu'on soulèvera une objection. On dira : « Mais

l'autorisation est utile pour empêcher que certaines associations ou certains syndicats ne se fassent un métier de poursuivre les patrons ». L'objection ne porterait pas parce que le projet du gouvernement contient, à cet égard, toutes les garanties désirables. Il prévoit, en effet, que si l'industriel l'exige, le juge pourra obliger le syndicat ou l'association à déposer une caution pour le paiement des frais et dommages auxquels il pourrait être condamné. Il y a là une garantie suffisante contre les actions vexatoires qui pourraient être entreprises par certains syndicats dans l'unique but d'ennuyer les patrons.

M. ALFASSA. — Il ne me semble pas qu'il y ait lieu de présenter un amendement, une simple rectification suffit. Il faudrait mettre, je crois : « Les syndicats et les associations autorisées... » (*autorisées* au féminin).

D'autre part, il faudrait ajouter : « Les syndicats professionnels des industries visées par le présent projet ». J'entends par là que si, dans une profession, il n'y a pas de syndicat d'ouvrières, le syndicat des ouvriers hommes pourra intervenir. En mettant les mots « ...syndicats professionnels ou syndicats des travailleurs des industries visées par le projet », on les autorise à intervenir.

M. FAGNOT. — Je tiens à donner mon approbation au principe de cette proposition et j'espère que le Parlement voudra bien, sur ce point essentiel, adopter une disposition très large. Il faudrait cependant apporter quelque précision quant à la compétence des syndicats en la matière. Pour être qualifié, le syndicat doit appartenir à la profession et à la ville ou même à la région. Un syndicat de Lyon est qualifié pour défendre les ouvrières de la région lyonnaise. Au contraire, un syndicat de Paris ou d'ailleurs ne le serait pas.

Il ne faut pas hésiter à élargir le champ de la protection des ouvrières à domicile, sans cependant dépasser les limites raisonnables.

M. ALFASSA. — En principe, je suis d'accord avec M. Fagnot ; mais je lui demanderai de nous indiquer comment il entendrait délimiter les syndicats, délimiter les circonscriptions.

M. ZAMANSKI. — Et que se produira-t-il pour le syndicat national qui a des sections dans différentes régions ? C'est une question qui vaut la peine d'être envisagée.

M. FAGNOT. — Si nous sommes d'accord sur le principe, le mieux serait de ne pas rechercher une trop grande précision, les règles de compétence soulevant toujours des questions difficiles. Si le syndicat des tailleurs de Lyon intente une action, le juge verra s'il est compétent pour une affaire de l'arrondissement. Je ne crois pas que nous puissions délimiter ici la compétence locale ou régionale des syndicats. Il suffit de poser le principe, le Parlement établira un texte et les tribunaux l'interpréteront par espèce.

M. JAY. — M. Alfassa nous a parlé des syndicats et des associations autorisées ; je crois qu'il faudrait mieux garder le texte de M. l'abbé Mény qui est plus clair, et ne parler que des syndicats professionnels...

M. LORIN. — Pour répondre à l'observation qui nous a été présentée, nous pourrions parler du syndicat « du métier et de la région ».

M. JAY. — Votre pensée est de borner le droit d'intervenir aux syndicats exerçant dans la *région*, mais la formule n'a pas de précision juridique.

M. FAGNOT. — Il faut des choses larges, c'est certain, mais pas excessives.

M. JAY. — Il y aurait lieu de dire « les syndicats des professions visées à l'article 32-a ».

Une autre question est à trancher. Le projet du gouvernement ne permet aux syndicats d'exercer que les actions civiles ; après les différents votes que nous venons d'émettre, les actions pénales ont pris une importance considérable. Il faudrait régler la question.

M. LE PRÉSIDENT. — Je ne crois pas que nous devions apporter des précisions sur ce point. Généralement, lorsqu'on veut obtenir une réforme, surtout dans une matière aussi délicate que celle dont nous nous occupons, il faut la faire pénétrer tout doucement dans la loi afin de ne pas effrayer, dès l'abord, le Parlement.

M. FAGNOT. — Je voudrais poser une question de droit à M. Jay. Lorsqu'un syndicat ou une personne qualifiée soumet au tribunal, même par la voie civile, une affaire qui comporte une sanction pénale, est-ce que le juge, ou plutôt le ministère public, n'a pas le droit de requérir l'application de la loi pénale ?

M. JAY. — Il faut faire une distinction suivant que l'action est portée devant un tribunal civil ou devant un tribunal répressif. Je suis disposé à penser qu'au Conseil supérieur, on a voulu écarter la citation directe devant le tribunal correctionnel.

Je me permets de préciser un peu, car la question est très complexe. Actuellement, la jurisprudence la plus certaine, la plus étroite, admet que le syndicat peut citer directement devant le tribunal de répression. Mais, si le principe n'est plus discuté, des difficultés se sont élevées au sujet des preuves exigées du syndicat, et c'est précisément pour supprimer ces difficultés de preuves qu'a été rédigé le texte autour duquel nous discutons, c'est-à-dire l'article 32 (i). Ce texte est destiné à rendre possibles et faciles en les dispensant de la preuve du préjudice des actions que certaines jurisprudences ont rendues presque impossibles par leurs exigences au sujet de cette preuve du préjudice.

Le texte du projet aurait pour effet qu'aucun syndicat de la profession ne pourrait être écarté de prime abord. On ne demanderait la preuve du dommage que lorsqu'il faudrait fixer le chiffre des dommages-intérêts à accorder.

Pour ma part, je ne vois pas d'inconvénient à accorder cette facilité dans les deux cas, c'est-à-dire aussi bien pour les actions portées devant les tribunaux répressifs, que pour les actions portées devant les tribunaux civils.

En résumé, on pourrait, il me semble, se rallier à un texte de ce genre :

« Que tous les syndicats des travailleurs des professions indiquées à l'article 32-a puissent intenter toutes les les actions nées de la présente loi dans les conditions prévues par l'article 321 ».

Nous laissons de côté, pour le moment, la question de région.

M. ALFASSA. — Et les associations autorisées ?

M. JAY. — Nous ne proposons que les modifications au texte ; toutes les fois que nous ne disons rien, c'est que nous le maintenons.

M. LORIN. — On pourrait mettre « tous les syndicats... pourront, dans la région où ils exercent leur activité... » etc.

M. LE PRÉSIDENT. — Messieurs, il me semble bien difficile que nous arrivions en séance à faire voter un texte. Je vous proposerai de lever la séance et je demanderai que M. Jay, M. Alfassa, M. Aftalion, etc., se réunissent aussitôt pour arrêter un texte qui résume les opinions ainsi émises.

M. JAY. — Nous avons encore une proposition — ce n'est pas un vœu — que je voudrais vous soumettre. Je voudrais que tous les membres qui sont présents nous accordent le droit d'insérer au procès-verbal, en indiquant qu'elle a été acceptée par eux, une déclaration.

Par cette déclaration, nous croyons ne faire qu'interpréter exactement le projet du gouvernement. Cependant il nous a paru intéressant de proclamer que le syndicat devait avoir ici une action propre distincte de celle de ses membres, action qu'il pourra exercer sans attendre de mandat de ses membres, sauf les mettre en cause.

C'est là le désir des organisations d'ouvrières. Mlle Butillard pourrait vous le dire. Il nous a semblé intéressant que le procès-verbal contînt une déclaration sur ce point. Il faudrait qu'il soit dit que « tout syndicat pourra exercer une action en son nom propre en rectification de tarif, sans préjudice du droit de se faire le mandataire des ouvriers lésés ».

On pourrait même ajouter, après, « en rectification de tarif », et « en dommages-intérêts ».

M. LE PRÉSIDENT. — Tout le monde est d'accord ? Il n'y a pas d'avis contraire.

Adopté.

Le texte de ce vœu a été ainsi rédigé :

« Que les syndicats des professions visées à l'article 32 (a)

puissent, sans autorisation et sans avoir à faire la preuve du préjudice, intenter, dans la région où ils exercent leur activité, toutes les actions naissant de la présente loi devant les juridictions répressives, comme devant les juridictions civiles ; que les Associations autorisées par décret jouissent des mêmes droits.

« Qu'il soit entendu que l'article 32 (i) ouvre à tout syndical professionnel et aux associations autorisées une action propre en rectification de tarif, sans préjudice du droit de se faire les mandataires des ouvrières lésées. »

M. JAY. — Il reste encore deux propositions de M. Alfassa.

M. ALFASSA. — Je vais vous en donner connaissance :

Premier vœu

Que lorsque l'employeur fournit, moyennant payement à l'ouvrière, les instruments et matières nécessaires à l'accomplissement de son travail, il ne puisse, malgré toute convention contraire, le faire à un prix supérieur à celui du marché.

Deuxième vœu

Que la Commission du Travail de la Chambre étudie les moyens d'empêcher que, par d'abusives retenues pour malfaçons, le principe du salaire minimum ne soit tourné et détruit.

M. LE PRÉSIDENT. — Je ne sais pas s'il y a lieu de compliquer le projet avec ces textes, qui ont déjà été adoptés antérieurement. Nous pourrons nous borner à rappeler ces désirs dans la lettre d'envoi que nous enverrons au ministère.

TEXTE DES VŒUX ADOPTÉS

L'Association française pour la protection légale des travailleurs demande au Parlement et au gouvernement de hâter le vote du projet de loi déposé le 7 novembre 1911, en tenant compte des vœux suivants :

I. — Domaine d'application de la loi

Que le travail à domicile soit défini de façon à éviter les fraudes qui auraient pour effet de perpétuer l'exploitation des ouvrières dans de prétendus ateliers ou dans des locaux non industriels.

Que le gouvernement soit autorisé à étendre, par décret, l'application de la loi à d'autres industries qu'à celle du vêtement.

Que le gouvernement soit autorisé à étendre dans la même forme, après enquête, au cas où les conditions d'exercice de la profession le feraient apparaître comme nécessaire, la protection du minimum de salaire aux travailleurs des deux sexes.

II. — Définition du salaire de base

Que la définition du salaire de base prévu à l'article 32 (a) du projet de loi gouvernemental soit ainsi modifiée :

« Toute femme exécutant à domicile des travaux de confection de lingerie...

(Suit l'énumération du projet de loi)

ne pourra recevoir une rémunération inférieure à un minimum déterminé par le conseil de prud'hommes qui, pour l'établir, prendra en considération : 1° le gain journalier d'une ouvrière de capacité moyenne de la profession, travaillant en atelier, sans spécialisation professionnelle; 2° le salaire de la journalière dans la région. »

III. — Règles relatives à la fixation des salaires

Que l'article 3.2 (b) du projet gouvernemental soit ainsi complété :

« Lorsque les mêmes travaux seront effectués avec le même outillage à l'atelier et à domicile, les tarifs payés à l'atelier seront applicables au travail à domicile.

« La preuve de l'infériorité professionnelle de l'ouvrière est à la charge du patron. »

IV. — Publicité du taux du salaire de base

Qu'antérieurement à toute contestation les conseils de prud'hommes soient tenus de constater le taux du salaire de base et de publier le résultat de leur constatation.

V. — Force obligatoire des tarifs aux pièces établis par les conseils de prud'hommes

Qu'au cas où un tarif aux pièces aura été établi ou homologué par un conseil de prud'hommes, l'ouvrière puise dans ce tarif même le droit de réclamer la différence entre les prix fixés par ce tarif et ceux payés par l'employeur.

VI. — Sanctions pénales et constatation des infractions

Des sanctions pénales devront être établies contre les patrons qui ne payeraient pas habituellement le salaire minimum établi par le conseil de prud'hommes. Les inspecteurs du travail ont qualité pour relever ces infractions. Ils pourront dresser des procès-verbaux pour paiement de

*salaires inférieurs au salaire de base établi par le conseil
de prud'hommes. Dans ce cas, avant d'être porté devant le
tribunal de répression, le procès-verbal sera soumis, pour
justification de l'infériorité de salaire, au conseil de prud-
d'hommes, ou au juge de paix dans le cas où celui-ci connaî-
trait du tarif en l'absence de conseil de prud'hommes.*

VII. — Droit d'action des syndicats

*Que les syndicats des professions visées à l'article 32 (a)
puissent, sans autorisation et sans avoir à faire la preuve
du préjudice, intenter, dans la région où ils exercent leur
activité, toutes les actions naissant de la présente loi devant
les juridictions répressives comme devant les juridictions
civiles ; que les associations autorisées par décret jouissent
des mêmes droits.*

*Qu'il soit entendu que l'article 32 (i) ouvre à tout syndi-
cat professionnel et aux associations autorisées une action
propre en rectification de tarifs et en dommages-intérêts,
sans préjudice du droit de se faire les mandataires des
ouvrières lésées.*

ANNEXES

I

Projet de loi sur le salaire des ouvrières à domicile dans l'industrie du vêtement, déposé par le gouvernement français le 7 novembre 1911.

ARTICLE PREMIER. — Le Chapitre Ier du titre III du livre Ier du Code du Travail et de la Prévoyance sociale est modifié comme suit :

CHAPITRE Ier. — *De la détermination du salaire.* — SECTION I. — Du salaire des ouvrières exécutant à domicile des travaux rentrant dans l'industrie du vêtement.

ART. 32 *a*). — Toute femme exécutant à domicile des travaux de confection de lingerie, broderie à la main, vêtements, chapeaux, chaussures, fleurs artificielles et tous autres travaux rentrant dans l'industrie du vêtement, ne peut recevoir une rémunération inférieure au salaire ordinaire d'une ouvrière de la région payée à la journée ou à l'heure et non qualifiée, c'est-à-dire exécutant communément et sans spécialisation professionnelle déterminée les divers travaux courants de la profession.

ART. 32 *b*). — Le tarif aux pièces appliqué aux travaux à domicile ci-dessus visés doit être tel qu'il permette à une ouvrière d'habileté moyenne de gagner en dix heures un salaire égal au salaire à la journée déterminé comme il est dit à l'article 32 *a*).

ART. 32 *c*). — Tout fabricant, commissionnaire ou intermédiaire, faisant exécuter des travaux à domicile, doit tenir un registre indiquant le nom et l'adresse de chacune des ouvrières ainsi occupées.

Art. 32 d). — Les prix de façon des travaux à domicile fixés par tout entrepreneur de ce genre de travaux pour les articles faits en série, sont affichés en permanence dans les locaux où s'effectuent la remise des matières premières aux ouvrières et la réception des marchandises après exécution.

Art. 32 e). — Les prix de façon applicables au travail à exécuter à domicile doivent être mentionnés explicitement sur un bulletin à souche ou un carnet remis à l'ouvrière.

Lors de la remise du travail achevé, une mention est portée au bulletin ou carnet, indiquant la date de l'achèvement du travail, le montant de la rémunération acquise, ainsi que la somme nette payée ou à payer après déduction de tous frais accessoires.

Art. 32 f). — Pour faciliter l'appréciation des conseils de prud'hommes dans la connaissance des différends qui peuvent s'élever au sujet de l'application de la présente section, les conseils du travail peuvent dresser d'office, ou dressent sur la demande du Gouvernement, le tableau des salaires à la journée et à l'heure et le tableau des tarifs aux pièces correspondants, pour les tâches les plus usuelles dans les professions et les régions qu'ils représentent.

A défaut de ces constatations, les conseils de prud'hommes peuvent, sans préjudice des attributions contentieuses qui leur appartiennent en vertu de la loi, faire des enquêtes, avec ou sans expertise, en vue d'établir les mêmes données.

Les uns et les autres publient les résultats de leurs constatations.

Art. 32 g). — Les conseils de prud'hommes sont compétents pour juger toutes les contestations qui naîtront de l'application de la présente section et notamment pour redresser tous comptes de salaires inférieurs aux salaires définis à l'article 32 a).

Toutefois, dans tous les cas où un conseil de prud'hommes sera appelé, soit à évaluer pour la première fois le chiffre d'un salaire minimun, soit à modifier son évaluation antérieure, le bureau du jugement du conseil devra être présidé par le juge de paix dans les conditions prévues par la loi pour les jugements en cas de partage des voix.

La différence constatée en moins entre le salaire des ouvrières non qualifiées et le salaire payé à une ouvrière d'habileté moyenne d'après le tarif de l'employeur doit être versée par celui-ci à l'ouvrière insuffisamment rétribuée, nonobstant toute convention contraire.

Tout employeur, entrepreneur ou sous-entrepreneur est civilement responsable lorsque c'est de son fait que le salaire minimum n'a pas pu être payé.

ART. 32 *h*). — Les réclamations des ouvrières touchant le tarif appliqué au travail par elles exécuté ne sont recevables qu'autant qu'elles se seront produites au plus tard huit jours après le paiement de leurs salaires.

Le délai ainsi fixé ne s'applique pas à l'action intentée par l'ouvrière pour obtenir l'exécution d'un jugement.

ART. 32 *i*). — Les associations ou syndicats autorisés à cet effet par décret rendu sur la proposition du Ministre du Travail et de la Prévoyance sociale peuvent exercer toutes les actions civiles résultant de la présente section sans avoir à justifier d'un préjudice, à charge, si le défendeur le requiert, de donner caution pour le paiement des frais et dommages auxquels ils pourraient être condamnés, à moins qu'ils ne possèdent en France des immeubles d'une valeur suffisante pour assurer ce paiement.

La disposition qui précède ne porte point atteinte aux droits reconnus par les lois antérieures aux syndicats professionnels.

ART. 32 *j*). — Le conseil de prud'hommes ou, à défaut, le juge de paix, à l'occasion de tout différend portant sur la rémunération d'une ouvrière effectuant quelqu'un des travaux visés à l'article 32 *a*), rend public, par affichage à la porte du prétoire ou par toute autre mode efficace de publicité, le taux constaté du salaire journalier des ouvrières non qualifiées de la profession et de la région qui a servi de base à sa décision.

Tout intéressé et tout groupement professionnel sont autorisés à prendre sans frais copie, au secrétariat du conseil de prud'hommes ou au greffe de la justice de paix, des taux de salaires ainsi constatés et à les publier.

Art. 2. — La section 1re du chapitre Ier du titre III du livre Ier du Code du Travail et de la Prévoyance sociale portera le titre de section II.

Art. 3. — Le titre V du livre Ier du Code du Travail et de la Prévoyance sociale est modifié comme suit :

1o Après l'article 99 est inséré l'article 99 a suivant :

Art. 99 a). — Les fabricants, commissionnaires, intermédiaires ou leurs préposés qui auront contrevenu aux dispositions des articles 32 c, 32 d et 32 e du présent livre ou porté des mentions inexactes sur les registres, affiches, bulletins et carnets prévus par lesdits articles, seront poursuivis devant le tribunal de simple police et punis d'une amende de 5 à 15 francs.

Dans les cas de contravention à l'article 32 e, l'amende sera appliquée autant de fois qu'il y aura de personnes à l'égard desquelles les prescriptions dudit article n'auront pas été observées, sans toutefois que le maximum puisse dépasser cinq cents francs (500 fr.)

En cas de récidive, le contrevenant sera poursuivi devant le tribunal correctionnel et puni d'une amende de 16 à 100 francs.

Il y a récidive lorsque, dans les douze mois antérieurs au fait poursuivi, le contrevenant a déjà subi une condamnation pour une contravention identique.

En cas de pluralité de contraventions, entraînant des peines de récidive, l'amende sera appliquée autant de fois qu'il aura été relevé de nouvelles contraventions, sans que le maximum puisse dépasser trois mille francs (3,000 fr.)

Les tribunaux correctionnels pourront appliquer les dispositions de l'article 463 du Code pénal sur les circonstances atténuantes, sans qu'en aucun cas l'amende, pour chaque contravention, puisse être inférieure à 5 francs.

Les fabricants, commissionnaires ou intermédiaires sont civilement responsables des condamnations prononcées contre leurs préposés.

2° L'article 107 est modifié comme suit :

ART. 107. — Les inspecteurs du travail sont chargés, concurremment avec les officiers de police judiciaire, d'assurer l'exécution des articles 32 c, 32 d, 32 e, 75, 76, 77 et, en ce qui concerne le commerce et l'industrie, des articles 43, 44 et 45 du présent livre. Ils ont entrée dans les locaux définis à l'article 32 d, même lorsqu'il n'y est occupé ni ouvrier ni employé, et peuvent se faire représenter les registres prévus à l'article 32 c et les bulletins ou carnets prévus à l'article 32 e.

II

Législations étrangères

A. — GRANDE-BRETAGNE

Loi du 20 octobre 1909 instituant des conseils d'industrie dans certaines industries (1).

An Act to provide for the establishment of Trade Boards
for certain trades (20 oct. 1909) [9. Ed v. 7. ch. 22].

Institution de conseils d'industrie dans les industries
soumises à la présente loi.

1. — 1. La présente loi est applicable aux industries désignées dans la cédule annexée ci-après ainsi qu'à toute autre industrie à laquelle elle est étendue par une ordonnance provisoire (provisional order) du *Board of Trade* (Ministère du Commerce), rendue en vertu de la présente section.

2. Le *Board of Trade* peut, par une ordonnance provisoire, rendre la présente loi applicable à toute industrie désignée non encore soumise à la loi, s'il considère que le taux des salaires courants dans une branche quelconque de ladite industrie est exceptionnellement bas en comparaison avec celui pratiqué dans d'autres professions et s'il estime que, vu la situation de cette industrie, il convient de la soumettre à la présente loi.

3. Si, à un moment quelconque, le *Board of Trade* estime que, dans une quelconque des industries soumises à la présente loi, les conditions du travail se sont modifiées au point de rendre inutile l'application de la présente loi, il peut, par une ordonnance provisoire, soustraire ladite industrie à l'application de la loi.

4. Le *Board of Trade* peut faire confirmer par le Parlement toute ordonnance provisoire rendue en application de la pré-

---

sente section ; ladite ordonnance n'est valable, toutefois, qu'après avoir été confirmée par le Parlement.

5. Si, pendant qu'un projet de loi confirmant une ordonnance provisoire de cet ordre est soumis à l'une ou à l'autre chambre du Parlement, une protestation est formulée contre l'une quelconque des ordonnances contenues dans ledit projet de loi, ce dernier peut, pour ce qui a trait à l'ordonnance visée, être renvoyé à une commission d'enquête ou, si les deux chambres du Parlement en ordonnent ainsi, à une commission mixte composée de membres des deux chambres ; l'auteur de la protestation doit être autorisé à comparaître en personne et à faire valoir ses observations, comme s'il s'agissait d'un projet de loi d'intérêt privé.

6. Toute loi confirmant une ordonnance provisoire rendue en vertu de la présente section peut être abrogée, modifiée ou amendée par une autre ordonnance provisoire ultérieure du *Board of Trade* confirmée par le Parlement.

2. — Le *Board of Trade* doit, quand la chose est possible instituer, conformément aux règlements rendus en vertu de la présente loi, un ou plusieurs conseils d'industrie (*Trade Boards*), pour toute industrie, ou pour une branche d'industrie quelconque soumise à la présente loi.

Si, en vertu de la présente loi, il a été institué un conseil dans une industrie ou branche d'industrie ayant une certaine importance en Irlande, il doit être institué un conseil spécial à l'Irlande pour ladite industrie ou branche d'industrie.

2. Lorsqu'un conseil a été institué pour une branche quelconque d'industrie, toute allusion faite, dans la présente loi, à l'industrie pour laquelle le conseil a été institué, doit être considérée comme s'appliquant à la branche d'industrie pour laquelle il a été institué.

3. — Le conseil institué pour une industrie a pour mission d'examiner, selon les besoins de l'espèce, toutes les questions intéressant les conditions industrielles qui lui sont soumises

par un secrétaire d'État, par le *Board of Trade* ou par tout autre département ministériel ; il doit adresser un rapport au département qui lui a soumis la question.

Tarif minimum.

4. — 1. Les conseils d'industrie doivent, conformément aux dispositions de la présente section, fixer, dans leurs industries, le taux minimum du salaire au temps (désigné dans la présente loi sous le nom de « tarif minimum au temps ») ; ils peuvent en outre fixer le taux minimum général des salaires pour travail aux pièces dans leurs industries (désigné dans la présente loi sous le nom de « tarif minimum général aux pièces »). Ces taux de salaire (au temps ou aux pièces) peuvent être établis en vue d'être appliqués soit à l'industrie tout entière, soit à un procédé spécial de travail, ou à une catégorie spéciale d'ouvriers de l'industrie, soit à une circonscription particulière.

Si un conseil déclare au *Board of Trade* qu'il lui est, dans un cas donné, impossible de fixer un tarif minimum au temps conformément à la présente section, le *Board of Trade* peut, pour ce cas particulier, relever le conseil de ses obligations.

2. Avant de fixer un tarif minimum au temps ou un tarif minimum général aux pièces, le conseil doit faire connaître le taux qu'il se propose de fixer et examiner toutes les objections qui peuvent lui être présentées dans un délai de trois mois.

3. Le conseil publie tout tarif minimum général aux pièces établi par lui.

4. Un conseil peut, s'il le juge convenable, annuler ou modifier tout tarif minimum au temps ou tout tarif minimum général aux pièces fixé en vertu de la présente loi ; sur la requête du *Board of Trade* qu'une demande ait été ou non formulée en ce sens, il doit examiner à nouveau tout minimum fixé par lui.

Il reste entendu que les dispositions de la présente section, relatives à la publicité du minimum, sont applicables en cas

d'annulation ou de modification du minimum fixé en vertu
des dispositions ci-dessus, de la même façon qu'elles le sont
en cas de fixation du minimum.

5. Sur la demande d'un patron, un conseil doit fixer un
tarif minimum spécial aux pièces, applicable aux personnes
au service du patron, dans les cas où il y a lieu d'appliquer
un tarif minimum général aux pièces ; il peut, s'il le juge
convenable, annuler ou modifier tout tarif de cet ordre, soit
sur la demande du patron, soit après en avoir avisé ce dernier : cet avis devra être donné au moins un mois avant
toute annulation ou modification du tarif.

5. — 1. Tant que le *Board of Trade* n'a pas, par voie
d'ordonnance, rendu obligatoire un tarif minimum au temps
ou un tarif général aux pièces, fixé par un conseil, le tarif
fixé par ce dernier est applicable dans les limites prescrites
par la présente loi.

2. A l'expiration d'un délai de 6 mois après qu'un conseil
aura publié un tarif minimum au temps ou un tarif minimum général aux pièces qu'il a fixé, le *Board of Trade* rend
une ordonnance (désignée dans la présente loi sous le nom
d' « ordonnance obligatoire ») rendant ce tarif minimum
obligatoire, dans les cas où il est applicable, à toutes les
personnes employant de la main-d'œuvre ainsi qu'à toutes
les personnes employées, à moins qu'il ne considère que,
dans les circonstances présentes, il est prématuré ou peu
convenable d'en ordonner ainsi. En pareil cas, le *Board of
Trade* rend une ordonnance suspendant l'application obligatoire du taux fixé (désignée dans la présente loi sous le
nom d' « ordonnance suspensive »).

3. Lorsqu'une ordonnance suspensive a été rendue à
l'égard d'un tarif quelconque, le conseil peut, à n'importe
quel moment après l'expiration d'un délai de 6 mois à compter de la date de l'ordonnance, demander au *Board of
Trade* de rendre une ordonnance obligatoire en ce qui concerne ledit tarif. Au reçu d'une requête de ce genre, le *Board
of Trade* rend une ordonnance déclarant ce taux obligatoire,

à moins qu'il ne considère qu'il y a lieu de rendre une nouvelle ordonnance suspensive : en pareil cas, il rend une nouvelle ordonnance en ce sens et les dispositions de la présente section, applicables à la première ordonnance suspensive, s'appliquent à toute ordonnance ultérieure de même nature.

Toute ordonnance suspensive relative à un tarif reste applicable tant que le *Board of Trade* n'a pas rendu une ordonnance obligatoire conformément à la présente section.

4. Le *Board of Trade* peut, s'il le juge convenable, rendre une ordonnance s'appliquant, d'une façon générale, à tous les tarifs fixés par un conseil institué, ou sur le point d'être institué, dans une industrie soumise à la présente loi. Tant que l'ordonnance reste applicable, tout tarif minimum au temps ou tout tarif minimum général aux pièces, à l'expiration d'un délai de 6 mois à compter du jour où il a été publié par le conseil d'industrie, devient obligatoire tout comme si le *Board of Trade* avait rendu, en vertu de la présente section, une ordonnance le déclarant obligatoire, à moins que, dans un cas particulier, à la requête d'une personne intéressée, le *Board of Trade* ne décide le contraire.

Le *Board of Trade* peut, en tout temps, abroger une ordonnance générale de ce genre, pourvu qu'il en informe le conseil 3 mois d'avance.

6. — 1. Lorsque le *Board of Trade*, conformément à la présente loi et par voie d'ordonnance, a rendu obligatoire un tarif minimum fixé par un conseil, le patron doit, dans les cas où ledit tarif est applicable, payer à toute personne à son service un salaire net au moins égal, toutes retenues déduites, au salaire minimum ; en cas contraire, il est passible, sur condamnation sommaire, d'une amende de 500 francs au plus, par contravention, et d'une amende de 125 francs au plus par jour, après cette condamnation, tant qu'il n'est pas en règle.

2. En condamnant un patron aux termes de la présente section pour n'avoir pas payé à une personne à son service

un salaire au moins égal au tarif minimum fixé, le tribunal peut, par son jugement, obliger le patron condamné à payer, en plus de l'amende, les sommes qu'il considère comme dues en salaires aux personnes employées, en calculant ces salaires sur la base du tarif minimum; cette faculté d'ordonner un payement de salaires en vertu de la présente section n'enlève nullement à la personne employée le droit de poursuivre par d'autres voies le recouvrement de salaires dus.

3. Si un conseil d'industrie reconnaît qu'un ouvrier travaillant ou désirant travailler au temps dans une quelconque des branches d'une industrie soumise au tarif minimum au temps qu'il a fixé, est atteint d'une infirmité ou d'une incapacité physique le rendant incapable de gagner ce salaire minimum au temps, et s'il estime qu'il est impossible de résoudre la difficulté en faisant travailler l'ouvrier aux pièces, ledit conseil peut, s'il le juge convenable, délivrer à l'ouvrier, aux conditions qu'il croit devoir éventuellement fixer, une autorisation spéciale (*permit*) l'exemptant des dispositions de la présente loi déclarant obligatoire le tarif minimum au temps. Tant que l'autorisation reste valable, le patron ne peut être puni pour ce motif qu'il paye à l'ouvrier un salaire inférieur au tarif minimum au temps, pourvu qu'il se conforme aux conditions imposées par le conseil en accordant ladite autorisation.

4. Tout patron poursuivi en vertu de la présente section, doit prouver, soit en présentant ses feuilles de paie mêmes ou d'autres documents relatifs aux salaires, soit autrement, qu'il n'a pas payé ou accepté de payer des salaires inférieurs au tarif minimum.

5. Est nulle et sans valeur toute convention relative au payement de salaires contraire aux présentes dispositions.

7. — 1. Tout tarif minimum fixé par un conseil d'industrie, mais qu'une ordonnance rendue par le *Board of Trade*, en application de la présente loi, n'a pas encore déclaré obligatoire, est applicable dans les limites déterminées ci-

après, sauf avis contraire du *Board of Trade* dans les cas où il a invité le conseil à l'examiner à nouveau :

a) Dans tous les cas où le tarif minimum est applicable, le patron doit, en l'absence d'une convention écrite stipulant le contraire, payer aux personnes à son service un salaire au moins égal au tarif minimum ; en pareil cas, la personne employée peut se faire rembourser la différence par son patron.

b) Le patron peut informer par écrit le conseil d'industrie qui a fixé le tarif minimum, qu'il accepte de se voir appliquer obligatoirement le tarif ; en pareil cas, il est tenu de payer aux personnes qu'il emploie un salaire au moins égal au tarif minimum et il est passible, au cas contraire, des amendes qui pourraient lui être infligées si le *Board of Trade* avait rendu une ordonnance rendant le tarif obligatoire et si cette ordonnance était en vigueur ; et

c) Aucun département ministériel, non plus qu'aucune autorité locale ne peut passer un contrat impliquant l'emploi de main-d'œuvre soumise à un tarif minimum avec un patron qui n'aurait pas fait au conseil d'industrie une déclaration conforme à la disposition ci-dessus.

Il reste entendu que, lorsqu'il s'agit de l'intérêt général, le *Board of Trade* peut, par voie d'ordonnance, et dans les limites et pour la période y stipulées, suspendre l'application de cette disposition aux contrats de travaux exécutés ou à exécuter pour le compte de la couronne, ainsi que le détermine l'ordonnance.

2. Le conseil d'industrie doit inscrire sur un registre toutes les déclarations faites conformément à la présente section.

Ce registre est communiqué gratuitement au public et fait foi des mentions qui y sont portées.

Toute copie d'une mention inscrite au registre et certifiée conforme par le secrétaire du conseil ou par tout autre agent du conseil autorisé à ce faire, peut être admise en témoignage sans autre preuve.

8. — Le patron qui fait travailler aux pièces doit, lors-

qu'il existe un tarif minimum au temps, mais quand il n'existe pas de tarif minimum général aux pièces, être considéré comme payant des salaires inférieurs au tarif minimum aux pièces spécial :

a) Dans le cas où un tarif minimum aux pièces spécial a été fixé, conformément à la loi, pour les personnes au service du patron, si les salaires payés par lui sont inférieurs à ce tarif minimum aux pièces spécial, et

b) Dans le cas où il n'a pas été fixé de tarif minimum aux pièces spécial, s'il ne peut établir que le salaire aux pièces effectivement payé représenterait en l'espèce, pour un ouvrier ordinaire, au moins la somme d'argent que lui rapporterait le tarif minimum au temps.

9. — Tout boutiquier, marchand ou commerçant qui, pour l'expédition de ses affaires, conclut expressément ou implicitement avec un ouvrier, un contrat impliquant l'exécution d'un travail pour lequel un tarif minimum a été fixé en vertu de la présente loi, est considéré, pour l'application de la présente loi, comme le patron de l'ouvrier ; la rémunération nette due à l'ouvrier pour son travail est considérée comme son salaire.

10. — 1. Tout ouvrier ou toute personne autorisée par lui peut se plaindre au conseil d'industrie de ce que les salaires à lui payés par son patron, dans un cas où il y a lieu d'appliquer un tarif minimum fixé par le conseil, sont inférieurs au tarif minimum : le conseil examine la plainte et, s'il le juge convenable, peut commencer, en application de la présente loi, des poursuites au nom de l'ouvrier.

2. Avant de commencer des poursuites au nom de l'ouvrier, en vertu de la présente loi, le conseil peut et — si c'est la première fois qu'il est appelé à poursuivre un patron — doit faire de son mieux pour que ledit patron en soit informé, et ce en vue d'arriver à un règlement amiable.

Constitution, fonctionnement, etc., des conseils d'industrie.

11. — 1. Le *Board of Trade* peut rendre des règlements

relatifs à la constitution des conseils d'industrie. Ces conseils doivent comprendre un nombre égal de représentants des patrons et de représentants des ouvriers (désignés dans la présente loi sous le nom de « représentants ») et des membres nommés. Tous les règlements de ce genre peuvent être appliqués à la constitution de tous les conseils d'industrie, en général, ou, tout particulièrement, à celle d'un conseil spécial ou d'une catégorie spéciale de conseils.

2. Les femmes sont, tout comme les hommes, éligibles aux conseils d'industrie.

3. Les représentants sont élus ou présentés, ou en partie élus et en partie présentés, selon que le prescrivent les règlements ; les règlements doivent prévoir la représentation des ouvriers à domicile dans tous les conseils institués dans les industries où ces ouvriers se rencontrent en proportion notable.

4. Dans chaque conseil, le *Board of Trade* désigne un président choisi parmi les membres et nomme un secrétaire.

5. Les délibérations d'un conseil ne peuvent être annulées parce qu'une vacance s'est produite dans son sein, ou pour cause de vice dans la nomination, l'élection ou la présentation d'un membre.

6. Le quorum nécessaire est atteint quand au moins un tiers des représentants et au moins un des membres nommés sont présents à une séance du conseil.

7. Le *Board of Trade* peut prévoir par voie du règlement le mode de fonctionnement et de réunion des conseils, y compris le mode de votation ; toutefois, les conseils peuvent, sous réserve des dispositions de la présente loi et des règlements ainsi rendus, régler comme ils l'entendent leur mode de fonctionnement.

12. — 1. Un conseil d'industrie peut instituer des comités industriels de district comprenant à la fois des membres du conseil et des personnes étrangères, mais représentant des patrons ou des ouvriers de l'industrie ; ces comités sont

constitués conformément aux règlements spéciaux rendus par le *Board of Trade* et fonctionnent pour la circonscription fixée par le conseil.

2. Les règlements doivent prescrire que chaque comité de district comprendra au moins un des membres nommés, un nombre égal de représentants des patrons et des ouvriers de la localité, des représentants des ouvriers à domicile pour les industries comptant dans le district une proportion considérable d'ouvriers de cette catégorie; ils prévoient la nomination de sous-comités permanents chargés d'examiner les demandes de tarif minimum aux pièces spécial et les plaintes adressées au conseil en vertu de la présente loi, ainsi que le renvoi des demandes ou plaintes audit sous-comité.

3. Un conseil peut soumettre à un comité industriel de district toutes les questions qu'il croit devoir lui soumettre, en lui demandant de faire un rapport et des propositions ; il peut également, s'il le juge convenable, déléguer à un comité industriel de district les pouvoirs et obligations que lui confère la présente loi, sauf le pouvoir et l'obligation de fixer un tarif minimum au temps ou un tarif minimum général aux pièces.

4. Tout comité industriel de district institué dans une circonscription est tenu de proposer au conseil un tarif minimum au temps et, s'il le juge utile, un tarif minimum général aux pièces, applicable à l'industrie dans sa circonscription ; aucun tarif minimum fixé en vertu de la présente loi, non plus qu'aucune modification ou annulation dudit tarif, ne peut être mis en vigueur dans cette circonscription, sans que le comité de district ne l'ait proposé ou, le cas échéant, n'ait recommandé sa modification ou son annulation, ou sans que ledit comité n'ait été mis à même d'adresser un rapport à ce sujet au conseil et que ce dernier n'ait étudié le rapport qui lui aura été ainsi éventuellement adressé.

13. — 1. Le *Board of Trade* peut nommer comme

membres des conseils d'industrie autant de personnes (y compris les femmes) qu'il le juge nécessaire.

2. Les membres des conseils d'industrie ainsi nommés doivent siéger au conseil ou au comité industriel de district pour lequel ils sont désignés par le *Board of Trade*; dans les conseils institués pour des industries occupant un grand nombre de femmes, l'un au moins des membres nommés doit être du sexe féminin.

Il reste entendu que le nombre des membres nommés siégeant en même temps dans un même conseil ou dans un même comité industriel de district, doit être inférieur à la moitié du nombre total des représentants des ouvriers.

Nomination des fonctionnaires et dispositions diverses pour l'application de la loi.

14. — 1. Le *Board of Trade* peut nommer les fonctionnaires dont il a besoin pour examiner les plaintes et assurer à tous égards une bonne application de la loi; les agents ainsi nommés sont placés sous les ordres du *Board of Trade* ou, si ce dernier en décide ainsi, sous les ordres de l'un ou l'autre des conseils d'industrie.

2. Au lieu de nommer des fonctionnaires ou d'en augmenter le nombre en vertu de la présente section, le *Board of Trade* peut également, s'il le juge convenable, s'entendre avec tout autre département ministériel pour que les fonctionnaires de ce département ayant, de par leurs attributions, à s'occuper d'une industrie soumise à la présente loi, contribuent, soit d'une façon générale, soit dans des cas particuliers, à assurer l'application de cette même loi.

15. — 1. Tout fonctionnaire nommé par le *Board of Trade*, en vertu de la présente loi, et tout fonctionnaire d'un autre département ministériel, pendant le temps qu'il contribuera à assurer l'application de cette même loi, jouit, dans l'exercice de ses fonctions, des attributions ci-après. Il peut :

a) Exiger du patron la production des feuilles de paye ou

d'autres documents relatifs aux salaires, exiger des personnes faisant travailler à domicile les états des payements effectués à des ouvriers à domicile, examiner et vérifier ces documents et en prendre copie;

b) Demander à toute personne faisant travailler à domicile ou travaillant à domicile les renseignements qu'elle possède en ce qui concerne les noms et adresses des personnes acceptant ou donnant, selon les cas, du travail à domicile, et en ce qui concerne les salaires payés pour ce travail ;

c) Pénétrer à toute heure raisonnable dans les fabriques ou ateliers et dans tout endroit où se fait la distribution du travail à domicile;

d) Examiner et recopier toute liste d'ouvriers à domicile tenue par un patron ou une personne donnant du travail au dehors.

2. Quiconque néglige de fournir à un fonctionnaire qui lui en fait la demande, les moyens de pénétrer dans un lieu, ou de faire une inspection, ou de remplir les fonctions que lui confère la présente section, ou le moleste, ou refuse de produire un document ou de donner un renseignement qu'un fonctionnaire lui demande de produire ou de donner en vertu des attributions à lui conférées par la présente section, est passible, sur condamnation sommaire, d'une amende de 5 livres (125 francs) au plus pour chaque contravention. Quiconque présente à un fonctionnaire agissant en vertu des pouvoirs que lui confère la présente section, une feuille de paye ou un état des salaires, ou des états de payement, ou des listes d'ouvriers à domicile, qu'il sait pertinemment être faux, ou qui fournit à un fonctionnaire des renseignements qu'il sait être inexacts, est passible, sur condamnation sommaire, d'une amende de 20 livres (500 francs) au plus ou d'un emprisonnement de trois mois au plus avec ou sans *hard labour*.

16. — Chaque fonctionnaire nommé par le *Board of Trade* en vertu de la présente loi, et chaque fonctionnaire d'un département ministériel prêtant son concours pour assurer

l'application de la loi, reçoit du *Board of Trade* ou de son département un certificat de nomination qu'il est tenu de produire, pendant qu'il remplit ses fonctions ou agit en vertu des pouvoirs à lui conférés par la présente loi, à toute personne intéressée qui lui en fait la demande.

17. — 1. Tout fonctionnaire nommé par le *Board of Trade* en vertu de la présente loi, et tout fonctionnaire d'un département ministériel prêtant présentement son concours pour assurer l'application de la présente loi, a, en exécution des instructions spéciales ou générales du *Board of Trade*, tout pouvoir pour engager des poursuites en vertu de la présente loi ; un conseil d'industrie peut également engager des poursuites de ce genre, soit au nom d'un fonctionnaire nommé par le *Board of Trade* et agissant présentement selon les instructions du conseil d'industrie, en exécution de la présente loi, soit au nom de son secrétaire ou de l'un quelconque des agents qu'il a autorisés à ce faire.

2. Tout fonctionnaire nommé par le *Board of Trade* en vertu de la présente loi, ou tout fonctionnaire d'un département ministériel prêtant présentement son concours pour assurer l'application de la présente loi, et le secrétaire d'un conseil d'industrie, ou tout agent d'un conseil ayant qualité pour ce faire, peut, bien que n'étant ni avocat, ni solicitor, ni homme de loi, engager ou continuer, devant un tribunal de juridiction sommaire, toutes les poursuites auxquelles peut donner lieu l'application de la présente loi.

Dispositions complémentaires.

18. — 1. Le *Board of Trade* rend les règlements nécessaires pour que les intéressés soient informés, de la meilleure façon possible, de tout ce qui, aux termes de la présente loi, doit être porté à leur connaissance.

2. Toute personne exploitant une fabrique ou un atelier, ou occupant un lieu où l'on distribue du travail à des ouvriers à domicile, doit, selon le mode établi par les règlements rendus en vertu de la présente section, afficher dans sa fabrique,

son atelier, ou le lieu où se distribue le travail à des ouvriers à domicile, les avis que les règlements peuvent prescrire : elle doit également porter à la connaissance de son personnel tout ce que les règlements lui enjoignent de lui faire connaître, en adoptant tout autre mode d'information qui peut être prescrit.

Toute personne exploitant une fabrique ou un atelier, ou occupant un lieu où se distribue du travail à des ouvriers à domicile, qui néglige de se conformer à cette disposition est passible, sur condamnation sommaire, d'une amende de 2 livres (50 francs) au plus par contravention.

19. — Les règlements rendus en exécution de la présente loi doivent être, aussitôt que possible, soumis aux deux chambres du Parlement ; si l'une ou l'autre des chambres, dans les quarante jours qui suivent le dépôt, décide qu'il y a lieu de les annuler, tous ou certains d'entre eux, les règlements cessent d'être valables du jour de cette résolution, sans préjudice pour la validité de l'application qui a pu en être faite entre temps, ni pour la confection de nouveaux règlements. Si un ou plusieurs règlements d'une même série ont été annulés, le *Board of Trade* peut abroger la série tout entière.

20. — 1. Sa Majesté peut, par ordonnance rendue en Conseil, décider que toutes les attributions reconnues ou les obligations imposées au *Board of Trade* en exécution de la présente loi doivent être exercées ou remplies, soit en général, soit dans certains cas ou certaines catégories de cas, par un secrétaire d'Etat et que, tant que cette ordonnance reste en vigueur, la présente loi est applicable, comme si, dans la mesure nécessaire à assurer l'application de ladite ordonnance, un secrétaire d'Etat était substitué au *Board of. Trade.*

2. Toute ordonnance rendue en conseil, en vertu de la présente section, peut être modifiée ou annulée par une autre ordonnance ultérieure rendue en conseil.

21. — Sont acquittés, sur les crédits votés par le Parlement :

1º Tous les frais supportés par les conseils d'industrie ou leurs comités pour l'application de la présente loi, sous le contrôle et avec l'autorisation du *Board of Trade*, jusqu'à concurrence du montant approuvé par le Trésor ;

2º Les émoluments et frais des membres nommés et des secrétaires des conseils d'industrie, et ceux des fonctionnaires nommés par le *Board of Trade* en exécution de la présente loi, tels qu'approuvés par le Trésor ;

3º Les frais (y compris l'indemnité pour perte de temps) supportés, pendant l'exercice de leurs fonctions, par les représentants patronaux et ouvriers des conseils et par les membres (autres que les membres nommés) de comités de district, jusqu'à concurrence du montant approuvé par le Trésor ;

4º Tous les frais supportés par le *Board of Trade* soit pour des enquêtes, soit pour recueillir des renseignements, soit pour des études préliminaires en vue d'appliquer la présente loi à une industrie qui ne lui est pas encore soumise, jusqu'à concurrence du montant approuvé par le Trésor, y compris les frais encourus pour obtenir une ordonnance provisoire ou faire aboutir un projet de loi sanctionnant une ordonnance provisoire, rendue conformément ou en vue de l'application de la présente loi.

22. — 1. La présente loi peut être citée sous le nom de « loi de 1909 sur les conseils d'industrie ».

2. La présente loi entrera en vigueur le 1er janvier 1910.

Cédule.

Industries soumises à la loi, sans ordonnance provisoire :

1º Confection de vêtements tout faits et sur mesure, en gros, et toutes autres branches du vêtement dans lesquelles le ministre du Commerce estime que le système de confection est, en général, semblable au système le plus usité dans le gros ;

2° Fabrication des boîtes ou parties de boîtes manufacturées en tout ou en partie, avec du papier, du carton, des
copeaux ou matières similaires ;

3° Finissage de la dentelle et des filets à la mécanique ;
travaux de raccommodage ou de reprisage dans le finissage
des rideaux de dentelle ;

4° Fabrication des chaînes martelées et rivées à la main
ou au marteau à pédale.

**Règlement du 27 avril 1910, pris par le « Board of Trade »
en application de la section 18 de la loi de 1909 sur
les conseils d'industrie, sur le mode de publicité des
tarifs. (1)**

En vertu des pouvoirs à lui conférés par la section 18 de
la loi de 1909 sur les conseils d'industrie le *Board of Trade*
édicte, conformément au dit article, les dispositions suivantes :

1° Dans le présent règlement, les expressions suivantes :

« Gazette » (*The Gazette*) désigne la « Gazette » de Londres, d'Edimbourg ou de Dublin, ou l'une ou plusieurs
d'entre elles, selon les cas ;

« Personne » (*person*) désigne tout groupement de personnes constituées ou non en corporation ;

Patron (*employer*) comprend des personnes telles que défi-
nies ci-dessus.

2° Lorsqu'un conseil d'industrie se propose de fixer, d'annuler ou de modifier un tarif minimum au temps ou un tarif
minimum général aux pièces dans une industrie particulière, il doit :

a) Faire connaître, par écrit, à tous les employeurs de
main-d'œuvre dans l'industrie intéressée dont il connaît les
noms et adresses, le tarif qu'il se propose de fixer, en les
invitant à lui communiquer leurs observations dans un
délai de trois mois ;

____

(1) *Bulletin de l'Office international du Travail*, 1910, p. 382.

b) Publier dans la *Gazette* un avis faisant connaître l'intention de fixer ledit tarif, en déclarant qu'il fournira à toute personne lui en faisant la demande (pourvu que ladite personne lui semble susceptible d'être touchée par le tarif) des renseignements sur le tarif qu'il se propose de fixer, et en annonçant qu'il recevra toutes les observations qui lui seront adressées dans le délai prévu par l'avis susdit.

3° Tout patron d'une fabrique ou d'un atelier et d'un local utilisé pour distribuer du travail à domicile doit, au reçu de l'avis prévu à la lettre *a*) de la section ci-dessus, afficher, en bonne place, un nombre suffisant de copies conformes dudit avis, dans chaque fabrique, atelier ou local servant à distribuer du travail à domicile ; il doit faire en sorte que le contenu en soit toujours porté à la connaissance de tous ceux de ses ouvriers qui sont intéressés en la matière.

4° Une fois le tarif établi, le conseil en fait connaître la teneur à tout patron désigné ci-dessus, dont il connaît le nom et l'adresse.

5° Tout patron désigné ci-dessus doit, au reçu de l'avis prévu à la section précédente, afficher en bonne place un nombre suffisant d'exemplaires conformes dudit avis, dans chaque fabrique, atelier ou local, servant à distribuer du travail à domicile et faire en sorte que le contenu en soit toujours porté à la connaissance de tous ceux de ses ouvriers qui sont intéressés en la matière.

Règlement du 25 novembre 1909 (1) publié par le « Board of Trade » par application de la section 11 de la loi de 1909 sur les conseils d'industrie portant création d'un conseil d'industrie pour la « fabrication des chaînes » martelées et rivées à la main ou au marteau à pédale.

Règlement du 27 avril 1910 (2) pris par le « Board of Trade » en application de la section 11 de la loi de 1909 sur les

---

(1) *Bulletin de l'Office International du Travail*, 1910, t. IX, p. 133.
(2) *Ibid.* 1910, t. IX, p. 383.

conseils d'industrie, instituant un conseil « pour la fabrication des boîtes » ou parties de boîtes, confectionnées,
en totalité ou en partie, en papier, carton, copeaux ou
matières similaires.

Règlement du 25 juillet 1910 (1) pris par le « Board of Trade »
en application de la section 11 de la loi de 1909 sur les
conseils d'industrie, instituant un conseil pour la confection des vêtements tout faits et en gros pour hommes.

Règlement du 4 mai 1910, instituant un conseil dans l'industrie dentelière. (2)

1. Il sera institué un conseil d'industrie pour cette branche de l'industrie dentelière où l'on finit les dentelles et filets
confectionnés à la machine, non compris le finissage des filets
unis fabriqués à la machine.

2. Le conseil ne comprendra pas moins de 19 personnes et
pas plus de 23, savoir : 3 membres nommés (par le ministre)
et un nombre égal de représentants des patrons et de représentants des ouvriers.

Le *Board of Trade* désignera le président et le vice-président parmi les membres.

3. Le *Board of Trade* choisira 6 représentants patronaux
parmi les candidats présentés par les patrons de l'industrie
désignée ci-dessus possédant des entrepôts et 2 autres parmi
les candidats présentés par d'autres patrons. Il sera pourvu,
selon le même mode, à toute vacance survenue parmi les
membres patrons.

4. Le *Board of Trade* choisira 8 représentants ouvriers
parmi les candidats présentés par les ouvriers de l'industrie
désignée ci-dessus, en se préoccupant d'assurer une représentation convenable aux travailleurs à domicile. Il sera
pourvu, selon le même mode à toute vacance survenue parmi
les membres ouvriers.

5. Le *Board of Trade* peut, s'il le juge nécessaire, en vue

(1) *Ibid.* 1910, t. IX, p. 410.
(2) *Bulletin de l'Office international du Travail*, 1910, t. IX, p. 385.

d'assurer une représentation convenable à toutes les catégories de patrons ou d'ouvriers, et aprés avis du conseil d'industrie, nommer des membres suppléants soit pour toute la durée du mandat dudit conseil, soit pour une partie de ce mandat. Le nombre de ces suppléants ne peut, à aucun moment, être supérieur à 4, soit à 2 pour chaque catégorie.

6. Le 1er conseil est nommé pour une période d'une année avec faculté pour le *Board of Trade* de prolonger ce mandat pour deux autres périodes d'une année chacune ; sauf stipulations contraires, tout conseil d'industrie nommé par la suite siégera dans les mêmes conditions.

7. Tout représentant des patrons qui cesse d'être patron et devient ouvrier dans l'industrie doit résigner son mandat. Tout représentant ouvrier qui devient patron dans l'industrie doit également résigner son mandat. Le président établit dans chaque cas la réalité des faits.

8. Chaque membre du conseil a droit à une voix. Il reste entendu que, dans toute question de minimum de salaire, le président ou, en son absence, le vice-président, peut, s'il le juge convenable, et doit, à la demande la majorité absolue des membres patrons ou ouvriers, faire voter les membres par catégorie ; en pareil cas, le vote de la majorité des membres présents de l'une ou de l'autre catégorie, prenant part au scrutin constitue le vote de cette catégorie. Dans un vote de ce genre, les membres nommés (par le ministre) ne prennent pas part au scrutin ; si le vote accuse une divergence d'opinion, la question est tranchée par le vote, à la majorité des membres nommés (par le ministre).

9. Si, dans une séance de conseil, des membres patrons et des membres ouvriers présents ne sont pas en nombre égal, la catégorie de représentants qui est en majorité peut décider que, en vue de rétablir l'équilibre, un ou plusieurs de ses membres s'abstiendront de prendre part au vote. En l'absence d'une décision de ce genre, le président, ou à son défaut, le vice-président peut, s'il le juge utile, remettre à une autre séance du conseil le vote sur n'importe quelle question.

10. Tout représentant des patrons ou des ouvriers qui, sans motif plausible, néglige d'assister à la moitié du total des séances tenues dans une année, doit résigner son mandat ; il peut toutefois être réélu ou renommé, selon les cas.

11. Toute contestation relative au sens ou à l'interprétation du présent règlement sera examinée et tranchée par le *Board of Trade*.

B. — AUSTRALASIE.

1. — Victoria.

I. — *Loi nº 1975, du 6 octobre 1905, consolidant la loi sur la surveillance et la réglementation des fabriques, ateliers et magasins* (1).

II. — *Loi nº 2008, du 12 décembre 1905* (2), *modifiant la loi de 1905 sur les fabriques et magasins.*

III. — *Loi nº 2137, du 23 décembre 1907, modifiant la loi de 1905 sur les fabriques et magasins* (3).

IXe PARTIE. — COMITÉS SPÉCIAUX.

1. Objet des comités spéciaux.

75. — 1. Pour fixer les prix et tarifs de salaires minima qui doivent être payés à un ou à plusieurs ouvriers ou à des catégories d'ouvriers employés n'importe où (4), soit à la préparation ou à la fabrication, en tout ou en partie, d'articles de confection, d'effets d'habillement ou de meubles, soit à la cuisson du pain ou à toute autre cuisson, soit à tout travail, métier ou profession généralement ou fréquemment exercés dans des fabriques ou ateliers, soit à un travail,

---

(1) *Bulletin de l'Office international du travail*, 1907, t. VI, p. 164.

(2) Ibid., 1907, t. VI, p. 164, note 2.

(3) Ibid., 1909, t. VIII, p. 145.

(3) Les quatre lois sont réunies ici pour donner le texte actuellement en vigueur; les textes abrogés sont en *italiques.*

(4) Le texte de la loi de 1905 était : « d'ouvriers occupés dans une fabrique ou un atelier ou hors de ces établissements. »

Le nouveau texte résulte de l'article 9 de la loi du 23 décembre 1907.

métier, profession se rattachant à la boucherie ou à la charcuterie, ou chez un fabricant ou marchand d'articles de charcuterie (1) ;

Ou dans des affaires quelconques qui se font d'habitude ou fréquemment dans un magasin ;

Ou dans toute entreprise de camionnage ou de transport ou en concourant au camionnage ou au transport d'une manière générale ou dans des travaux déterminés ;

Ou dans certains travaux, industries ou affaires se rapportant à la construction de bâtiments ou à l'exploitation de carrières, sauf dans l'agriculture ;

Ou dans toutes affaires ou occupations se rapportant à la préparation du bois à brûler destiné au commerce, ou se rapportant à la vente, à la distribution du bois, du coke ou du charbon.

Le gouverneur, par décision prise en conseil, peut, à tout moment, s'il le juge utile, constituer un comité spécial qui comptera au minimum quatre membres et un président, et dont les membres pourront être, à tout moment, révoqués.

2. Pour la fixation des prix ou tarifs de salaires minima, le comité spécial tiendra compte de la nature, du genre et de la catégorie du travail, ainsi que des conditions dans lesquelles le travail s'exécute, de l'âge et du sexe des ouvriers et de toutes circonstances dont il lui sera prescrit de tenir compte.

3. Sauf en ce qui concerne les métiers et industries qui étaient déjà visés, au 1er octobre 1896, par les dispositions de la loi sur les fabriques et ateliers concernant les comités spéciaux, il ne peut être constitué de comité spécial que sur résolution, votée par les deux Chambres du Parlement, jugeant utile la création de ce comité spécial.

2. *Mode de recrutement des membres et durée des fonctions.*

76. — 1. Les comités spéciaux seront composés moitié de

---

représentants des patrons et moitié de représentants des ouvriers.

2. Les représentants des patrons devront être ou avoir été, en fait et réellement, patrons dans l'industrie visée, et pendant les trois ans qui auront précédé leur nomination (1), et les ouvriers devront être ou avoir été, en fait et réellement, ouvriers de l'industrie pendant les trois ans qui auront précédé leur nomination (2). Toutefois, cette disposition ne s'applique pas aux nominations faites par le ministre.

3. *a)* Les membres des comités spéciaux sont nommés pour trois ans; mais, à l'expiration de ce terme, leur mandat peut être renouvelé.

b) Le président d'un comité spécial est considéré comme membre de ce comité.

77. — 1. Avant la nomination des membres d'un comité, le ministre peut, par voie de notification publiée dans la *Government Gazette*, désigner des personnes comme représentants des patrons et représentants des ouvriers, ayant qualité pour être nommés membres dudit comité.

2. Si un cinquième des patrons ou ouvriers d'une profession, industrie ou entreprise exercent ladite profession, industrie ou entreprise hors du district urbain, tel qu'il est défini dans la présente loi, une au moins des personnes désignées comme représentants des patrons et une au moins des personnes désignées comme représentants des ouvriers devront résider et exercer ou avoir exercé la profession, l'industrie ou l'entreprise hors du district urbain.

3. Si, dans un délai de vingt et un jours, à dater de la publication des noms des personnes ainsi désignées, un cinquième au moins des patrons, ou un cinquième au moins des ouvriers adultes appartenant à la profession, l'industrie ou l'entreprise relevant du comité spécial visé n'ont pas adressé au ministre une protestation écrite contre la nomi-

---

(1) Les dix mots précédents sont ajoutés par l'article 9 de la loi du 23 décembre 1907.
(2) Les neuf mots précédents sont ajoutés par l'article 9 de la loi du 23 décembre 1907.

nation éventuelle des personnes désignées comme représentants de leur catégorie respective, le gouverneur peut, par décision prise en conseil, nommer les personnes ainsi désignées membres du comité spécial, comme représentants des patrons ou des ouvriers.

4. S'il est établi, de façon jugée satisfaisante par le ministre, que le quart au moins des patrons ou des ouvriers adultes ont, dans le délai prescrit, protesté contre la désignation desdites personnes comme leurs représentants respectifs, les représentants de ces patrons et les représentants de ces ouvriers seront élus d'après le mode qui aura été adopté en vertu des dispositions de la présente loi.

5. Il appartient au ministre de juger, à l'aide des données fournies par le dernier rapport annuel de l'inspecteur en chef, si le nombre des personnes qui ont protesté contre la désignation de leurs représentants éventuels correspond bien au quart au moins des patrons ou des ouvriers adultes de la profession visée.

6 (1). *a*) Lorsqu'un comité spécial a été nommé par le gouverneur en conseil, en vertu des pouvoirs additionnels confiés par la section 7 de la loi de 1907 sur les fabriques et ateliers, tous les employeurs susceptibles d'être soumis au régime de l'arrêté dudit comité spécial enverront à l'inspecteur en chef, lorsqu'une élection sera nécessaire, leurs noms et adresses, ainsi que les noms et adresses de tous les employés de dix-huit ans au moins, dans la forme ou dans le sens de l'annexe à ladite loi ; chaque patron et chaque employé dispose d'une voix :

b) Tout patron qui négligera de faire parvenir son nom et son adresse n'aura pas le droit de prendre part à l'élection des représentants des employeurs au comité spécial ;

c) Tout employé, de dix-huit ans au moins, qui prouvera, à la satisfaction de l'inspecteur principal, que sa besogne ordinaire consiste à être employé à des travaux ou des

---

. (1) Cette sous-section 6 de l'article 77, a été ajoutée par l'article 10 de la loi du 23 décembre 1907.

affaires pour lesquels un minimum de salaire doit être fixé par un comité spécial, sera inscrit comme électeur des représentants ouvriers au comité spécial, quoique son patron n'ait pas fait connaître son nom et son adresse.

78. — Nonobstant toutes dispositions contraires de la présente loi, les membres d'un comité spécial chargé d'arbitrer ou de fixer les salaires et tarifs minimums à payer à une personne pour fabrication ou préparation, totale ou partielle, de meubles, ne seront pas élus, mais seront nommés par décision prise par le gouverneur en conseil.

79. — S'il s'agit d'un comité spécial pour l'industrie du vêtement pour hommes et jeunes gens, les représentants des patrons comprendront trois représentants des patrons tailleurs-confectionneurs et deux représentants des patrons tailleurs sur mesure. Il sera procédé à l'établissement des listes électorales et au vote pour la désignation de ces représentants, conformément à la procédure qui aura été fixée à cet effet.

80. — Si le nombre des personnes désignées comme représentants des patrons ou comme représentants des ouvriers n'excède pas le nombre des personnes à élire, les personnes ainsi désignées seront considérées comme élues et seront en conséquence nommées, par le gouverneur assisté du conseil, membres du comité spécial.

81. — S'il se produit, pour une cause quelconque, une vacance au sein d'un comité spécial, le gouverneur peut, sans désignation ou élection préalable, par décision prise en conseil, nommer une personne représentant des patrons ou représentant des ouvriers. La personne ainsi nommée a la même qualité que si elle avait été élue par les patrons ou par les ouvriers et elle est appelée à remplir ses fonctions pour la période qui reste à courir du mandat du membre décédé, démissionnaire ou exclu.

3. Désignation du président.

82. — 1. Les membres d'un comité spécial devront, dans un délai de quatorze jours à dater de leur nomination, désigner, par écrit, une personne (autre qu'un d'entre eux) qu'ils proposeront comme président du comité. Cette personne sera nommée à ce poste par décision prise par le gouverneur en conseil.

2. Si, dans le délai de quatorze jours à dater de la nomination des membres du comité, le ministre n'a pas reçu de proposition pour la désignation du président, le gouverneur pourra, sur l'ordre du ministre, procéder à cette désignation par décision prise en conseil.

5. Attributions des comités spéciaux.

83 (1). — *Tout comité spécial nommé postérieurement au 30 octobre 1903 devra, chaque fois qu'il aura à fixer des prix ou tarifs de salaires, observer les règles suivantes :*

a) Le comité s'attachera à déterminer les prix et tarifs de salaires moyens (pour le travail aux pièces ou pour le travail au temps) qui ont été effectivement payés par des patrons honorablement connus (reputable employers) à des ouvriers de capacité moyenne.

b) Les prix ou tarifs de salaires minimums qui seront fixés par la décision du comité ne devront en aucun cas être supérieurs aux prix ou tarifs de salaires moyens ainsi déterminés.

c) Si le conseil spécial estime que les prix ou tarifs de salaires moyens ainsi déterminés ne sont pas suffisants pour pouvoir servir de limite en vue de la fixation de prix et tarifs de salaires minimums à payer, il adressera, à ce sujet, un rapport au ministre qui, en ce cas, confiera à la cour d'appel en matière industrielle le soin de fixer ces prix ou tarifs de salaires, que la cour pourra fixer sans tenir compte de la disposition de l'alinéa b) de la présente section.

d) Si la chose paraît juste et opportune, il pourra être

---

(1) Abrogé par l'article 11 de la loi du 23 décembre 1907.

*fixé des salaires, prix ou tarifs spéciaux en ce qui con-
cerne les ouvriers âgés, infirmes ou lents.*

84. — Tous les pouvoirs d'un comité spécial peuvent être exercés par la majorité des membres dudit comité.

85. — S'il se produit une vacance au sein d'un comité spécial (sauf s'il s'agit du siège du président), les membres restant en fonctions peuvent continuer à remplir leur mandat, comme s'il n'existait aucune vacance, si aucun d'entre eux ne s'y oppose.

86. — Le président d'un comité spécial peut exiger de toute personne (même s'il s'agit d'un membre du comité) appelée à témoigner devant ce comité, qu'elle dépose sous la foi du serment. A cet effet, il est autorisé à recevoir le serment prêté par le témoin.

87. — 1. En tant qu'il s'agit de marchandises, professions, industries, entreprises, relevant de la compétence d'un comité spécial, ce comité fixe les prix et tarifs de salaires minima qui doivent être payés à une ou à plusieurs personnes ou à des catégories de personnes occupées dans une de ces professions, industries ou entreprises et concourant à la fabrication ou à la préparation de marchandises spécifiées par ledit comité.

2. Ces prix ou tarifs de salaires peuvent être fixés, au gré du comité spécial, comme prix ou tarifs de salaires aux pièces ou comme prix ou tarifs de salaires au temps, ou à la fois aux pièces et au temps. Toutefois, pour la préparation ou la fabrication, totale ou partielle, de vêtements ou effets d'habillement hors de l'usine ou de l'atelier, il ne pourra être fixé que des prix et tarifs de salaires aux pièces. D'autre part, à la demande du patron d'une fabrique, d'un atelier, d'un magasin ou d'un local, le comité établira des salaires ou tarifs au temps pour le personnel occupé à la conduite des machines fonctionnant dans l'établissement.

88. — Nonobstant toute disposition contraire de la présente loi, tous prix ou tarifs de salaires fixés par un comité spécial pour la préparation ou la fabrication, totale ou partielle, d'un meuble devront, chaque fois que cela sera possible, être à la fois des prix ou tarifs de salaires aux pièces et des prix ou tarifs de salaires au temps, les prix ou tarifs de salaires aux pièces ayant pour base les prix ou tarifs de salaires au temps fixés par le comité.

89. — Si, en vertu de la présente loi, une décision du comité spécial fixe, pour un travail, à la fois des prix ou tarifs de salaires aux pièces et des prix ou tarifs de salaires au temps, les prix ou tarifs de salaires aux pièces devront toujours avoir pour base les prix ou tarifs de salaires au temps. Toutefois, une décision ne sera pas attaquable ou sans valeur du fait qu'un prix ou tarif de salaires aux pièces représente un gain supérieur ou inférieur à celui que donnerait un calcul basé sur les prix ou tarifs de salaires au temps.

90. — Tout comité spécial, en fixant les prix ou tarifs de salaires au temps minimum qui doivent être payés à une ou plusieurs personnes ou à des catégories de personnes, fixera également le maximum hebdomadaire des heures de travail auxquelles correspondent, d'après la nature ou les conditions du travail, les salaires au temps ainsi déterminés. Les prix ou tarifs de salaires au temps qui seront appliqués à une plus courte durée du travail ne devront pas être inférieurs au chiffre correspondant proportionnellement aux prix ou tarifs de salaires fixés. En outre, pour tout ouvrier du sexe masculin, âgé de moins de seize ans, travaillant un nombre d'heures supérieur au maximun fixé, le comité déterminera des prix ou tarifs de salaires au temps supérieurs à ceux qui ont été fixés par la décision dudit comité visant les prix ou tarifs de salaires applicables au maximum hebdomadaire des heures de travail.

5. Apprentis, volontaires et jeunes ouvriers.

91. — 1. En fixant les salaires et tarifs, en vertu des présentes dispositions, tout comité spécial fixera également le

nombre ou la proportion de volontaires qu'il est permis d'occuper dans une fabrique, un atelier, magasin ou local, ou dans tous travaux, industries ou affaires (1), ainsi que les prix ou tarifs de salaires minimums qui devront être payés aux apprentis et volontaires concourant à la préparation ou à la fabrication, totale ou partielle, de marchandises visées par une décision du comité spécial, ou travaillant dans une industrie, profession ou entreprise visée par une décision du comité spécial.

2. En fixant ces salaires, le comité pourra tenir compte de l'âge, du sexe et de l'expérience des apprentis ou volontaires visés, établir une échelle des salaires et tarifs à payer suivant l'âge, le sexe et l'expérience desdits apprentis et volontaires, et fixer une proportion différente de volontaires, de l'un ou l'autre sexe.

92.—En fixant les salaires à payer à les personnes âgées de moins de vingt et un ans (autres que des apprentis ou volontaires) pour des catégories déterminées de travaux, le comité spécial peut, eu égard à la longue expérience acquise par les personnes appartenant à ces catégories déterminées, fixer, en faveur de ces personnes, des tarifs différents.

93. — Tous apprentis qui ne sont pas liés par un contrat d'apprentissage obligeant le patron a enseigner à l'apprenti, pendant une période de trois années, l'exercice de l'industrie ou de la profession, seront, pour l'application des présentes dispositions, considérés comme des volontaires.

17 (2). — Nonobstant toutes dispositions contraires de la loi principale, a) il est permis, avec l'autorisation écrite du ministre, de s'engager comme apprenti pour une durée inférieure à trois ans, si, en raison de l'expérience déjà acquise par l'intéressé ou de la durée de ses services dans la profession, il est impossible de l'engager comme apprenti pour

---

(1) Ces sept derniers mots ont été ajoutés par l'article 12 de la loi du 23 décembre 1907.

(2) Disposition de la loi du 12 décembre 1905.

une durée de trois années ; *b*) quiconque s'est engagé, avec l'autorisation du ministre, dans les conditions prévues par la présente section, ne devra pas être considéré comme « volontaire ».

94. — Lorsque, par application d'une décision du comité spécial, les salaires d'un apprenti ou d'un volontaire devront varier selon l'expérience acquise ou la durée des services rendus, il devra être tenu compte, dans le calcul de la durée des services rendus, pour la fixation du salaire que cet apprenti ou volontaire a le droit de réclamer, de tout laps de temps pendant lequel ledit apprenti ou volontaire a exercé la profession.

95. — Si un apprenti âgé de moins de vingt et un ans s'est engagé, par contrat écrit, pour une durée de deux ans au minimum, aucune disposition d'une décision rendue par un comité spécial ne peut, en quoi que ce soit, annuler ou modifier le contrat d'apprentissage, si ledit contrat a été signé par toutes les parties intéressées antérieurement au dépôt, sur le bureau d'une des Chambres du Parlement, du projet de résolution tendant à la création dudit comité spécial.

96. — En vertu des présentes dispositions, le ministre est autorisé à accorder à toute personne âgée de plus de vingt et un ans, qui aura prouvé de façon suffisante qu'elle n'a pas acquis entièrement l'expérience exigée des volontaires par un comité spécial, l'autorisation de travailler en qualité de volontaire, pour une durée qui sera déterminée par l'autorisation, moyennant le salaire fixé par le comité pour les volontaires ayant acquis la même expérience.

97. — A moins que le contexte n'exige une interprétation différente, les mots « apprenti » (*apprentice*) et « volontaire » (*improver*) auront, dans toute décision d'un comité spécial, le sens qui leur est attribué dans la présente loi.

6.— Conditions d'établissement du salaire aux pièces fixé par l'employeur.

98. — 1. Tout comité spécial peut, au lieu de fixer lui-même les prix ou tarifs de salaires minimum aux pièces à attribuer à la préparation ou à la fabrication totale ou partielle de certaines marchandises, décider que ces prix ou tarifs de salaires aux pièces seront établis et payés, dans les conditions fixées par la sous-section suivante, sur la base des salaires au temps par le comité lui-même.

2. Tout employeur qui, par application d'une décision ainsi prise par un comité spécial, établit et paye des prix ou tarifs de salaires aux pièces, doit baser ces prix ou tarifs sur le gain d'un ouvrier moyen, travaillant dans les mêmes conditions que les ouvriers auxquels devront être appliqués lesdits prix ou tarifs aux pièces, qui serait payé d'après les tarifs de salaires au temps établis par le comité spécial. Tout employeur faisant application de ces dispositions devra, à toute réquisition, fournir à l'inspecteur en chef un relevé des salaires et tarifs ainsi fixés.

3. Quiconque, ayant établi un prix ou tarif de salaires aux pièces conformément aux dispositions de la présente section, paye ou offre, fait offrir ou essaie de payer, soit directement, soit indirectement, sous un prétexte quelconque ou par un détour quelconque, un prix ou tarif de salaires aux pièces inférieur au prix ou tarif de salaires ainsi établi, ou contre-vient de façon quelconque aux dispositions de la sous-section précédente, est coupable d'infraction aux dispositions du présent titre.

4. En cas de poursuites judiciaires contre une personne prévenue d'infraction aux dispositions des deux dernières sous-sections de la présente section, la preuve que cette personne a établi ou payé un prix ou tarif de salaires aux pièces répondant aux dispositions desdites sous-sections incombera, dans tous les cas, au défendeur.

7. Ouvriers âgés, lents et infirmes.

99. — 1. S'il est établi, de façon jugée satisfaisante par l'inspecteur en chef, qu'une personne, en raison de son âge, de sa lenteur ou de ses infirmités, n'est plus en état de trouver du travail au salaire minimum fixé par un comité spécial, l'inspecteur en chef pourra, en pareil cas, accorder à cet ouvrier âgé, infirme ou lent, pour une durée de douze mois, l'autorisation de travailler moyennant un salaire (dont le taux sera fixé par l'autorisation) inférieur audit salaire minimum. Cette autorisation pourra être indéfiniment renouvelée.

2. Le nombre des personnes munies de l'autorisation à titre d'ouvriers lents, occupés dans une fabrique, ne pourra, à moins de permission du ministre, excéder le cinquième du nombre total de personnes occupées dans l'établissement soit au temps, soit aux pièces, aux salaires minimum des adultes. Toutefois, dans une fabrique enregistrée, il ne peut être occupé qu'un seul ouvrier muni de l'autorisation à titre d'ouvrier lent. Quiconque, sans permission du ministre, occupe un nombre d'ouvriers lents supérieur à la proportion ainsi fixée, est coupable d'infraction aux présentes dispositions.

3. Quiconque, directement ou indirectement, sous un prétexte quelconque ou par un détour quelconque, paye ou offre ou fait offrir ou payer à un ouvrier âgé, infirme ou lent, un salaire inférieur au salaire fixé par l'autorisation de l'inspecteur en chef est coupable d'infraction aux dispositions du présent titre.

4. En cas de refus de l'inspecteur en chef de délivrer une autorisation dans les conditions ci-dessus, l'ouvrier en cause peut en appeler au ministre, qui a qualité pour délivrer l'autorisation au lieu et place de l'inspecteur.

8. Durée, publication et application des décisions des comités spéciaux et de la cour d'appel en matière industrielle.

100. — Les prix ou tarifs de salaires fixés par un comité spécial entrent en vigueur à la date fixée par le comité (au plus tôt 30 jours après la date de la décision) et restent en vigueur jusqu'à modification par une nouvelle décision du comité spécial. Toutefois cette décision peut, à tout moment, être modifiée ou cassée par la cour d'appel en matière industrielle.

101. — 1. Toute décision d'un comité spécial sera signée par le président de ce comité et publiée dans la *Government Gazette*. Elle est applicable à toute ville (*city or town*) et à toute commune urbaine à laquelle elle aura été expressément déclarée applicable par ordonnance prise par le gouverneur en conseil et publiée dans la *Government Gazette*.

2. Exceptions faites de toutes décisions d'un comité spécial qui auraient été rendues applicables à un comté ou à une partie de comté antérieurement à l'entrée en vigueur de la loi complémentaire de 1902 sur les fabriques et magasins (*Factories and Shops Continuance Act. 1902*), les décisions de comités spéciaux ne sont applicables à aucun comté et à aucune partie de comté, sauf application des dispositions ci-après.

3. *a)* Toute décision d'un comité spécial peut, par voie d'arrêté pris par le gouverneur en conseil, être étendue à toute partie d'un comté située dans le rayon d'une ville (*city or town*) à une distance de moins de 10 milles ;

b) Toute décision d'un comité spécial peut, par voie d'arrêté pris par le gouverneur en conseil, être étendue à toute partie d'un comté située dans le rayon d'une ville (*city or town*), à une distance de 10 milles et au delà, si le conseil de comté sollicite cette extension de la décision ;

c) Tout arrêté pris par le gouverneur en conseil par application de la présente section sera publié dans la *Government Gazette* et toute décision ainsi étendue à une partie de comté sortira son plein effet dans ladite partie du comté.

4. Quand une décision d'un comité spécial aura été ainsi étendue expressément à une commune urbaine, à un comté ou à une partie de comté par décision prise par le gouverneur en conseil, toutes modifications apportées, à un moment quelconque, à cette décision, par le comité spécial lui-même ou par la cour d'appel en matière industrielle, sont applicables à ladite commune urbaine, audit comté ou à ladite partie de comté.

102. — Aucune décision d'un comité spécial n'est applicable aux enfants d'un employeur.

9. Dispositions visant les comités du meuble, de la boulangerie et de la pâtisserie.

103. — 1. Un comité spécial peut être constitué pour fixer les prix ou tarifs de salaires minimum à payer à une ou plusieurs personnes ou à des catégories de personnes pour la préparation ou la fabrication totale ou partielle d'une catégorie de meubles, à une ou plusieurs personnes ou à des catégories de personnes occupées à la fabrication de panneaux de cheminées (dessus de cheminées) ou de dessus de cheminées en bois (exception faite des panneaux de cheminées en bois à peindre, communément, fabriqués dans les 'scieries mécaniques), et à une ou plusieurs personnes ou à des catégories de personnes occupées à la fabrication de matelas et objets de literie.

2. Un comité spécial peut être constitué pour fixer les prix ou tarifs de salaires minimum à payer à une ou à des catégories de personnes pour un travail de boulangerie ou de cuisson au four en général et à une ou plusieurs personnes ou à des catégories de personnes occupées au travail de fabrication d'articles de pâtisserie.

10. La compétence des comités peut être étendue par voie de décision prise par le gouverneur en conseil.

104. — Lorsqu'une ou plusieurs personnes ou des catégories de personnes sont employées par un employeur à la préparation ou à la fabrication d'objets pour la préparation ou la fabrication desquels des prix ou tarifs de salaires minimums ont été fixés par un comité spécial, tout comité spécial devra, sur ordonnance prise en conseil par le gouverneur, fixer également, dans la forme prescrite par la présente loi, les prix ou tarifs des salaires minimums que tout employeur devra payer à ladite personne ou auxdites personnes ou auxdites catégories de personnes pour la préparation ou la fabrication totale ou partielle d'objets quelconques, soit à l'intérieur, soit en dehors de la fabrique ou de l'atelier.

19 (1). — 1. Par voie d'arrêté pris en conseil et publié dans la *Government Gazette* par le gouverneur lorsqu'il a reçu pouvoir à cet effet en vertu d'une résolution adoptée par les deux Chambres du Parlement, la compétence d'un comité spécial par application des lois sur les fabriques et magasins peut être étendue de telle sorte que le comité ait qualité pour fixer les prix ou tarifs de salaires minimum applicables à tous objets fabriqués, industries, professions ou entreprises, ou à partie des objets fabriqués, industries, professions ou entreprises qui, de l'avis du gouverneur, sont de la même catégorie ou du même genre que ceux pour lesquels ledit comité spécial a été institué; le comité spécial est revêtu, en ce qui concerne les objets fabriqués, industries, professions ou entreprises dénommés dans l'arrêté, de tous les pouvoirs conférés aux comités spéciaux par les lois sur les fabriques et magasins.

2. Un exemplaire de la *Government Gazette* contenant le texte d'un arrêté étendant la compétence d'un comité spécial constitue une preuve suffisante de l'existence dudit arrêté et cet arrêté ne peut être annulé ou contesté par aucun tribunal.

11. Suspension des décisions.

105. — 1. Nonobstant toute disposition de la présente loi, le gouverneur peut, à tout moment, par voie d'arrêté pris en conseil et publié dans la *Government Gazette*, suspendre, pour toute période qui lui paraîtra convenable, sans que

----

(1) Disposition de la loi du 12 décembre 1905.

la durée totale de la suspension puisse dépasser six mois, l'application d'une décision émanant d'un comité spécial. Quand l'application d'une décision a été ainsi suspendue (que cette décision ait été, ou non, publiée dans la *Government Gazette*), le comité spécial visé doit immédiatement interroger, citer et entretenir au sujet de la décision suspendue tous témoins utiles ; après quoi il pourra, soit maintenir sa décision première, soit faire subir à cette décision toutes modifications jugées nécessaires.

2. Si le comité spécial modifie sa décision, la décision modifiée devra être immédiatement publiée dans la *Government Gazette* et elle sera applicable à tous égards comme décision émanant dudit comité spécial ; elle sera applicable, à partir de l'époque qu'elle aura fixée, à toute ville (*city and town*) et à toute commune urbaine ou à tout comté ou partie de comté auxquels elle aura été rendue expressément applicable par une ordonnance prise en conseil par le gouverneur et publiée dans la *Government Gazette*. La décision suspendue devient alors nulle et de nul effet.

3. Si le comité spécial visé fait connaître au ministre qu'il maintient sa décision sans modification, la suspension de l'application de cette décision sera, par voie d'arrêté pris en conseil par le gouverneur et publié dans la *Government Gazette*, révoquée à partir de l'époque qui aura été fixée par ledit arrêté, au plus tard dans un délai de quatorze jours.

12. Dispositions générales.

106. — Dans le présent titre, le terme « vêtements et effets d'habillement » (*clothing and wearing apparel*) comprend également les chaussures et souliers.

107. — Lorsqu'un ouvrier est occupé à exécuter deux ou plusieurs genres de travail pour lesquels des salaires ont été fixés par un comité spécial, il doit recevoir, proportionnellement au temps consacré par lui à chaque genre de travail, le salaire fixé par le comité pour ce genre de travail.

15 (1). — Lorsqu'un ouvrier est, au cours d'une journée, occupé pour le compte d'un employeur à un travail pour lequel un comité spécial a fixé des prix on des tarifs de salaires au temps, tout travail auquel peut être appelé cet ouvrier durant cette même journée, pour le compte du même employeur, à l'intérieur ou en dehors d'une fabrique ou d'un atelier, doit être payé aux mêmes prix ou tarifs de salaires au temps.

108. — Si une décision rendue par un comité spécial est modifiée et révoquée, cette modification ou cette révocation ne porte directement ou indirectement aucun préjudice aux actions judiciaires qui ont pu être engagées antérieurement, en vertu de la présente loi, à raison d'une contravention à cette décision, non plus qu'aux droits existant en vertu des dispositions du présent titre, au moment de cette modification ou de cette révocation.

109. — Dénomination abrégée des conseils.

110. — Une copie certifiée conforme de toute décision d'un comité spécial concernant les prix et tarifs de salaires minimums tels qu'ils ont été fixés par ledit comité, sera imprimée, peinte, ou affichée, en caractères romains et lisibles, en un endroit apparent, de façon que tout le personnel occupé puisse le lire facilement, à l'entrée ou près de l'entrée de tout établissement (fabrique ou atelier) situé dans tout pays ou lieu auquel est applicable la décision dudit comité spécial.

111. — Lorsqu'un comité spécial a, par une décision, fixé des prix ou tarifs de salaires aux pièces pour la préparation ou la fabrication totale ou partielle de certains objets, si le comité, dans l'énumération des travaux auxquels doivent être attribués lesdits prix ou tarifs de salaires aux pièces, a énuméré diverses opérations et si une ou plusieurs de ces opérations ont été omises sur l'ordre ou avec le consente-

---

(1) Disposition de la loi du 12 décembre 1905.

ment exprès ou tacite des contremaîtres, chefs de service ou représentants de celui-ci, le prix ou salaire qui devait être payé pour le travail visé n'est pas modifié de ce fait, mais demeure, sauf dispositions contraires insérées dans la décision, tel qu'il a été fixé pour l'ensemble du travail visé.

112. — Lorsqu'un comité spécial, pour la préparation ou la fabrication totale ou partielle de certains objets dans un établissement (fabrique ou atelier) ou en dehors de l'établissement ou pour l'exécution d'un travail quelconque, n'a fixé qu'un salaire au temps, il est interdit de payer ou de faire payer pour ce travail des salaires aux pièces, et la réception de salaires aux pièces ne constitue pas, dans ces conditions, payement, intégral ou partiel, dudit salaire au temps.

113. — Lorsqu'un comité spécial, pour la préparation ou la fabrication totale ou partielle de certains objets dans un établissement (fabrique ou atelier) ou en dehors de l'établissement ou pour l'exécution d'un travail quelconque, a fixé des prix ou tarifs de salaires aux pièces ou des prix ou tarifs de salaires au temps, il est interdit d'engager ou contraindre, directement ou indirectement, une personne visée par la décision du comité à accepter, au lieu de monnaie ou comme payement ou acompte pour un travail effectué ou comme salaire gagné, des denrées de n'importe quelle espèce et la réception ou l'acceptation de denrées ne constitue pas payement, intégral ou partiel, du prix du travail ou des salaires prévus.

· 33 (1). — 1. Il est interdit aux patrons de fabriques, ateliers et magasins (à l'exception des magasins dénommés dans la quatrième cédule de la loi principale) ainsi qu'à leurs femmes et enfants d'accepter ou d'avoir, directement ou indirectement, comme pensionnaires ou logeurs, moyennant une indemnité quelconque, des ouvriers adultes ou d'avoir une part quelconque dans l'exploitation d'un établissement où

---

(1) Disposition de la loi du 12 décembre 1903.

leurs ouvriers sont en pension ou sont logés. Toutefois, l'inspecteur en chef peut, s'il le juge utile, autoriser, sous certaines conditions qu'il fixera, un patron de fabrique, atelier ou magasin, ou la femme ou l'enfant de ce patron, à recevoir de l'argent d'un ouvrier en échange de la pension ou du logement.

2. En dehors du cas prévu dans la présente section, il est interdit à tout ouvrier de payer ou de s'engager à payer une somme d'argent quelconque à un patron de fabrique, atelier ou magasin, ou à la femme ou à l'enfant de ce patron, en échange de la pension ou du logement.

114. — Lorsqu'un employeur occupe une personne exécutant pour lui un travail pour lequel un comité spécial a fixé des prix ou tarifs de salaires minimums, l'employeur est tenu de payer à ladite personne le prix ou salaire fixé intégralement en espèces et sans retenue d'aucun genre et devra agir en conséquence. La personne visée peut, dans un délai de douze mois à dater du moment où cette somme lui est due, engager devant le tribunal compétent une action en vue d'obtenir de l'employeur le salaire intégral qui lui est dû ou ce qui lui reste dû sur le salaire fixé par la décision du comité, nonobstant tout paiement d'un salaire moindre déjà effectué ou toute entente ou toute convention contraire, soit expresse, soit tacite.

115. — Les comités spéciaux qui, antérieurement à l'entrée en vigueur de la présente loi, ont été constitués pour l'industrie, la profession ou l'entreprise de construction de voitures et charrettes ou de fabrication d'autres véhicules (exception faite des voitures d'enfants ou de malades [*perambulators*]) ainsi que pour les ouvriers qui sont occupés à la fabrication d'une partie quelconque desdites voitures, charrettes et autres véhicules (exception faite des voitures d'enfants ou de malades [*perambulators*]) ne seront ni maintenus ni prorogés. Aucune décision prise par ces comités spéciaux ne sera applicale ou valable à l'avenir.

116 (1).— *Les décisions prises antérieurement au 9 septembre 1902 par des comités spéciaux institués pour l'industrie ou la profession de ferblantier (tinsmith), ainsi que toutes décisions prises ultérieurement par ces comités spéciaux, ne sont ni applicables ni valables dans la mesure où elles visent les salaires à payer aux personnes occupées à la fabrication de boîtes ou récipients pour confitures ou conserves de fruits, de légumes ou d'autres produits alimentaires.*

2. — Queensland.

Loi n° 8 du 15 avril 1908 (2) sur les comités de salaires.

Le texte reproduit pour la plus grande partie, presque mot pour mot, les dispositions de la loi de Victoria.

3. — Nouvelle-Galles du Sud.

Loi n° 3 du 24 avril 1908 (3).

4. — Australie du Sud.

Loi du 21 décembre 1907 (4) modifiée par une loi du 23 décembre 1909 (5).

5. — Australie. Commonwealth.

Loi du 15 décembre 1904 (6) concernant la conciliation et l'arbitrage pour la prévention et le règlement des conflits industriels qui s'étendent au delà des limites d'un seul État, 1904, n° 13.

Art. 40. — Dans sa sentence ou par ordonnance rendue à

---

(1) Abrogé par l'article 13 de la loi du 23 décembre 1907.
(2) *Bulletin de l'Office international du Travail*, 1908, t. VII, p. 180.
(3) *Ibid.*, 1908, t. VII, p. 328, articles 14 à 55.
(4) *Ibid.*, 1908, t. VII, p. 324, articles 78 à 116.
(5) *Ibid.*, 1909, t. IX, p. 294.
(6) *Ibid.*, 1905, t. IV, p. 521.

la requête d'une partie, la cour pourra, à tout moment, aussi longtemps que la sentence est en vigueur :

a) Fixer un minimum de salaire ou de rémunération et, en pareil cas, prendre, à la requête d'une partie ou de toute organisation, des mesures pour permettre au tribunal à désigner, de fixer suivant tel mode et sous telles conditions qui seront déterminées dans l'ordonnance ou la sentence, un taux moins élevé pour les ouvriers incapables de gagner le minimum ainsi établi.

TABLE DES MATIÈRES

DISCUSSION

PUBLICATIONS

DE

l'Association Internationale pour la Protection Légale des Travailleurs

---

PUBLIÉ PAR LE BUREAU DE L'ASSOCIATION INTERNATIONALE
POUR LA PROTECTION LÉGALE DES TRAVAILLEURS

Président : Henri SCHERRER, conseiller d'État, à Saint-Gall ; *Vice-Président* : Adrien LACHENAL, ancien conseiller fédéral ; *Secrétaire général* : Stéphan BAUER, professeur à l'Université de Bâle.

N° 1. — **L'Association internationale pour la Protection légale des Travailleurs. — Assemblée constitutive tenue à Bâle les 27 et 28 septembre 1901. — Rapports et compte rendu des séances. —** 1 vol. 270 p. PRIX : 5 fr.

N° 2. — **Compte rendu de la 2ᵉ assemblée générale du Comité de l'Association internationale pour la Protection légale des Travailleurs, tenue à Cologne les 26 et 27 septembre 1902, suivi de rapports annuels de l'Association internationale et de l'Office international du Travail. 1903. —** 1 vol., 82 p. PRIX : 2 fr.

N° 3. — **Compte rendu de la 3ᵉ assemblée générale du Comité de l'Association internationale pour la Protection légale des Travailleurs, tenue à Bâle les 26, 27 et 28 septembre 1904, suivi de rapports annuels de l'Association internationale et de l'Office international du Travail. 1905. —** 1 vol., 116 p. PRIX : 4 fr.

N° 4. — **Deux mémoires présentés aux Gouvernements des États industriels en vue de la convocation d'une Conférence internationale de protection ouvrière. — I. Mémoire explicatif sur les bases d'une interdiction internationale du travail de nuit des femmes. — II. Mémoire explicatif sur l'interdiction de l'emploi** du phosphore blanc dans l'industrie des allumettes. 1905. — 1 vol., 49 p. Prix : 2 fr. 50.

N° 5. — Compte rendu de la 4° assemblée générale du Comité de l'Association internationale pour la Protection légale des Travailleurs, tenue à Genève les 26, 27, 28 et 29 septembre 1906, suivi des rapports annuels de l'Association internationale et de l'Office international du Travail. 1907. — 1 vol., 163 p. Prix : 4 fr.

N° 6. — Compte rendu de la 5° assemblée générale du Comité de l'Association internationale pour la Protection légale des Travailleurs, tenue à Lucerne les 28, 29 et 30 septembre 1908, suivi des rapports annuels de l'Association internationale et de l'Office international du Travail. 1909. — 1 vol., 216 p. Prix : 5 fr.

N° 7. — Compte rendu de la 6° assemblée générale du Comité de l'Association internationale pour la Protection légale des Travailleurs, tenue à Lugano les 26, 27 et 28 septembre 1910, suivi des rapports annuels de l'Association internationale et de l'Office international du Travail. 1910. — 1 vol., 193 p. Prix : 5 fr.

Les Industries insalubres. — Rapport sur leurs dangers et les moyens de les prévenir, particulièrement dans l'industrie des allumettes et celles qui fabriquent ou emploient des couleurs de plomb. Publié au nom de l'Association internationale et précédé d'une préface par St. Bauer, professeur à l'Université de Bâle, directeur de l'Office international du Travail. 1903. — 1 vol., 460 p. Prix : 7 fr. 50.

Le Travail de nuit des femmes dans l'industrie. — Rapports sur son importance et sa réglementation légale. Publiés au nom de l'Association internationale et précédés d'une préface par St. Bauer, professeur à l'Université de Bâle, directeur de l'Office international du Travail. 1903. — 1 vol., 384 p. Prix : 6 fr.

Rapport comparatif sur l'application des lois ouvrières. — Publié par l'Office international du Travail à Bâle. Tome 1. L'Inspection du Travail en Europe. 1910.

OUVRAGES NON MIS EN VENTE :

Association pour la Protection légale des Travailleurs. Concours international pour la lutte contre le saturnisme.

Les Fonderies de plomb, par M. BOULIN, inspecteur divisionnaire du Travail à Lille. Ouvrage couronné.
   (*Extrait du Bulletin de l'Inspection du Travail, 1906, nᵒˢ 5 et 6*).

Le Saturnisme dans la typographie, par M. DUCROT, ancien élève de l'Ecole polytechnique. Ouvrage couronné.
   (*Extrait du Bulletin de l'Inspection du Travail, 1906, nᵒˢ 5 et 6*).

L'Association internationale pour la Protection légale des Travailleurs et l'Office international du Travail, 1901-1910. — Origines. — Organisations. — Œuvre réalisée. — Documents. — Rapport présenté au Congrès mondial des associations internationales (Bruxelles, mai 1910), par S. BAUER, secrétaire général de l'Association internationale pour la Protection légale des Travailleurs, directeur de l'Office international du Travail, professeur à l'Université de Bâle. Bruxelles 1910 (*épuisé*).

Publications de l'Association Nationale Française
pour la Protection Légale des Travailleurs

**EN VENTE CHEZ F. ALCAN, éditeur, 108, boulevard Saint-Germain
et Marcel RIVIÈRE, 31, rue Jacob**

PREMIÈRE SÉRIE

L'Association pour la protection légale, par M. André Lichtenberger.

I. *La protection légale des femmes av. et ap. l'accouchement.* — Rap. de M. le Dr Faucquet.

II. *La réglementation hebdomadaire de la durée du travail.* — *Le repos du samedi.* — Rapports de M. Ivan Strohl, industriel, et de M. Fagnot, de l'Office du travail.

III. *L'âge d'admission des enfants au travail industriel.* — *Le travail de demi-temps.* — Rapport de M. Et. Martin-Saint-Léon.

IV. *La ligue sociale d'acheteurs.* — Rapport de Mme Jean Brunhes.

V. *La protection légale de l'employé et la réglementation du travail des magasins.* — Rapport de M. A. Artaud.

VI. *La réglementation de la durée du travail dans les mines.* — Rap. de M. l'abbé Lemire.

VII. *La réglementation du travail en chambre.* — Rap. de M. Fagnot, de l'Office du travail.

VIII. *La protection des travailleurs indigènes aux colonies.* — Rapport de M. René Pinon.

IX. *L'emploi des enfants dans les théâtres et cafés-concerts.* — Rapport de M. Raoul Jay.

X. *Le droit de citation directe pour les Associations.* — Rapport de M. Henri Hayem.

Chaque br. : 0 fr. 60. L'ensemble de ces broch. forme un vol. de 3 f. 50 sous le titre :

LA PROTECTION LÉGALE DES TRAVAILLEURS

DEUXIÈME SÉRIE

LA DURÉE LÉGALE DU TRAVAIL. — *Des modifications à apporter à la loi de 1900.* — Rapports de MM. Fagnot, Millerand et Strohl. — 1 vol., 2 fr. 50.

TROISIÈME SÉRIE

I. *L'interdiction de la céruse dans l'indust. de la peinture.* — Rap. de M. Breton, député.

II. *La Conférence officielle de Berne.* — Rap. de M. Millerand, présid. de l'Association.

III. *Le Contrôle de la durée du travail.* — Rapport de M. Georges Alfassa.

IV. *La protection légale des enfants occupés hors de l'industrie.* — I. *La loi anglaise.* — Rapport de M. Édouard Dolléans.

V. *La protection légale des enfants occupés hors de l'industrie.* — II. *La loi allemande.* — Rapport de M. Henry Moysset.

VI. *La Protection légale des enfants occupés hors de l'industrie en France.* — III. *La Situation en France.* — Communications de MM. l'abbé Meny, Gemahling, Mlle Blondelu, MM. Georges Piot, Raoul Jay, Léon Vignols.

VII. *De l'extension de la loi du 29 décembre 1900 aux femmes employées dans l'industrie.* — Rapport de Mme de la Ruelle, inspectrice du travail.

VIII. *La grève et l'organisation ouvrière.* — Communication de M. A. Millerand, président de l'Association.

Chaque br. : 0 f. 60. L'ensemble de ces broch. forme un vol de 3 f. 50 sous le titre :

LA PROTECTION LÉGALE DES TRAVAILLEURS
Troisième série (1903-1906).

Rapports présentés à l'Assemblée de Genève (1906) par la Section française

Le travail de nuit des adolescents dans l'industrie française. — Rapport de M. Martin-Saint-Léon. — Brochure, 0 fr. 60.

Les poisons industriels. — Rapport de M. Georges Alfassa. — Brochure, 0 fr. 60.

L'assurance ouvrière et les ouvriers étrangers. — Rap. de M. H. Barrault. — Br., 0 f. 10.

La limitation légale de la journée de travail en France. — Rap. de M. H. Jay. — Br., 0 f. 60.

Le travail à domicile en France. — Rapport de MM. Paul Pic et A. Amieux. — Br., 0 fr. 30.

QUATRIÈME SÉRIE

LE CONTRAT DE TRAVAIL. (Examen du projet de loi du Gouvernement). — Rapports de M. Perreau, professeur à la Faculté de Droit de Paris, et de M. Fagnot, enquêteur au ministère du Travail. — 1 volume, 3 fr. 50.

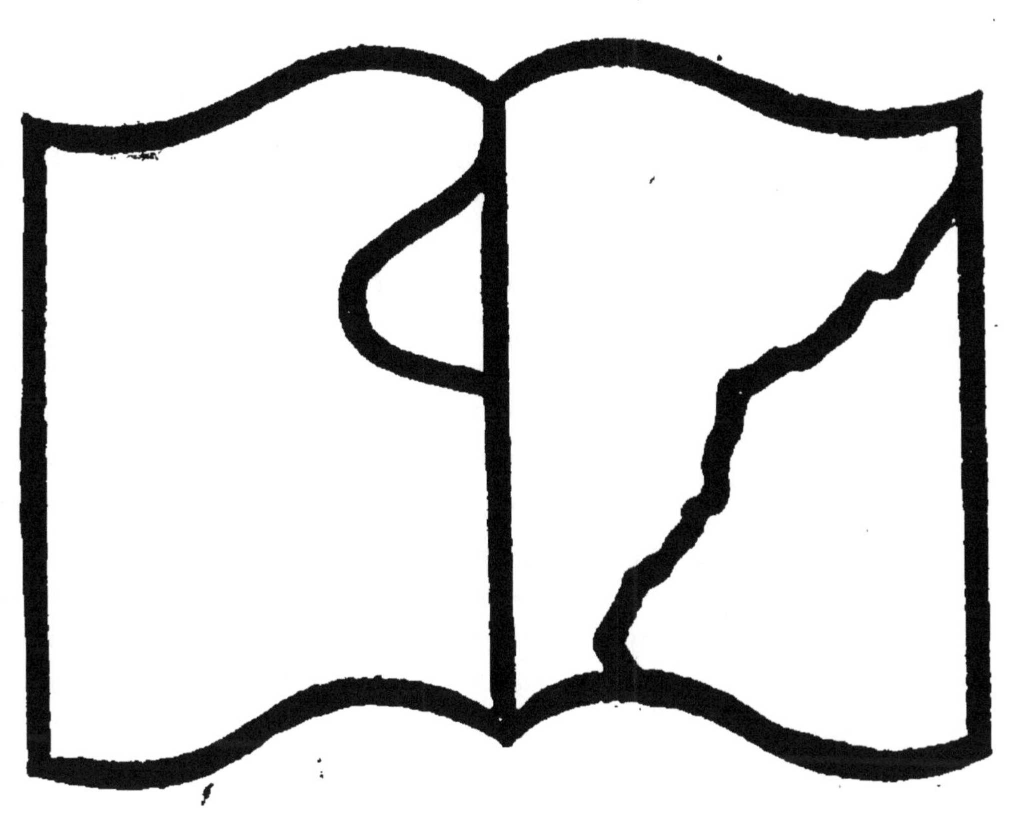

Texte détérioré — reliure défectueuse
NF Z 43-120-11

Ces publications sont servies aux membres de l'Association.

L'Association nationale française examine et discute dans ses réunions périodiques les questions de législation du travail à l'ordre du jour. Elle publie le compte rendu de ses discussions.

Sont membres de l'Association les personnes et les sociétés qui considèrent la législation protectrice des travailleurs comme nécessaire et adhèrent aux statuts de l'Association.

La cotisation annuelle est fixée à 10 francs. Elle est réduite à 3 francs pour les personnes ou les sociétés qui ne demandent pas à recevoir les publications de l'Office International.

Les adhésions sont reçues par le trésorier de l'Association : M. Léon DE SEILHAC, délégué permanent du Musée social, 5, rue Las-Cases.

ORLÉANS. - IMP. AUGUSTE GOUT & Cⁱᵉ